System

des

Preußischen Civilrechts

im Grundrisse.

Von

Dr. L. E. Heydemann,

ordentlichem Professor der Rechte an der Friedrich-Wilhelms-Universität zu Berlin.

Berlin.

Verlag von Veit und Comp.

1851.

Vorwort.

Zur Entwerfung dieses Grundrisses hat mich zwar zunächst das Bedürfniß meiner Vorlesungen über Preußisches Landrecht veranlaßt. Es war aber zugleich meine Absicht, den jüngeren Praktikern ein Hülfsmittel zur freien wissenschaftlichen Behandlung unseres Gesetzbuches und einen Leitfaden für die eigene Thätigkeit, besonders bei Repetitorien, an die Hand zu geben.

Wenn ich an dem Gange des Landrechtlichen Systems festhalten zu müssen glaubte, so hat mich dabei nicht blos die Rücksicht auf die praktische Zweckmäßigkeit einer gleichsam localen, in die Oertlichkeit und den Bau des Ganzen leicht einführenden Methode geleitet, sondern mehr noch die Erwägung der inneren Wichtigkeit des systematischen Elementes in unserem Gesetzbuche.

Gerade in dem künstlich angelegten und bis ins Einzelnste ausgeführten Systeme des Allgemeinen Landrechts tritt die eigenthümliche Auffassung, Verschmelzung und Gestaltung des Römischen und Deutschen Rechtsstoffes am Klarsten und Bedeutsamsten hervor. Die eigentlich legislativen Neuerungen erscheinen dabei nicht als das überwiegende Moment.

Unser Landrecht, in so manchen Beziehungen mehr Lehrbuch als Gesetzbuch, ist wesentlich das zu einer bestimmten Zeit in diese systematische Form gegossene gemeine Deutsche Recht. Trotz aller wissenschaftlichen Mängel einer abstracten und casuistischen Haltung, ist ihm deshalb der eigenthümliche künstlerische Vorzug dieser ausgeprägten Form des Gedankens nicht abzusprechen.

Mein Grundriß soll nun nicht bloße Rubriken des Inhaltes oder ein dürres Schema für den Schulgebrauch liefern. Vielmehr soll derselbe dazu behülflich sein, das Gesetzbuch, besonders bei dogmatischen Schwierigkeiten, von Innen heraus zu zergliedern und zu reconstruiren. Durch systematische Behandlung läßt sich der Zwang des Systems am Leichtesten überwinden. Durch wissenschaftliche Entwickelung des Gedankens aus dem innersten Kern des Systems gelangt man am Sichersten zur praktischen Beherrschung der leitenden Grundsätze.

Der Jünger der Wissenschaft und der Praxis wird wohl daran thun, ein gründliches Studium des Landrechts immer von Neuem mit Anknüpfungen an das Römische und Deutsche Recht, und an den Entwurf eines allgemeinen Gesetzbuchs für die Preußischen Staaten, aus den Jahren 1784 ff., zu beginnen. In den unter dem Texte dieses Entwurfes fortlaufenden Anmerkungen, so wie in den amtlichen Vorträgen von Suarez bei der Schlußrevision des Allgemeinen Landrechts (abgedruckt im 41sten Bande der v. Kamptzschen Jahrbücher), fließen zugleich die unmittelbarsten und zuverlässigsten Quellen für die Gründe der legislativen Neuerungen.

Wer von dieser Grundlage aus in das massenhafte Detail der nachlandrechtlichen Gesetzgebung, Wissenschaft und Praxis mit eigener freier Thätigkeit eindringt, der wird in voller Unbefangenheit auf wissenschaftlichem und productivem Wege zu den reichsten und fruchtbarsten Resultaten gelangen, welche man auf dem handwerksmäßigen und unproductiven Umwege der äußerlichen Zusammenstellung und der Buchstaben-Controverse schwer zu finden vermag.

In dem Grundrisse habe ich deshalb durchweg auf den Entwurf von 1784, auf die Schlußrevision (Sz.), auf Koch's Lehrbuch des Preußischen gemeinen Privatrechts, dessen ich mich unmittelbar zur Ergänzung meiner Vorlesungen bediene, auf Puchta's Pandekten und auf Eichhorn's Einleitung in das Deutsche Privatrecht hingewiesen.

Die gelegentlich allegirten Präjudizien des Ober-Tribunals, besonders die Plenar-Beschlüsse, finden sich bis zum Schlusse des Jahres 1848 in der bekannten gedruckten Sammlung, und aus den Jahren 1849 und 1850 im Justiz-Ministerial-Blatte und in den Bänden 17. 18. 19. der Ober-Tribunals-Entscheidungen.

Berlin, im März 1851.

L. E. Heydemann.

Einleitung.

§. 1. Inhalt, Tendenz und Plan der Vorlesungen über Preußisches Landrecht.

Verhältniß zwischen Gesetz und Recht überhaupt. (Gesetz nur Ein Ausdruck des Rechts.) Moderne gesetzgeberische Richtung zur Codification, besonders seit der Mitte des achtzehnten Jahrhunderts. — Eigenthümliche Energie dieser Richtung in Preußen. Allgemeines Landrecht für die Preußischen Staaten als Resultat derselben. — Gemeines Preußisches Privatrecht vom Standpunkte der Praxis und der Theorie. Akademische Vorlesungen, zur Vermittelung der Theorie und Praxis, formell in Anschluß an das System des A. L. R., materiell im Umfange von Pandektenvorlesungen, jedoch mit Einschluß der Deutschen Rechts-Elemente.

§. 2. Geschichte der Preußischen Codification.

Provinzielle Anfänge in der Mark Brandenburg im 16ten Jahrhundert (Entwürfe zu einem Märkischen Landrecht 1574. 1594. — Kurfürst Johann Georg) und im Herzogthum Preußen im 17. Jahrh. (Jus provinciale ducatus Prussiae 1620. Revidirt 1680. Friedrich Wilhelm's Kön. in Pr. verbessertes Landrecht des Königreichs Preußen 1721. [Cocceji.])

Der Gedanke einer allgemeinen Codification unter König Friedrich Wilhelm I. 1713 und 1738.

Friedrich der Große. Verbot der Actenversendung 1746. Project des Codex Fridericianus Pomeranicus 1747 und Marchicus 1748 (mit einem Anhang von 1761). — Constitution v. 31. December 1746. §. 24: gerichtet auf Verfertigung eines Deutschen allgemeinen Landrechts, blos auf Vernunft und Landesverfassungen gegründet, dem die besonderen Statuta einer jeden Provinz beigedruckt werden sollten. Cocceji's „Project des Corporis Juris Fridericiani": Theil I. Personenrecht, 1749 (theilweise in einigen Provinzen in Gesetzeskraft getreten); Theil II. Sachenrecht, 1751. (Theil III. Obligationenrecht, nicht herausgekommen.)

1774 ff.: v. Carmer und Suarez. 1779 — nach dem Müller Arnold'schen Prozesse — v. Carmer, Großkanzler. Cab.-Ordres vom 6. und 14. April 1780: I. Ordnung in den Justiz-Collegien. II. Untersuchungs-Prinzip im Civil-Prozeß. III. Codifizirung der Provinzialrechte und des Gemeinen Rechts. (Tendenzen gegen Gesetze in fremder Sprache, gegen Controversen, gegen Prozesse, gegen Kastenthum der Richter und Advocaten. — Provinzialgesetzbücher und in subsidium ein allgemeines Gesetzbuch. — Gesetzgebung als alleinige Quelle des Rechts. Interpretation als Prärogative der Gesetzgebung. Gesetz-Commission.)

Prozeß-Ordnung von 1781 (Publ.-Patent 26. April), als Erstes Buch des Corpus Juris Fridericiani. Umgewandelt in die Allgem. Gerichts-Ordnung von 1793. (Publ.-Pat. 6. Juli 1793. Die wirkliche Publication des Ersten Theiles verzögerte sich bis gegen Ende 1794, des Zweiten und Dritten Theils bis zur Mitte 1795.)

Materielle Gesetzgebung. Erster (ungedruckter) Entwurf. Gedruckter Entwurf eines Allgemeinen Gesetzbuches für die Preußischen Staaten, in sechs Abtheilungen, 1784 — 1788. Allgemeines Gesetzbuch von 1791 (Publ.-Pat. 20. März) — suspendirt im April 1792, wieder aufgenommen im November 1793. Allgemeines Landrecht für die Preußischen Staaten von 1794. (Publ.-Pat. 5. Februar. In Kraft getreten 1. Juni). Dazu Erster Anhang von 1803 (Publ.-Pat. 11. April). Verhältniß des A. L. R. zur A. G. O. (Koch §. 10.)

§. 3. Quellen und Literatur.

I. Rechtsquellen.

1. Allg. Landrecht. Ausgaben: (1791) 1794, 1804, 1806, 1817—1835. Uebersetzungen: ins Lateinische 1800, ins Französische 1803, ins Polnische 1833 (Koch §. 8. Nr. VI.).

2. Gesetze außerhalb des Landrechts.

a) C. C. M. (Mylius), vom Ersten Hohenzollern (Friedrich I. Kurfürsten zu Brandenburg) bis zum J. 1736: Sechs

Theile. Dazu für die Jahre 1737 — 1750: Vier Continuationes.

b) N. C. C. (Akademische Edictensammlung) v. 1751—1806: Zwölf Theile mit zwei Register-Bänden.

c) Gesetz-Sammlung: von 1810 bis jetzt. (Die betr. Gesetze aus den Jahren 1806—1810 sind im J. 1822 als Anhang in einem besonderen Bande herausgegeben.)

3. Rescripte (ohne Gesetzeskraft): anfangs gelegentlich in Amelang's N. Archiv und in Mathis Jurist. Monatsschrift veröffentlicht; seit 1813—1845 in den Vierteljahrs-Heften der v. Kamptz'schen Jahrbücher (Bd. 1—66); seit 1839 offiziell und in laufenden Wochen-Numern im Justiz-Ministerial-Blatt.

II. Literatur. (Koch §. 17.)

1. Commentare: Merkel (Zwei Theile 1812). Bielitz (Acht Bände 1823 ff. und zwei Hefte Nachträge 1831 ff.)

2. Systeme und Lehrbücher.

a) Nach der Ordnung des Landrechts: Klein (v. Rönne) 1835 fg. (2 Bände). Fürstenthal, Preuß. Civilrecht 1842 (Ein Band). v. Goßler (v. Strampff), Handbuch gemeinnütziger Rechtswahrheiten 1842 (Ein Band).

b) Nach eigener Ordnung: Temme, Handbuch des Preuß. Civilrechts 1832 und des Preuß. Privatrechts 1835 (Neue Ausg. 1846). Thöne, ausführl. systematisches Handbuch Band I. in zwei Abtheilungen 1833, 1835. (Nicht fortgesetzt.) Bornemann, syst. Darstellung des Preuß. Civilrechts, sechs Bände 1834 — 1839, mit Register 1840; zweite Ausgabe 1843 fg. Schröter, Lehrbuch des A. L. R. 1840 — 1843 (3 Bände). Laspeyres, System des Preuß. Privatrechts, im Grundriß, 1843. Koch, Lehrbuch des Preuß. gemeinen Privatrechts: 2 Bände 1845 fg.

3. Neuere Hülfsmittel für Wissenschaft und Praxis. Simon u. v. Strampff Zeitschr., 3 Bde. 1828—1836. (Ulrich, Sommer, Boele), Neues Archiv für Preuß. Recht und Verfahren, so wie für Deutsches Privatrecht, in Arnsberg seit 1834 herausgegeben (1849—1850 im 14. Jahrgange). Juristische Wochenschrift (Hinschius, später Temme und And.), 1835 — 1848. (Mit dem 14. Jahrgange geschlossen.) Rechtssprüche der Preuß. Gerichtshöfe (Simon u. v. Strampff) in 4 Bdn. 1828 — 1836. Entscheidungen des (Geh.) Ober-Tribunals, seit 1837 — 1850, im Ganzen 19 Bde. (Von Bd. 11. an

genannt: Neue Folge Bd. 1. ff.) Rechtsfälle des Geh. Ober-Trib. als Beilage zur Jur. Wochenschrift 1847. 1848. in 4 Bden. Präjudizien des G. Ob.-Trib. seit ihrer Einführung im Jahre 1832 bis zum Schlusse des Jahres 1848 rc., herausgegeben von Dr. Seligo rc. Berlin 1849. Ergänzungen und Erläuterungen der Preuß. Rechtsbücher durch Gesetzgebung und Wissenschaft rc. Breslau: Ausgabe I. 1837. ff. Ausg. II. 1842 ff. Ausg. III. vollendet 1849.

§. 4. Construction des Systems des A. L. R. und in Verbindung damit Methode des Studiums.

Besondere Bedeutung des systematischen Elements im A. L. R. Cocceji's Project war noch geordnet nach den s. g. tria obiecta iuris (personae, res, actiones oder obligationes). Der Entwurf von 1784 beabsichtigte drei Hauptabtheilungen, Personenrecht, Sachenrecht, gemischte Rechtswahrheiten (Verträge und Testamente!), erschien aber in 2 Theilen: Personenrecht (3 Abth.: Hausstand, Stände im Staate, Staat als Ganzes) und Sachenrecht (dem die Verträge und Testamente als tituli inter vivos u. mortis causa zur Erwerbung des Eigenthums [modus adquirendi] einverleibt wurden). Das System des A. G. B. 1791 (von dem das A. L. R. 1794 nur in einzelnen Materien und Paragraphen abweicht) beruht auf einer Umstellung der beiden Theile des Entwurfs.

System des Allgemeinen Landrechts.

Der 1. Theil enthält die s. g. Einleitung und das Sachenrecht, der 2. Theil das Personenrecht im weiteren Sinne.

Die ersten 8 Titel des Sachenrechts sind als eine pars generalis auszusondern. Tit. 1. vom Rechtssubject in abstracto. Tit. 2. vom Rechtsobject in abstracto. Tit. 3—6. Vermittelung zwischen Subject und Object durch die Thätigkeit des Subjects. (Handlungen im Allgemeinen. Willenserklärungen insbesondere. Verträge. Beschädigungen.) Tit. 7. Besitz als Uebergang zum Eigenthum. Tit. 8. Eigenthum im Allgemeinen.

Sachenrecht im engeren Sinne:

I. Eigenthum in seiner Totalität.

1. Als solches.

A. Erwerbung des Eigenthums.

A. Durch die Person des Erwerbenden selbst:

a) Im Allgemeinen. Unmittelbare Erwerbungsarten insbesondere. (A. L. R. Th. I. Tit. 9.)

b) Mittelbare Erwerbung.

α) Im Allgemeinen. (Tit. 10.)

β) Tituli inter vivos. (Tit. 11.)

γ) Tituli mortis causa. (Tit. 12.)

B. Durch einen Dritten. (Tit. 13.)

B. Erhaltung des Eigenthums. (Tit. 14.)

C. Verfolgung desselben. (Tit. 15.)

D. Untergang desselben. (Modi tollendarum obligationum. Tit. 16.)

2. Mehreren Subjecten gemeinschaftliches Eigenthum. (Im Römischen Sinne pro partibus indivisis. Tit. 17.)

II. Eigenthum in qualitativer Theilung. (Deutschrechtlich. Tit. 18.)

III. Einschränkungen des Eigenthums, d. h. dingliche und persönliche Rechte auf fremdes Eigenthum.

1. Im Allgemeinen. (Tit. 19.)

2. Auf die Substanz fremder Sachen. (Tit. 20.)

3. Auf Gebrauch und Nutzung fremder Sachen.

A. Subjectiv persönlich. (Tit. 21. Vollständiges Nutzungsrecht, Abschn. 1. 2. [Nießbrauch und Erbpacht.] Unvollständiges Nutzungsrecht, Abschn. 3. [Leihe, Miethe, Pacht.] Laßgüter, Abschnitt 4.)

B. Subjectiv dinglich. (Tit. 22. Grundgerechtigkeiten.)

4. Rechte gegen die Handlungsfreiheit: Zwangs- und Bannrechte. (Tit. 23.)

In diesem Sachen- oder vielmehr Vermögens-Rechte ist das Eigenthum an körperlichen Sachen und an Rechten verschmolzen, die Obligation zu einem Mittel für die Erwerbung und die Schicksale des Eigenthums herabgesetzt, und die systematische Stellung der verschiedensten Rechts-Elemente — Römischen und Deutschen Stoffes — bedingt durch den materiellen Gesichtspunkt des concreten Inhalts, welchen jedes Recht gewährt.

Das

Personenrecht im weiteren Sinne

zerfällt folgendermaßen:

I. Familienrecht. (Persönliche, Vermögens- und erbrechtliche

Verhältnisse immer gleich nebeneinander, mit eigenthümlicher Verschmelzung des Römischen und Deutschen Rechtsstoffes.)

1. Ehe. (A. L. R. Th. II. Tit. 1. Eingehung der Ehe Abschn. 1—3. Bestehen derselben Abschn. 4—6. Untergang Abschn. 7. 8. Verwandte Verhältnisse Abschn. 9—11.)

2. Eltern und Kinder. (Tit. 2. Eheliche De- und Ascendenten Abschn. 1—7. Nicht durch eheliche Zeugung begründete Verhältnisse Abschn. 8—12.)

3. Weitere Familie. (Tit. 3.: besonders vom Erbrecht der Collateralen. Tit. 4.: von gemeinschaftlichen Familienrechten, besonders von Familien-Fideicommissen, als einer Art des s. g. getheilten Eigenthums [Th. I. Tit. 18.].)

4. Gesinde. (Tit. 5. — Gesinde-Ordnung vom 8. November 1810.)

II. Die bürgerliche Gesellschaft in Corporationen und Ständen.

1. Gesellschaften, Corporationen und Gemeinden im Allgemeinen. (Tit. 6.)

2. Weltliche Stände.

A. Bauernstand. (Tit. 7. Von Abschn. 3. an: Verhältnisse der damals noch unterthänigen Landbewohner.)

B. Bürgerstand. (Tit. 8. Darin auch ein Code de commerce.)

C. Adelstand. (Tit. 9.)

D. Beamtenstand. (Tit. 10.)

3. Geistliche Verhältnisse und Unterricht.

A. Kirchenrecht. (Tit. 11. Gesellschaftlicher Standpunkt.)

B. Oeffentlicher Unterricht. (Tit. 12. Von den Schulen.)

III. Der Staat als Ganzes. (Insbesondere als Rechtssubject in vermögensrechtlichen Beziehungen.)

1. Im Allgemeinen. (Tit. 13. Staatsoberhaupt und Majestätsrechte.)

2. Vermögensrechte insbesondere.

A. Staatseinkünfte und fiscalische Rechte. (Tit. 14.)

B. Regalien. (Tit. 15.)

C. Rechte auf die s. g. adespota. (Tit. 16.)

3. Schutzverhältnisse.

A. Gerichtsbarkeit. (Tit. 17.)

B. Vormundschaftswesen. (Tit. 18.)

C. Armenpflege. (Tit. 19.)

D. Criminalrecht. (Tit. 20.)

A. L. R. Publ.-Patent v. 5. Febr. 1794 und Einleitung. (Entw. Th. I. Einleitung.)

I. Die Rechtsquelle. (Das geschriebene particuläre und subsidiarische Recht.)

1. Stellung des A. L. R. selbst, als eines allgemeinen subsidiarischen Gesetzbuches: Publ.-Pat. §. I. II. Einl. §. 1. 2. 21. Koch §. 3. §. 8. Nro. V. 1. (Eichhorn §. 30.)

2. Stellung der Provinzialrechte, in prinzipaler Geltung, aber mit der Tendenz zu möglich gleichförmiger Codifizirung, und mit einstweiliger Suspension der von dem Römischen oder gemeinen Sachsenrechte direct abweichenden Vorschriften der Tit. 1. 2. 3. A. L. R. Th. II.: Einl. §. 2. P.-P. §. III — VII. Koch §. 14.

3. Ungünstige Stellung des Gewohnheitsrechts: Einl. §. 3. 4. P.-P. §. VII. Koch §. 28. 29. (Puchta §. 11—13.)

4. Verordnungen für einzelne Fälle, ohne Gesetzeskraft: Einl. §. 5. 60. (1. §. 2. de constitutionibus principum. I. 4. Puchta §. 14. Note b.) Koch §. 33.

5. Receptae sententiae und Präjudicate, ohne bindende Kraft: Einl. §. 6. 60. P.-P. §. VI. Koch §. 31. 32. (Puchta §. 16.)

II. Factische Geltung des A. L. R. und der Provinzialrechte. Koch §. 8. Nro. V. 2. §. 14.

1. Codifizirte Provinzialrechte gibt es nur zwei: das Ostpreußische (1801) und das Westpreußische (1844).

2. Die Suspension der 3 Titel (oben I. 2.) hat in Ost- und West-Preußen mit der Codification des Prov.-Rechts aufgehört. Außerdem ist sie ausdrücklich zurückgenommen worden: für Pommern 1795, Magdeburg 1798, Schlesien 1804.

3. Für die im Jahre 1814 wieder oder neu erworbenen Provinzen (in den im J. 1807 verlorenen war das A. L. R. mit den Prov.-Rechten dem Code Napoléon gewichen) ist Entscheidung getroffen worden durch die Publications-Patente aus den Jahren 1814 bis 1825.

a) Patent wegen Wiedereinführung des Allg. Landrechts und der Allg. Gerichtsordn., in die von den Preußischen Staaten getrennt gewesenen, mit denselben wieder vereinigten Provinzen, vom 9. Sept. 1814: Ges.-Samml. S. 89—96. (Hypothekenwesen: Patent 22. Mai 1815. Ges.-Samml. S. 185—189.)

b) Patent wegen Wiedereinführung des A. L. R. u. der A. G. O. in die mit der Provinz Westpreußen vereinigten Districte, den Kulm- und Michelauschen Kreis und die Stadt Thorn mit ihrem Gebiete, vom 9. Nov. 1816: Ges.-Samml. S. 217—224. (Hypothekenwesen: Patent 4. April 1818: Gesetz-Samml. S. 20—24.)

c) Patent wegen Wiedereinführung der Preußischen Gesetze in das Großherzogthum Posen, vom 9. November 1816: Ges.-Samml. S. 225—232. (Hypothekenwesen: Patent 4. April 1818, wie ad b.)

d) Patent wegen Einführung des A. L. R. in die mit den Preußischen Staaten vereinigten ehemals Sächsischen Provinzen und Districte, v. 15. November 1816: Ges.-Samml. S. 233—239. (A. G. O. und Criminalordnung schon eingeführt durch P.-P. 22. April 1816: Ges.-Samml. S. 124—133. Hypothekenwesen: Verordnung 16. Juni 1820: Ges.-Sammlung S. 101—105.)

e) Verordnung wegen Einführung des A. L. R. und der A. G. O. in den mit den Preußischen Staaten vereinigten, zwischen den älteren Provinzen belegenen Districten und Ortschaften, und wegen Einrichtung des Hypothekenwesens in denselben, vom 25. Mai 1818: Ges.-Samml. S. 45—48. (Wegen der Detail-Bestimmungen im Wesentlichen nur Verweisung auf die P.-P. von 1814 und 1816.)

f) Patent wegen Einführung des A. L. R. und der A. G. O. in das Herzogthum Westphalen, das Fürstenthum Siegen mit den Aemtern Burbach und Neuen-Kirchen (Freie- und Hücken-Grund) und die Grafschaften Wittgenstein-Wittgenstein u. Wittgenstein-Berleburg, vom 21. Juni 1825: Ges.-Sammlung S. 153—159.

Gesetzeskraft des A. L. R. ad a: seit dem 1. Januar 1815; ad b: seit dem 1. Januar 1817; ad c u. d: seit dem 1. März 1817; ad e: (s. g. Enclaven): seit dem 1. October 1818; ad f: seit dem 1. December 1825.

4. Uebersicht über die gegenwärtige Geltung des A. L. R.

A. Es ist ganz ausgeschlossen in Neu-Vorpommern und am Ostrhein, wo noch gemeines Deutsches Recht gilt; und in der Rheinprovinz, wo Französisches Recht gilt.

B. Es gilt

a) nach seiner ursprünglichen Bestimmung, d. i. subsidiarisch, also nach den Provinzialrechten: in den im Tilsiter Frieden (1807) verbliebenen Provinzen, in den vormals Sächsischen Landestheilen und im Herzogthum Westphalen, jedoch mit fortdauernder Suspension der „drei Titel" (oben I. 2.) in der Kur- und Neu-Mark, und mit Ausschluß von Th. I. Tit. 21. Abschn. 4. und Tit. 23., Th. II. Tit. 1. 2. 3. 7. und 8. Abschn. 1—6 (mit Ausnahme der §. 444—455.) im Herzogthum Westphalen. (P.-P. 1825 §. 4.)

b) Es gilt ausschließlich, d. h. im Wesentlichen ohne Provinzialrechte (doch mit gewissen Modificationen): in den meisten i. J. 1814 wieder oder neu erworbenen Provinzen.

c) Es gilt noch außerhalb Landes: in Anspach-Baireuth, in Ostfriesland, in einigen Gebieten von Sachsen-Weimar.

III. Entstehung eines bindenden Gesetzes.

1. Abfassung der Gesetze. Koch §. 20. 21. (Puchta §. 14. 14a.)

A. L. R. Einl. §. 7—9. längst veraltet. — Verfassungsmäßige Aenderungen im J. 1810 (Staatsrath) und 1823 (Provinzial-Stände). — Verfassungs-Urkunde vom 31. Januar 1850. Art. 62. ff.

Frühere Stellung des Chefs der Justiz: Koch §. 21. und §. 34. — Beschwerde-Instanzen seit der Verordnung über das Verfahren in Civilprozessen vom 21. Juli 1846. §. 34—37: Ges.-Samml. S. 301.

2. Publication der Gesetze. Koch §. 22. (Puchta §. 111. zu Anfg.)

A. Die Wirksamkeit des Gesetzes beginnt mit der gehörigen Bekanntmachung desselben: A. L. R. Einl. §. 10. Verf.-Urk. v. 31. Januar 1850. Art. 106.

Directes Organ für die Publication der Gesetze ist die Ges.-Sammlung geworden erst durch das Gesetz vom 3. April 1846: Ges.-Samml. S. 151. 152. (Zum §. 11. A. L. R. Einl.: Einiges von der vorlandrechtlichen Publications-Methode. — Nachlandrechtliches: P.-P. 11. April 1803 [oben Einl. §. 2. g. E.] und Einrichtung der Gesetz-Sammlung und der Regierungs-Amtsblätter seit dem Jahre 1810.)

B. Ignorantia iuris (Puchta §. 57. g. E.) wird nicht mehr entschuldigt: A. L. R. Einl. §. 12., mit der Modification §. 13. (?)

IV. Nicht-rückwirkende Kraft der Gesetze. Koch §. 35—37. (116.) Puchta §. 111.

1. Bestimmungen der Einleitung des A. L. R. als eines integrirenden Theiles des Gesetzbuches.

A. Allgemeine Regel der nicht-rückwirkenden Kraft: §. 14. (51.), mit der Modification in Betreff der authentischen Declaration: §. 15.

Die Wirkung der auth. Decl. ist nicht ausgeschlossen, wenn auch die Benennung „Declaration" fehlt: Rechtssprüche Bd. 3. Nro. 28. Wie aber, wenn eine materielle Neuerung unter der Benennung „Declaration" auftritt?

B. Form der Handlungen (§. 16. enthält blos eine legislative Regel) nach der Zeit des darüber entstehenden Streites zu beurtheilen: §. 17. (In Widerspruch [?] mit dem [jedenfalls grundsätzlich richtigeren] §. 43. A. L. R. Th. I. Tit. 3. Vergl. Präj. 2097. 8. Febr. 1849. I. Senat: Entsch. Bd. 17. S. 509.)

C. Strafgesetze zu Gunsten des Uebertreters zurückwirkend: §. 18—20. (Im §. 18. liegt in der „Minderung" auch der Fall der völligen Aufhebung der Strafe. Das Wort „vollzogen" aber ist so viel wie „abgebüßt.") Auf diese Paragraphen gründet sich auch das Public.-Patent vom J. 1794. §. XVIII. Denselben Gesichtspunkt halten die neueren P.-P. fest: 1814. §. 16.; 1816. 9. Nov. (beide) §. 20.; 15. Novemb. §. 17.; 1825 §. 23.

Form des Verfahrens (Erkenntniß oder Verwaltungsweg?): Justiz-Min.-Blatt 1849. S. 389. 407—409.

(Rückwirkende Anwendung des Gesetzes v. 12. Febr. 1850 über die Stellung unter Polizei-Aufsicht: Erk. d. O.-T. v. 4. Mai 1850 im J.-M.-Bl. S. 173 fg.)

2. Bestimmungen des P.-P. zum A. L. R., im Gegensatz zu 1. von transitorischer Bedeutung.

A. Allgemeine Regeln.

a) Geltung der Einleit.-Paragraphen auch für den damaligen Wechsel der Gesetzgebung, und Schonung der iura quaesita: §. VIII. (P.-P. 1814. §. 3; 1816. 9. Nov. [beide] §. 3; 15. November §. 5. Absatz I.; 1825. §. 14.)

b) Das A. L. R. gleichsam eine authentische Declaration im Großen: §. IX. (P.-P. 1814. §. 4; 1816. 9. Novbr. [beide] §. 4; 15. Nov. §. 5. Absatz II; 1825. §. 15.)

B. Besondere Bestimmungen in Betreff der vor dem

Tage der neuen Gesetzeskraft stattgefundenen Handlungen oder Begebenheiten, deren rechtliche Folgen aber erst später eintreten.

a) Prinzip. Das ältere Gesetz bleibt maßgebend, wenn eine abändernde Bestimmung nicht in der Gewalt des Rechtssubjectes gestanden hat; das A. L. R. wird maßgebend, wenn eine abändernde Bestimmung getroffen werden durfte, aber nicht getroffen worden ist: §. X. (Der Entwurf zum P.-P. 1794 wollte hier noch allgemein eine dreijährige Frist von der neuen Gesetzeskraft an gestatten, um eventuell die Handlungen abzuändern. Eine solche Frist ist aber nur in §. XV. u. XVI. beibehalten worden.) Die P.-P. 1816. 9. Novbr. (beide) §. 6., 15. Novbr. §. 6., 1825 §. 16. sind einfach bei dem Prinzip des §. X. geblieben.

b) Einzelne Anwendungen, aber auch Modificationen des Prinzips (ad a.).

α) Reine Anwendung des Prinzips auf Verträge: §. XI. (P.-P. 1814. §. 5; 1816. 9. Novbr. [beide] §. 7.; 15. Novbr. §. 7; 1825. §. 17.)

Zinsverträge aber werden durch neuere beschränkende Zinsgesetze sofort affizirt: P.-P. 1814. §. 13; 1816. 9. Novembr. (beide) §. 17; 15. Novbr. §. 13; 1825. §. 20. (Koch §. 36. Note 17; §. 463. Note 11. Präj. 1849. [9. März 1847. III. Senat.] zu §. 1171. 1172. A. L. R. II. 20. — Vergl. auch §. 27. C. de usuris. IV. 32.)

β) Billige Milderung des Prinzips in Betreff der Form letztwilliger Verordnungen: §. XII. (P.-P. 1814 §. 6. 7.; 1816. 9. November [beide] §. 8. 9; 15. Novbr. §. 8; 1825. §. 18. Absatz I.)

Die materiellen Momente der Erbfähigkeit und des Pflichttheils werden aber durchgreifend nach den zur Zeit des Erbanfalles gültigen Gesetzen beurtheilt: P.-P. 1816 9. Novbr. (beide) §. 8. g. E.; 15. Novbr. §. 8. g. E.; 1825 §. 18. Abs. II.

γ) Reine Anwendung des Prinzips auf die Intestaterbfolge: §. XIII. (P.-P. 1814. §. 8; 1816. 9. Novbr. [beide] §. 10; 15. Novbr. §. 9. Das P.-P. 1825 enthält hiervon nichts, in Folge der Ausschließung der „drei Titel.")

δ) Anwendung des Prinzips auf die rechtlichen Verhältnisse der Ehegatten, mit Unterscheidung der Verhältnisse unter Lebenden und von Todeswegen: §. XIV. (P.-P. 1814 §. 9.

1816. 9. Novbr. [beide] §. 11. 12.; 15. Novbr. §. 11. Plen.-Beschl. 2. Juni 1840 zu §. 11. Pat. 9. Novbr. 1816 für Posen.)

Die Ehescheidungsgründe aber werden durchgreifend nach den zur Zeit der nachgesuchten Scheidung geltenden Gesetzen beurtheilt. (Rescript 14. Januar 1799. P.-P. 1814 und 1816 am eben angeführten Orte.)

ε) Billige Milderung des Prinzips, zur Conservation der dinglichen Wirkungen der früheren gesetzlichen und stillschweigenden Hypotheken: §. XV. (Nach der im Entwurf zum P.-P. 1794 allgemein gestatteten 3jährigen Frist — oben ad a — war dies keine Ausnahme von der Regel, sondern nur eine Anwendung derselben. Simon u. v. Strampff Zeitschrift Bd. 2 S. 170.)

Die durch Pfand- oder Hypotheken-Rechte nicht gedeckten Vorzugsrechte der Gläubiger werden durchgreifend nach den zur Zeit der Concurseröffnung geltenden Gesetzen beurtheilt: P.-P. 1814. §. 15.; 1816. 9. Novbr. (beide) §. 19.; 15. Novbr. §. 15.; 1825. §. 22. (Wegen des Anh. §. 352. zur A. G. O. vgl. Rescript v. 25. Mai 1816 in v. Kamptz Jahrb. Bd. 8. S. 26 fg.)

ζ) P.-P. 1794. §. XVI., zur Conservation der dinglichen Wirkungen gewisser Servituten (vgl. Sz. S. 73. 74.), ist bald bedeutungslos geworden durch die in den Anh. §. 58. zum A. L. R. Th. I. Tit. 22. übergegangene Bestimmung der Circ.-Verordnung v. 30. Decbr. 1798. (Vgl. unten Tit. 22. Nr. I. 2. A.)

η) In Betreff der Verjährung liegt das Moment der Unterscheidung darin, ob die Verjährung schon vor dem Tage der neuen Gesetzeskraft vollendet war (ius quaesitum) oder noch nicht (das neue Gesetz kommt „in allen Stücken" — d. h. in der gehörigen Combination mit den Requisiten der Verjährung nach vorher bestandenem Recht — zur Anwendung; nur dürfen neue kürzere Verjährungsfristen erst von dem Tage der neuen Gesetzeskraft an gerechnet werden): §. XVII. (P.-P. 1814. §. 12.; 1816. 9. Novbr. [beide] §. 16.; 15. Novbr. §. 12.; 1825. §. 19.: sämmtlich mit Weglassung der Worte „in allen Stücken", aber die beiden letzten mit einem Zusatze wegen anderweitiger im A. L. R. vorgeschriebener Fristen. Vgl. Simon u. v. Str. Zeitschrift Bd. 2. S. 26—39.)

Justiz-Min.-Bl. v. 1841. S. 160, wegen Unterbrechung

der Ersitzung von Servituten durch die Herrschaft des Cod Napoléon.

Pl.-Beschl. 24. October 1845 zu §. 12. P.-P. 15. Novbr. 1816, wegen des Beweises der Immemorial-Verjährung.

V. Verbindende Kraft der Gesetze für Mitglieder des Staats und für Fremde. (Territorialität des Rechts.) Koch §. 38—40. Puchta §. 112. 113. Eichhorn §. 34—37.

1. Für Mitglieder des Staats.

A. Gleichheit vor dem Gesetze: A. L. R. Einl. §. 22. 80. II. 13. §. 17. 18; 14. §. 77. Verfassungs-Urkunde vom 31. Januar 1850. Art. 4.

B. S. g. Collision coordinirter Gesetze.

a) S. g. statuta personalia (Prävaliren der Person), entscheidend

α) in Betreff der persönlichen Eigenschaften und Befugnisse (iura status), nach der Stufenfolge des forum domicilii: Einl. §. 23. 24. (Pr. O. Tit. 2. §. 9. fg. §. 16. Koch §. 219. Puchta §. 45. g. E.), des forum originis: Einl. §. 25., des favor negotii: Einl. §. 26. 27.;

β) in Betreff des beweglichen Vermögens: §. 28. bis 31. (Im §. 29. ein forum rei sitae.)

Nach α. ist auch zu beurtheilen: Volljährigkeit und Dispositionsfähigkeit in jeder Beziehung.

b) S. g. statuta realia (Prävaliren der Sache), entscheidend in Betreff des unbeweglichen Vermögens: Einl. §. 32. (I. 5. §. 115.) Dies geht aber nicht auf die Intestat-Erbfolge, so weit es sich dabei um eine Universal-Succession handelt. Dafür sind vielmehr die Personal-Statuten des Erblassers maßgebend: A. L. R. II. 1. §. 495. und Anh. §. 78. (Gesetz-Commission Entscheidung v. 20. Mai 1794). Stand der Erblasser unter mehreren Personal-Statuten, so gelangen eventuell (wenn nicht früher die Gesetze eines eximirten Gerichtsstandes den Vorsprung gewannen) die dem A. L. R. am nächsten kommenden zur Anwendung. Vgl. Analogien in: A. L. R. Einl. §. 30. II. 1. §. 347.; 18. §. 57. 58.; Pr. O. Tit. 50. §. 25.; A. L. R. II. 8. §. 4. 6.

c) S. g. statuta mixta (Prävaliren der Handlung).

α) Forum actus: in Betreff der formellen Seite der Rechtsgeschäfte. (Locus regit actum.) Einl. §. 33. I. 5. §. 111. ff. Pr. O. Tit. 10. §. 115. A. L. R. II. 8. §. 936. fg.

Nicht in fraudem legis: II. 1. §. 170. — Gesetz über die Testamente der Preußischen Gesandten und gesandtschaftlichen Personen bei fremden Höfen, während ihres Aufenthalts im Auslande, v. 3. April 1823, §. 1.: Ges.-Samml. S. 40.

β) Forum processus: in Betreff der den Prozeß-Richter als solchen bindenden Bestimmungen. (Besonders was die Verjährung angeht: A. L. R. Anh. §. 117. u. A. G. O. Anh. §. 365. [Gesetz-Commission Entsch. v. 18. October 1796]; Präj. 1461. 22. Juni 1844 III. Senat u. 1524. 15. Januar 1845 III. Sen. zu §. 568. ff. u. §. 516. A. L. R. I. 9.)

γ) Forum delicti commissi: in Betreff der Schadensvergütung. Im Allgemeinen anerkannt durch Präj. 1321. 5. August 1843 III. Senat zu §. 10. ff. A. L. R. I. 6. Zweifelhaft und bestritten in Ansehung der Folgen einer außerehelichen Schwängerung. (P.-P. 1814. §. 11.; 1816. 9. Novbr. [beide] §. 14. — Koch §. 36. Note 30. §. 40. Nr. III. g. E. — Pl. Beschluß 21. November 1849: J.-M.-Bl. 1850 S. 30 ff. Entsch. Bd. 18. S. 39 ff.)

2. Für Fremde, als s. g. subditi temporarii: Einl. §. 34. Bruch ins Prinzip: §. 35. — In Ansehung der Gesandten und der zu denselben gehörenden Personen gilt Exterritorialität: §. 36—39. u. Anh. §. 1. (Declaration v. 24. Septembr. 1798 [unten Th. I. Tit. 9. Abschn. 5.] Nr. I.) Vgl. Gesetz v. 3. April 1823 (oben 1. B c. α.) §. 2—6.

Uebergangs-Paragraphen 40—42. zur Retorsion: §. 43—45. (Völkerrechtliche Basis, aber Gegenstand der Entscheidung für den Civilrichter. Vgl. A. L. R. I. 11. §. 1033.; 12. §. 40.; II. 8. §. 933—935.; 17. §. 173.; 18. §. 84. Pr. O. Tit. 50. §. 162. — Rescript v. 4. October 1836: v. Kamptz Jahrb. Bd. 48. S. 429 fg.)

VI. Auslegung der Gesetze und der Privilegien: Einl. §. 46—58. Anh. §. 2. (Cab.-Ordre 8. März 1798.) Koch §. 23. 24. §. 26. 27. Nr. I. §. 30. (Puchta §. 15. §. 21. Nr. 2. §. 30. 31.)

Der enge Standpunkt des A. L. R. in der Auffassung und Behandlung der Interpretation überhaupt ist nicht nur formell durch Abschaffung der Anfragen an die Gesetz-Commission erweitert worden, sondern später auch materiell einer freieren Auffassung gewichen, besonders in Folge der Verordnung über das Rechtsmittel der Nichtigkeitsbeschwerde, vom 14. December 1833

§. 4. (Ges.=Samml. S. 303) und der Cab.=Ordre zur Erhaltung der Einheit der Rechtsgrundsätze in den richterlichen Entscheidungen, vom 1. August 1836. (Ges.=Samml. S. 218 fg.)

Die beengende Verordnung v. 25. Januar 1823, wegen streitig gewordener Auslegung von Staatsverträgen, Ges.=Samml. S. 19 fg. (vgl. Circulare 22. November 1826, Jahrb. 28. S. 290 ff. und Instruction 6. Decbr. 1833, Jahrb. 42. S. 305 ff.) ist aufgehoben durch die Verordnung v. 24. Novbr. 1843, Ges.=Samml S. 369.

VII. Aufhebung der Gesetze und Erlöschung oder Aufhebung der Privilegien: §. 59—72. Koch §. 25. §. 27. Nr. II. (Puchta §. 17. 18. §. 31. g. E.)

Das geschriebene Recht — oben I. — soll auch nur durch geschriebenes Recht wieder aufgehoben werden können: §. 59. ff. Aufhören der Privilegia: §. 63. ff. (personalia, realia, mixta u. s. w.). Aufhebung derselben: §. 70—72. (wichtig wegen der bestimmten, nicht zu engen Gränze für die richterliche Wirksamkeit).

VIII. S. g. allgemeine Grundsätze des Rechts: §. 73—108. (Zum Theil abstracte Allgemeinheiten und Uebersetzungen früherer lateinischer Gemeinplätze.)

Zu §. 75 : Pl. Beschl. 1. Juli 1850. (J.=M.=Bl. S. 303. fg. Entsch. Bd. 19. S. 487.)

Zu §. 76—79. (Selbsthülfe): A. L. R. Th. I. Tit. 7. §. 142. ff. Tit. 14. Abschn. 4. Th. II. Tit. 20. §. 157. ff. §. 517. ff. §. 1115. Th. I. Tit. 11. §. 1156. Koch §. 206. 739. (Puchta §. 80. 301.)

Zu §. 86. (obligatio naturalis?): A. L. R. I. 16. §. 178. ff. 377.; 14. §. 251. 254.; 20. §. 11. 12.; 16. §. 467. fg. Koch §. 453. (Puchta § 237. §. 293. g. E.)

Zu §. 95—98. (Collision): Koch §. 100.

Zu §. 99. ff. (s. g. personalissima): Koch §. 99. Nr. II. (Vgl. unten Tit. 11. Abschn. 3. Nr. II. 1.)

A. L. R. Th. I. Tit. 1. Von Personen und deren Rechten überhaupt. (Im Entwurf nicht vorhanden.) Koch §. 41—80. Puchta §. 22—28. 40—43. 114—121.

I. Person als Rechtssubject in abstracto: §. 1.

II. Gesellschaftliche Verhältnisse: §. 2—9. Entw. Th. I. Abth. 1. prooemium (außerhalb des Textes der Gesetze). Abth. 2. u. 3. desgl.

III. Physische und beziehungsweise psychische Zustände und Beschaffenheiten der Person.

1. Vor und bei der Geburt: §. 10—13. (Rechte der Ungeborenen. — Lebendigkeit, nicht Vitalität.)

2. Nach der Geburt: Zwillinge §. 14—16. Mißgeburten §. 17. 18. Männliches und weibliches Geschlecht §. 24. Kein Zwittergeschlecht §. 19—23. Altersunterschiede §. 25. 26. (Sz. S. 1.) Anh. §. 3. (aus einem Rescript v. 13. Decbr. 1768) und §. 32. 33. h. t. Seelenzustände §. 27—33.

3. Tod — physisch eingetreten oder rechtlich angenommen.

A. Beibehaltung der gemeinrechtlichen Präsumtion für die Lebensdauer von 70 Jahren, wenn es sich nur um den Erwerb eines Rechts-Anfalles handelt: §. 38.

B. Soll dagegen über schon erworbene Sachen und Rechte verfügt werden, so ist

a) der Regel nach der vollständige Beweis des Todes erforderlich: §. 34.

b) Läßt sich aber die Thatsache des Todes nicht erweisen, so erfolgt die Todeserklärung entweder

α) durch ein förmliches richterliches Erkenntniß: §. 37. (Th. II. Tit. 18. §. 821. ff.), oder

β) ohne Beobachtung dieser Form: in zwei Ausnahme-Fällen erleichterten Beweises §. 35. 36. Anh. §. 4. (aus dem Publicandum v. 14. März 1797, wegen Einführung des A. L. R. bei den Militair-Gerichten, ad 1.). — Spezial-Gesetze, betr. die (Erleichterung der) Todeserklärung der aus den Kriegen von 1806 bis 1815 nicht zurückgekehrten (Militair-) Personen: v. 22. Mai 1822 (Ges.-Samml. S. 148—150) und v. 2. August 1828 (Ges.-Samml. S. 93 fg.).

C. Tod in gemeinsamen Calamitäten: §. 39. (18. de rebus dubiis XXXIV. 5. Sz. S. 2.)

IV. Verwandtschaftliche Verhältnisse: §. 40—45. (Römische Computation.)

A. L. R. Th I. Tit. 2. Von Sachen und deren Rechten überhaupt.

(Entw. Th. II. Einleitung: Allgemeine Grundsätze des Sachenrechts.) Koch §. 81—99. (451. 452. 454.) Puchta §. 35—38. 140. 143. g. E. (218. bis 223.) Eichhorn §. 153—155.

I. Sache als Rechtsobject in abstracto: §. 1—3.

II. Substanz der Sache §. 4. 5., und im wesentlichen Zusammenhange damit: Beweglichkeit oder Unbeweglichkeit der körperchen Sachen §. 6. und der Rechte §. 7—9. (Hyp.-Ordn. Tit. I. §. 14. A. L. R. I. 20. §. 395. II. 16. §. 253. II. 18. §. 555. und Anh. §. 161.)

Nach dem Sprachgebrauche des Gesetzes zerfällt das Mobiliar- oder bewegliche Vermögen §. 10. in:

1. Baares Vermögen §. 11. und Capital-Vermögen §. 12. (Geld als die allgemeine Sache.)

2. Effecten (Spezifische Sachen) §. 13.:

A. Mobilien §. 18.:

a) Möbeln §. 14.

b) Hausrath §. 15.

c) Geräthschaften §. 16.

B. Moventien §. 17.

C. Edle Metalle u. s. w. §. 19—30.

III. Theilbarkeit oder Untheilbarkeit der Sachen §. 41.

IV. Im Gegensatze zu besonderen oder selbstständigen Sachen §. 31.:

1. Universitates facti et iuris §. 32—40.

2. Pertinentiae:

A. Begriffe §. 42—47.

B. Grundsätze §. 105—108.

C. Pertinenz-Register §. 48—104.

V. Die Sache nach der practischen Seite des Gebrauches: Nutzen §. 109.; Nutzungen §. 110. Das Geld, als die allgemeine Sache, giebt den Maßstab für den Werth der spezifischen Sachen: §. 111—119. Fungible und nicht-fungible Sachen: §. 120. 121. (?)

VI. Die Rechte, als eine Art der Sachen, nach den Seiten der Persönlichkeit und der Dinglichkeit: §. 122—130. (Vier Arten von Rechten, je nachdem deren Subject und resp. Object Person oder Ding ist.) Titulus und modus adquirendi: §. 131 bis 134. Abstracte Grundsätze vom dinglichen Rechte: §. 135 bis 141. (Sz. S. 2 fg.)

A. L. R. Th. I. Tit. 3. **Von Handlungen und den daraus entstehenden Rechten.** (Entwurf Th. I. Einleitung §. 61—79. §. 92. Th. II. Einl. §. 64. bis 67.)

Dieser Titel, von den Handlungen als der Thätigkeit des Rechtssubjects überhaupt, bildet die Grundlage für Willenserklärungen aller Art, für Verträge und für Beschädigungen.

Die Hauptlehre desselben ist die culpa (ohne technische Sonderung der s. g. Aquilischen culpa.)

I. Einleitung und Begründung des Standpunktes. Koch §. 102. Puchta §. 49.

1. Handlungen §. 1—3.
2. Folgen §. 4—6.
3. Zurechnung §. 7—14.

II. Dreigradige Culpa: §. 15—25. Koch §. 141—143. 468—470. Puchta §. 261. 264—267.

Wegen der culpa levissima vgl. A. L. R. I. 5. §. 279. 281. 321.; 7. §. 237. 240.; 9. §. 341. 457.; 11. §. 115. 251. 301. 432. 438. 921. 954. 956.; 13. §. 57. 80. 245; 14. §. 42. 112.; 16. §. 13. 286.; 20. §. 124.; 21. §. 248. 279. u. 441.; II. (5. §. 66.) 8. §. 2459. 2460. (?); 10. §. 88. 89.; 18. §. 166. 277. bis 281. (Anomalie in I. 13. §. 220. u. 11. §. 958.)

Wegen der vom Römischen Recht in wichtigen Punkten abweichenden Behandlung der diligentia quam suis: A. L. R. I. 13. §. 55. 56.; 17. §. 211—214. (im Gegensatz zu §. 58.); II. 1. §. 554. 555.; I. 14. §. 11. 12.; II. 18. §. 275. 276.

III. Abstracte Sätze über die Wirkungen rechtlicher Handlungen: §. 26—39.

IV. Form der Handlungen: §. 40—44. (Oben P.-P. und Einl. IV. 1. B.) Koch §. 116.

V. Zeitbestimmungen: §. 45—49. Koch §. 220—222. Puchta §. 73—77.

A. L. R. Th. I. Tit. 4. Von Willenserklärungen.

(Entw. Th. II. Tit. 1.: Von den Quellen der Sachenrechte überhaupt.)

Dieser Titel bildet die Grundlage für alle rechtlichen Willenserklärungen inter vivos und mortis causa.

I. Willenserklärungen als solche. (§. 1.) Koch §. 103. 111. Puchta §. 54. 58.

1. Essentialien (§. 2—4.):

A. Ein geeignetes Object: §. 5. Koch §. 115. Puchta §. 51. 110.

Unzulässig sind Willenserklärungen:

a) Contra ius publicum: §. 6. (z. B. A. L. R. II. 10. §. 73.)

b) Contra bonos mores: §. 7.

c) Zur Beförderung gesetzlich gemißbilligter Handlungen: §. 8. (§. 35. h. t. und I. 16. §. 415. 416.)

d) Zur Einschränkung der Gewissensfreiheit: §. 9. (II. 11. §. 1—4.)

e) Zur Verhinderung der Ehen: §. 10—12. (Doch mit wesentlicher Unterscheidung des Cölibats überhaupt, §. 10. [Nichtigkeit i. s. str.] und des Wittwenstandes insbesondere, §. 11. [bloße Unverbindlichkeit: §. 120. 138. h. t. und II. 1. §. 472.])

f) Zur Beschränkung der persönlichen Freiheit (Eichhorn §. 125.): §. 13. (II. 20. §. 1285. Edict 9. October 1807. §. 10.)

g) Ueber res extra commercium: §. 14. Insbesondere:

α) res communes und publicae: §. 15.

β) Sachen, die durch bindende Privatverfügung dem Verkehr entzogen sind: §. 16—19. (Präj. 694. 3. Juni 1839. III. Senat.)

B. Ein fähiges Subject (§. 3.). Koch §. 112. Puchta §. 50,

Verschiedenartige Unfähigkeit:

a) Der Kinder: §. 20.

b) Der Unmündigen: §. 21. 22.

c) Der Geisteskranken, je nachdem diese

α) bevormundet sind: §. 23. 25. 26., oder

β) noch unbevormundet: §. 24. 27.

d) Aus momentaner Vernunftlosigkeit: §. 28—30. (Die §§. 92. 93. sind hier nicht anwendbar.)

C. Gehörige Vermittelung zwischen Subject und Object. Die Willenserklärung muß sein:

a) Frei (§. 4.) Koch §. 104. (740.) Puchta §. 55. 56. 385.

A. Verschiedenartige Beschaffenheit des Zwanges. (Vis compulsiva: §. 32—37.)

α) Physischer Natur: positiv §. 31. oder negativ §. 32.

β) Psychischer Natur:

a) Unmittelbar gegen Leben, Gesundheit, Freiheit oder Ehre gerichtet: §. 33—35.

b) Nicht unmittelbar gegen Leben, Gesundheit, Freiheit oder Ehre gerichtet: §. 36. 37.

γ) Der Begriff des Zwanges bleibt ausgeschlossen:

a) Bei dem s. g. metus iustus ex parte inferentis. Anwendung der Regel §. 38. auf Civilverfolgung §. 39. (Ausnahme bei gedroheter Criminalverfolgung §. 35.: oben α. a. Vgl. Präj. 2086. 30. October 1848. IV. Senat.)

b) In dem besonderen Falle des §. 40.

c) Bei dem s. g. metus reverentialis §. 41.

B. Wirkung des Zwanges: §. 42—44. (Von §. 43. weicht ab I. 11. §. 1138.)

C. Anfechtung erzwungener Willenserklärungen: §. 45—51. Sz. S. 3.

b) Ernstlich (§. 4.) §. 52—56. Koch §. 113. 114. Puchta §. 65. zu Anfg.

c) Gewiß oder zuverlässig (§. 4.) §. 57. In wesentlichem Zusammenhange damit stehen die wohl von einander zu unterscheidenden stillschweigenden §. 58—62. und vermutheten Willenserklärungen §. 63. 64. Koch §. 110. Puchta §. 64. g. E.

2. Auslegung: §. 65—74. (Tit. 5. §. 252. Tit. 12. §. 556.) Koch §. 132. Puchta §. 66.

3. Anfechtbarkeit. (Koch §. 128. 129. Puchta §. 67.)

A. Wegen Irrthums. Koch §. 106—109. Puchta §. 57. 65. Nr. 1.

a) Der Irrthum in einem der vier wichtigsten Momente §. 75—77 berechtigt zur Anfechtung der Willenserklärung, selbst wenn derselbe vermeidlich war: §. 78—80.

b) Nicht in gleichem Maaße der Irrthum in den blos gewöhnlich vorausgesetzten Eigenschaften: §. 81. 82.

c) Ganz unberücksichtigt bleibt der anderweitige Irrthum: §. 83.

B. Wegen Betruges, als wissentlich und vorsätzlich veranlaßten Irrthums: §. 84—93. (Zu §. 92. 93: Sz. S. 3. 4.) Koch §. 105. (740.) Puchta, §. 57. 376.

(4. Form: §. 94. 95. Koch §. 116.)

(5. Wirkung: §. 96—98.)

II. Nebenbestimmungen bei Willenserklärungen.

1. Bedingung (§. 99. 100.). Koch §. 117—120. Puchta 59—61. 299.

A. Suspensive Natur jeder Bedingung. Doch formelle Scheidung in s. g. suspensive und resolutive Bedingungen: §. 101—113 und §. 114—125. Bei der s. g. conditio in praesens oder praeteritum collata ist nur die Kenntniß des wahren Sachverhalts in suspenso: §. 140—144.

a) Das Moment der Unentschiedenheit (conditio pendet): nicht abweichend vom Römischen Rechte.

b) Bei dem Momente der Entscheidung aber (conditio existit oder deficit) wird von der im Röm. Rechte geltenden s. g. rückwirkenden Kraft abgewichen. (Nur mit der beschränkten Ausnahme des §. 116.)

B. Inhalt der Bedingungen.

a) Conditio casualis, potestativa, mixta, im Wesentlichen wie nach Röm. Rechte: §. 104 und 117; §. 105—107 und 118. 119. (Quicumque sub conditione obligatus curaverit, ne conditio existeret, nihilominus obligetur.) Abweichend:

α) Die künstliche Behandlung der incorrect s. g. Potestativ-Bedingung, welche von der Willkühr des Verpflichteten abhängt: §. 109—111.

β) Die stricte Auffassung des zur Bedingung gemachten Vortheils eines Dritten: §. 112. 113.

b) Ihres Inhaltes wegen sind keine wahren Bedingungen:

α) Die s. g. conditio necessaria, weil deren Erfüllung nicht ausbleiben kann: §. 126—128.

β) Die — physisch oder moralisch — unmögliche Bedingung, weil deren Erfüllung nicht eintreffen kann: §. 129—132. und §. 136. 137. (Nur §. 131. weicht in Betreff der letztwilligen Verfügungen vom Röm. Recht ab: Sz. S. 5. Eine besondere Ausnahme von §. 131. findet sich I. 12. §. 505.) Unnütze Bedingungen sind nicht unerlaubt, aber doch im Wege Rechtens aufhebbar: §. 133—135.

(§. 139: Unten bei Tit. 5. §. 274.)

2. Bewegungsgrund (causa): §. 145—150. Koch §. 126. Puchta §. 65. Note k.

3. Beschreibung (demonstratio): §. 151. Koch §. 127. Puchta §. 65. Note m.

4. Endzweck (modus): §. 152—162. Koch §. 122—125. Puchta §. 63.

Modus non suspendit. (§. 153.) Keine Klage auf Erfüllung des modus. (Wegen des Characters als Resolutivbedingung: §. 154—156.) Stillschweigende Genehmigung einer ungenauen Erfüllung des modus, unter Lebenden (§. 159). Vererblichkeit der conditio und des modus (§. 161.), auch wenn sie casuell sind.

5. Zeitbestimmung (dies): §. 163—169. Koch §. 121. Puchta §. 62.

Dies certus non suspendit. (§. 164. ff.) Dies incertus gleich einer conditio. (§. 163: nicht auf den bloßen dies incertus quando zu erstrecken.)

A. L. R. Th. I. Tit. 5. Von Verträgen. (Entwurf Th. II. Tit. 2.)

Abschnitt I. Verträge an sich.

I. Allgemeine Begriffsbestimmungen. (Koch §. 545. 546. 569. Nro. I. Puchta §. 54. 259.)

Wechselseitige Einwilligung zur Begründung (oder Auflösung) eines bestimmten Rechtsverhältnisses unter den Parteien: §. 1. — Nothwendigkeit der Congruenz der beiden Momente: Versprechen §. 2. 3. (§. 3. denkt an ein bloßes Vorhaben, vgl. 138. §. 1. de V. O.: quod praestaturus sis) und Annahme §. 4. — Die Ausnahme von der Nothwendigkeit dieser Congruenz, bei pollicitationes und vota, ist verworfen: §. 5. (Sz. S. 4.), nur mit der Modification §. 6. — Eintheilung in lästige und wohlthätige Verträge, §. 7. 8., nicht ganz correct.

II. Subject der Verträge. (Koch §. 557. Nro. I. Puchta §. 232. Nro. I.)

Die allgemeinen Grundsätze von der Fähigkeit des Subjects §. 9. 10. modificiren sich durch das Wesen der zweiseitigen s. g. negotia claudicantia. In Ansehung der Vertrags-Fähigkeit sind Minderjährige, Verschwender und Unmündige einander ganz gleich gestellt: §. 14. (Wichtige Abweichung vom Röm. Rechte.) Vormundschaftliche (und Obervormundschaftliche?) Genehmigung: §. 11—13. (II. 18. §. 236—239. Pl.-Beschl. 22. Juni 1846.) Ende der Unfähigkeit des Minderjährigen: §. 18—21. Anfang und Ende der Unfähigkeit des Verschwenders: §. 15—17. (Pr.-O. Tit. 38. §. 26. und §. 22.) Anderweitige Unfähigkeiten: §. 22—25. (Die letzten particularrechtlichen Ueberreste der Geschlechtsvormundschaft sind im ganzen Lande aufgehoben worden, im Laufe der Jahre 1826—1833.) Juris publici: §. 26—30. Unkenntniß eines Contrahenten von der Unfähigkeit des anderen: §. 31—36. Convalescenz (?) durch Anerkenntniß nach gehobener Unfähigkeit: §. 37. 38. 192, (Koch §. 130. 133. Nro. II. §. 722. Präj. 1660. 6. December 1845. III. Senat.)

III. Object der Verträge. (Dehnbarer als das Object der einseitigen Willenserklärungen: §. 39.) Koch §. 557. Nro. II. Puchta §. 256. fg.

1. Gegenstände, welche an sich disponibel sind, aber zunächst nicht von Seiten des Promittenten: §. 40—50. (Verträge über Handlungen oder Sachen eines Dritten.) Regel: §. 40. 46. (Im §. 46. liegt der Accent auf „ausdrücklich".) Ausnahme: §. 45. 49. (§. 45. bildet den Gegensatz zu §. 40., nicht zu §. 44.)

2. Gegenstände, welche schon an sich nicht disponibel sind.

A. Physisch unmögliche Handlungen:

a) Absolut unmöglich: §. 51.

b) Hypothetisch unmöglich. Hier kommt es darauf an, ob die Unmöglichkeit

α) beiden Theilen bekannt oder unbekannt war: §. 52. (modif. §. 57.); oder

β) nur einem Theile bekannt war: dem debitor §. 53., dem creditor §. 54. 55.

(§. 56: Unten bei §. 274.)

B. Res extra commercium: §. 58—67. (Bei Hebbarkeit des Hindernisses: Zurückführung des Verhältnisses auf 1. oder 2. A. b.)

C. Unerlaubte (moralisch oder rechtlich unmögliche) Handlungen: §. 68. 69. (Bei Hebbarkeit des Hindernisses: Zurückführung auf B.)

3. Gegenstände von zweifelhafter Disponibilität:

A. Nutzlose: §. 70. (Koch §. 568. Note 13. Puchta §. 302. Note i.)

B. Unbestimmte: §. 71—73. (I. 11. §. 16. ff. 48. ff.)

C. Vortheile eines Dritten (Koch §. 570. Puchta §. 52. 256 zu Anfg. 273.): §. 74—77. Präj. 1571. 10. Mai 1845. III. Senat. (Vergl. §. 89. 153. 308 fg. 391 h. t.; §. 112 fg. Tit. 4.; §. 27. 612 fg. Tit. 11.; §. 646. Tit. 12.; §. 2. Tit. 13.) Abweichung von §. 75. (und 88.): Tit. 11. §. 1060. (Auch Pl.-Beschl. 25. August 1846?) Nur scheinbare Abweichungen: Tit. 12. §. 300.; Tit. 16. §. 370. — Wegen der Uebernahme von Pfandschulden zur Deckung des Kaufpreises vgl. unten Tit. 20. Abschn. 1. Nro. I. 4. D.

IV. Vermittelung zwischen Subject und Object.

Der Vertrag kommt zu Stande:

1. Materiell: durch die Annahme des Versprechens (Acceptation): §. 78—108. (Neu und nicht ungekünstelt: §. 90. ff. von der Zeit zur Annahme und von der Perfection der Annahme.) Koch §. 548. (Puchta §. 250. zu Anfang. §. 251. Nro. 1.)

2. Formell: durch die Beobachtung der gehörigen Form, welche gerade bei Verträgen ein Essentiale ist und nicht blos zum Beweise dient: §. 109. 110. (Tit. 3. §. 40. 41.) Dies gilt besonders von der im A. L. R. vorherrschenden schriftlichen Form. (I. 14. §. 10. richtig auszulegen.) Koch §. 547. 549. 550—556. Puchta §. 64. 250—252. Eichhorn §. 91—96.

A. Locus regit actum: §. 111—114. (Pr.-O. Tit. 10. §. 115.); mit Ausnahme der s. g. statuta realia: §. 115. Vgl. Präj. 903. 25. Juli 1840. III. Senat.

B. Die schriftliche Form ist perfect:

a) Erst mit der Unterschrift: §. 116—119. (Zu §. 116. vgl. Präj. 292. 9. Juni 1837. II. Senat. — Im §. 117. ist der Gegenbeweis zulässig: „daß blos der Beweis, und nicht die verbindliche Kraft des Vertrages von der schriftlichen Abfassung desselben abhängen solle.")

b) Schon durch eine Punctation, als schriftliche Festsetzung aller wesentlichen Momente des Geschäfts: §. 120—126. (Edict vom 8. Februar 1770. §. 5: „wenn die Zeit zu kurtz ist, einen ausführlichen schriftlichen Contract aufzusetzen rc.")

Der §. 121. ist nur von den Fällen zu verstehen, in welchen nicht von Hause aus eine mehr als schriftliche Form (notarielle oder gerichtliche Form) erfordert wird. (Damit ist nicht zu verwechseln die namentlich für den Hypothekenverkehr erforderliche beglaubigte Ausfertigung der an sich genügenden schriftlichen Urkunde: §. 122. ff.) Der §. 126. ist proportionell aufzufassen.

c) Auch in den Fällen der §§. 142. 143. und 152. (die eigentlich nicht in die Rubrik von der Nothwendigkeit der schriftlichen Form gehören).

C. Absorbirende Macht und Wirkung der schriftlichen Form: §. 127—130. und §. 153. (der immer Anwendung finden muß, wenn nur der Hauptvertrag factisch schriftlich abgefaßt ist.) Zu §. 128.: Pl.-Beschl. 31. Januar 1845 und Präj. 1533. 15. Februar 1845. III. Senat.

D. Nothwendigkeit der schriftlichen Form und Folgen der Vernachlässigung derselben. (Die schriftliche Form hat im A. L. R. eine ähnliche Wichtigkeit, wie im Römischen Rechte die Stipulation.)

a) Nothwendigkeit der schriftlichen Form.

A. Bestimmte Fälle, in welchen diese Nothwendigkeit stattfindet:

α) Vor Allem wegen der Höhe des Objects (über fünfzig Thaler): §. 131. 132. Diese Rücksicht auf die Höhe des Objects greift im Wesentlichen auch durch bei einseitigen Willenserklärungen §. 133. (vgl. Tit. 9. §. 392.); bei Entsagungen §. 134. (Tit. 16. §. 380. fg. und 387.); bei terminlichen Leistungen §. 136. (Ausnahme Tit. 21. §. 268.); bei gewagten Geschäften §. 138. 139. Modification bei Conventionalstrafen: §. 140. 141. (In §. 141. ist gemeint: „ein schriftlicher Vertrag über das ganze Geschäft.")

β) Ohne Rücksicht auf die Höhe des Objects:

a) Wegen der Immobiliar-Eigenschaft des Objects: §. 135. (Tit. 10. §. 15—17. Tit. 11. §. 75. Tit. 21. §. 233. 401. Gesetz wegen Aufhebung der Verlautbarung und Bestätigung der Verträge über unbewegliche Güter, v. 23. April 1821: Ges.-Samml. S. 43 fg.)

b) Wegen der besonderen Eigenschaft gewisser Rechtsgeschäfte, wie Cession bei vorhandener schriftlicher Schuldurkunde (Tit. 11. §. 394.), Bürgschaft (Tit. 14. §. 203.), Wechsel u. a. m.

B. Ausnahmen von der Nothwendigkeit der schriftlichen Form.

α) Bei den Realcontracten: §. 144. 145. (Depositum: I. 14. §. 10. und receptum: II. 8. §. 444. ff. 1735. 2453. 2456 fg. Aber auch mutuum: I. 11. §. 727.; pignus: I. 20. §. 94.; commodatum: I. 21. §. 229. fg.)

β) Bei außerhalb Landes geschlossenen Verträgen über bewegliche körperliche Sachen: §. 148. (Diese Einschränkung harmonirt nicht mit §. 111: oben A.)

γ) In dem singulären Falle §. 149 — 151.

(II. 8. §. 596. 597. Pr.=O. Tit. 10. §. 168. Entw. Th. I. Abth. II. Tit. 3. §. 385. 386.)

δ) Bei Prolongationen: §. 154. (I. 21. §. 325. ff. — Auch stillschweigende Verlängerung eines schriftlichen, mit einem Hausoffizianten geschlossenen Dienstvertrages: Pl.=Beschl. 18. Oct. 1847. J.=M.=Bl. S. 336 ff. Entsch. Bd. 15. S. 61 ff.)

b) Rechtliche Folgen, wenn die erforderte schriftliche Form verabsäumt wird. (Stempel=Edict vom 13. Mai 1766. §. 2. Edict vom 8. Februar 1770: „daß alle Contracte ꝛc., deren Gegenstand die Summe von Funfzig Rthlr. übersteiget ꝛc., schriftlich errichtet werden, widrigenfalls aber unverbindlich sein sollen." Rescript vom 10. März 1781. Conclusum der Gesetz=Commission vom 12. Februar 1788. Corpus Jur. Frideric. Thl. IV. Tit. 6. §. 4. Entw. Th. II. Tit. 2. §. 115—122.)

A. Es ist beiderseits schon erfüllt: §. 146. 147. (Gehen nur auf Mobilien. — Das Wort „sogleich" fehlt mit Recht im Ed. 1770. §. 6. g. E.)

B. Es ist noch von keiner Seite erfüllt: §. 155.

C. Es ist einseitig oder theilweise erfüllt:

α) Handlungen sind Gegenstand des Vertrages: §. 165—167. (Geleistete Handlungen können nicht ungeschehen gemacht werden. Pl.=Beschl. 7. Novbr. 1845.)

β) Nicht Handlungen: §. 156—164.

So lange noch nicht von beiden Seiten vollständig erfüllt ist, kann auch derjenige Contrahent, welcher seinerseits bereits theilweise oder vollständig erfüllt hat, zurücktreten und das Gegebene zurückfordern: Präj. 436. 3. Februar 1838. III. Senat.

§§. 159. 165: Auf Grund einseitiger Erfüllung kann Gegenleistung gefordert werden, wenn die Herstellung des früheren Zustandes unmöglich ist.

Im §. 164 ist unter „gegenseitig" zu verstehen: „gegentheilig."

γ) Der §. 168. geht auf α und β.

c) Ausmittelung des Inhaltes verloren gegangener schriftlicher Verträge: §. 169. 170. (Dem mit §. 170. in Widerspruch stehenden §. 120. Pr.=O. Tit. 10. ist der Vorzug einzuräumen.)

E. Mehr als schriftliche Form (nicht wegen des Vertrags=Objects, sondern) wegen gewisser subjectiver Mängel eines Con=

trahenten (zur Beseitigung der schwankenden Meinungen über ignorantia iuris: Sz. S. 4 fg.), und zwar gerichtliche Form für Blinde und Taubstumme, und wenigstens notarielle Form für analphabete oder der Sprache des Instrumentes unkundige Personen: §. 171 — 184. (A. L. R. Anh. §. 5. A. G. O. Anhang §. 75. und 422. — Gesetz über das Verfahren bei Aufnahme von Notariats-Instrumenten vom 11. Juli 1845: Ges.-Samml. S. 487 ff. — Pl.-Beschl. 4. Februar 1850: J.-M.-Bl. S. 83. Entsch. Bd. 19. S. 59. ff.)

V. Verstärkung der Verträge. Koch §. 558. Puchta 253—255.

1. Durch Anerkenntniß. (Koch §. 133. Nro. I. §. 550. Nro. I. 6. §. 722.)

Anerkenntniß kann heben:

A. Einen Formmangel: §. 185. (Präj. 1510. 22. Nov. 1844. III. Senat.)

B. Den Mangel einer freien oder ernstlichen Einwilligung: §. 186—191. (Zu §. 189. vgl. z. B. I. 16. §. 165.)

C. Den Mangel der persönlichen Fähigkeit: §. 192. (Oben II. g. E.)

2. Durch Entsagung der Einwendungen: §. 193 — 198. (Nicht zu verwechseln mit den Entsagungen des Tit. 16. Abschnitt 7.) Koch §. 212. 213. Eidliche Bestärkung ohne Kraft: §. 199. (Koch §. 136. Puchta §. 253.)

Beispiele wirkungsloser Entsagungen: A. L. R. I. 11. §. 734. 1162. Pr.-O. Tit. 47. §. 100. Tit. 48. §. 31. Tit. 49. §. 17. c.

3. Durch gerichtliche Bestätigung: §. 200—204. (?)

4. Durch Draufgabe.

A. Nur die s. g. arrha pacto perfecto data bildet die Landrechtliche Regel: §. 205—211. (Sie ist wo möglich zugleich Angeld.)

B. Verschmelzung der Römischen Arrha und des Deutschen Reukaufs.

a) Die gewöhnliche d. i. confirmatorische Arrha wird bei rückgängigem Vertrage zu einem bloßen Momente der Hauptleistung resp. Entschädigung: §. 217—224.

b) Die Arrha dagegen, welche zugleich Wandelpön oder Reugeld ist, berechtigt denjenigen Theil, welcher sie fallen läßt, zum Rücktritt von dem (noch nicht einmal theilweise erfüllten) Vertrage: §. 212—215. (In §. 214. bedeutet „Erstattung" blos Rückgabe.)

c) Auf a. und b. gehen die §§. 216. 225.

VI. Nebenbestimmungen bei Verträgen:

1. Conditio, modus, causa: §. 226—229. (Oben Tit 4. unter II.)

2. Dies: §. 230—246. Koch §. 479. Puchta §. 241. (Abweichung vom Röm. Rechte: a) in Betreff der im Vertrage unbestimmt gelassenen Zeit, welche der Richter zu bestimmen hat; b) in Betreff der Erfüllung vor der im Vertrage bestimmten Zeit [wo „dies adiectus pro reo" nicht mehr gilt].)

3. Locus: §. 247—251. (Tit. 16. §. 27. 52.) Koch §. 480. Puchta §. 246. (Subsidiarische Regel im A. L. R.: In und außer Contracten gilt als locus solutionis der Wohnort des debitor, mit Ausnahme beim dare aus einem onerosen Vertrage.)

VII. Auslegungsregeln: §. 252—269. (Oben Tit. 4. unter I. 2.) Der §. 259. ist von jedem Falle zu verstehen, wo factisch kein schriftlicher Vertrag vorliegt. (Vgl. §. 153: oben IV. 2. C.) Zu §. 261. vgl. als Beispiel II. 8. §. 2211, als Ausnahme I. 21. §. 594. (Koch §. 466. Note 2. 5—7.)

Abschnitt II. Erfüllung der Verträge.

I. Allgemeine Grundsätze.

1. Erfüllung der Verträge nach ihrem ganzen Inhalt: §. 270—272. (§. 271. vgl. §. 232: s. g. exceptio non adimpleti contractus.) Koch §. 559. §. 673. Nro. II. Puchta §. 232. Nro. 2.

2. Eigenthümliche Objecte der Erfüllung:

A. Individuum: §. 273. (Ein Folgesatz von §. 270.)

B. Alternative (Koch §. 455.): §. 274. (Geht nicht blos auf Sachen im engeren Sinne, sondern auch auf Leistungen: z. B. Tit. 4. §. 139. Tit. 5. §. 56.)

Ausnahme von §. 274. h. t.: Tit. 11. §. 38. (Nur scheinbare Ausnahme: Tit. 16. §. 192.)

Mit der einmal getroffenen Wahl ist das Wahlrecht selbst absorbirt. (Z. B. §. 215. 315. fg. h. t. Tit. 12. §. 400.; 20. §. 597. 625. 645.; 21. §. 619.)

C. Genus: §. 275. (In billigem Gegensatze zu §. 273.)

D. Facere: §. 276. (Im Zusammenhange mit der nach

Preußischem Recht zulässigen executio ad faciendum: Pr.-O. Tit. 24. §. 48 ff.)

3. Vertretung der culpa: §. 277 — 284. (Oben Tit. 3. unter II.) Zu §. 281.: Modificationen in Tit. 11. §. 923. und Tit. 13. §. 58.

II. Als Folge unterbliebener Erfüllung:

1. Schadloshaltung. (Koch §. 471. Nro. II. 1. Puchta §. 224. 225.)

A. Wegen des (ganzen oder vollen) Interesse — d. i. des s. g. damnum emergens und lucrum cessans —:

a) bei dolus oder lata culpa: §. 285 — 287;

b) von Seiten der Kunst- und Sachverständigen auch bei levis oder levissima culpa: §. 289. 290.;

c) bei Omissionen als solchen: §. 291. (Richtiger als der widersprechende §. 890. Tit. 11.)

B. Wegen des bloßen damnum emergens: bei levis oder levissima culpa §. 288. (Ausnahme bei A. b.)

2. Conventionalstrafe, als eine im Voraus fixirte Schadloshaltung (also nicht eine poena privata neben der Schadloshaltung): §. 292 — 316. (Anh. §. 6. antiquirt.) Koch §. 558. Nro. IV. (Puchta §. 230. 231.)

Conv.-Strafe kann auf gänzliche oder schon auf partielle Nicht-Erfüllung gesetzt sein: §. 294 — 296. 304 — 307. 310. 311. Wegen des Objects der Conv.-Strafe ist §. 301. der const. un. C. de sententiis quae pro eo quod interest proferuntur. VII. 47. nachgebildet. Beweislast in §. 301.: Pl.-Beschl. 23. Januar 1846. — Im §. 304. sind Verzugszinsen (vom Tage der Klagebehändigung?) nicht ausgeschlossen. — Conv.-Strafe als Wandelpön, §. 312 — 316., wesentlich verschieden von Arrha als Wandelpön, oben Abschn. I. Nr. V. 4. B. b.

III. Gewährleistung, als Moment der Klage auf Erfüllung: §. 317. Das Prinzip §. 318. umfaßt in seiner Allgemeinheit die Gewährleistung wegen physischer und wegen juristischer Mängel, die im A. L. R. zum Theil durch einander geworfen sind. Koch §. 560. 561—566. (Puchta §. 362. 363.)

1. Gewährleistung wegen physischer Mängel oder fehlerhafter Eigenschaften. (Aedilizische Klagen.)

A. Im Allgemeinen Gewähr der gewöhnlich vorausgesetzten und der ausdrücklich vorbedungenen Eigenschaften (von denen die ersteren der Natur, die letzteren dem Inhalte des Vertrages — §. 318. — entsprechen): §. 319—322.

B. Wegen fehlender vorbedungener Eigenschaften insbesondere:

a) principaliter Klage auf nachträgliche Gewährung derselben: §. 325;

b) eventuell Befugniß zum Rücktritt §. 326., doch mit unbedingter Wahl zwischen der actio redhibitoria §. 327. und quanti minoris §. 328.

C. Wegen fehlender gewöhnlich vorausgesetzter Eigenschaften insbesondere: Klage nach Maßgabe der Beschaffenheit und Kraft des Irrthums (oben Tit. 4. I. 3. A. b.): §. 329. bis 332. (Zur Regel des §. 332. eine Ausnahme in Tit. 11. §. 199.)

D. Bei einem Inbegriff von Sachen als Object des Vertrages: §. 339—341., im Gegensatze zu §. 342.

E. Bei gewagten Geschäften: §. 346. 347.

F. Verjährung: §. 343. Sz. S. 5. (Der §. 343. geht nur auf physische, aber auch auf a l l e physische Mängel. Dies a quo ist deshalb, trotz der nach den Objecten verschiedenen Fristen, immer der Tag des Empfanges der Sache. — Kriterium der ländlichen Grundstücke, im Gegensatze der städtischen, ist nach Preußischem Recht: ob Ackerbau und Viehzucht damit verbunden ist. A. L. R. I. 2. §. 48. 61.; 8. §. 60.; 11. §. 83. 255.; 14. §. 188.; 21. §. 169. 261. 302. u. 307. 330. 343. 400.; II. 4. §. 48.; Pr.-O. Tit. 24. §. 121. 127. ff.; Tit. 47. §. 17.; Tit. 52. §. 29. 30. u. s. w.)

2. Gewährleistung wegen juristischer Mängel oder fehlenden Rechtes des Auctor, d. i. wegen der Ansprüche eines Dritten. (Evictionsklage.)

A. Der Dritte nimmt das E i g e n t h u m ganz oder theilweise in Anspruch: §. 323. 324., wesentlich zu ergänzen aus Tit. 11. §. 164. (partielle Eviction) und §. 143—152. (Litis-Denunciation. Vgl. Pr.-O. Tit. 17. §. 10. u. 19.)

B. Der Dritte macht blos iura in re geltend: §. 333. bis 336. („Gewöhnliche Lasten" parallel mit fehlenden ausdrücklich vorbedungenen Eigenschaften. „Ungewöhnliche Lasten" parallel mit fehlenden gewöhnlich vorausgesetzten Eigenschaften. [Es ist gleichsam eine gewöhnliche Eigenschaft, daß der Sache keine ungewöhnliche Last anklebe.])

C. Der Dritte nimmt seinerseits die Freiheit von einer der Sache zugesicherten Befugniß in Anspruch. (Tit. 11. §. 164. Tit. 5. §. 344.)

D. Verjährung: §. 344. (Dies a quo Tag der vom Mangel erlangten Kenntniß.) Sz. S. 5. Pl.-Beschl. 21. Juni 1847. (Der §. 344. erstreckt sich wesentlich nur auf B. und C., nicht aber auf die Entwährung des Eigenthums [A.] als solche.)

3. Gemeinschaftlich für 1. und 2. sind die Bestimmungen:

A. §. 345. (Das als Klage verjährte Recht dauert aber als Exception fort: Präj. 407. 6. Januar 1838. III. Senat. Vgl. §. 271. h. t., §. 222. Tit. 11. und 5. §. 6. de doli mali et metus exceptione. XLIV. 4.)

B. §. 348.

C. §. 337. 338.

Abschnitt III. Aufhebung der Verträge.

I. Wegen Betruges. (Oben Tit. 4. Nr. I. 3. B.)

1. Dolus incidens: §. 358. 359. (Wie in Tit. 4. §. 87. 88.: Verschiedener Erfolg nach der Beschaffenheit des erregten Irrthums.)

2. Dolus causam dans: §. 349—356. (In allen Fällen Befugniß des Betrogenen zur Anfechtung.)

3. Wechselseitiger Betrug: §. 357. (Richtiger ist 154. de R. J.)

II. Wegen Unmöglichkeit der Erfüllung. Koch §. 466. (besonders Note 1. 16. 17. 19. 27.) und §. 568. Nr. II. (Puchta §. 302.)

Casuistische und abstracte Unterscheidungen:

1. Unmöglichkeit der Erfüllung selbst.

A. Durch eigene Schuld der Contrahenten:

a) des Debitor: §. 360.;

b) des Creditor: §. 361.;

c) beider Theile gleichmäßig: §. 362. 363.

B. Ohne Schuld der Contrahenten (durch casus oder vis maior cui resisti non potuit): §. 364—368. (Casus gilt nicht mehr als Surrogat der Erfüllung, sondern hebt den Vertrag auf.)

2. Unmöglichkeit der bestimmten Art der Erfüllung.

A. Unmöglichkeit im engeren Sinne.

a) Durch Schuld oder auch durch s. g. casus in persona des Einen der Contrahenten: §. 369—372. (Koch §. 480. Nr. III.)

b) Durch bloßen Zufall: §. 373. (wie 1. B. — Vgl. Tit. 11. §. 33. 37.)

B. Bloße Erschwerung (mit weiterer Gradation): §. 374. bis 376.

III. Wegen veränderter Umstände: §. 377—384. Koch §. 568. Nr. III.

Die s. g. clausula rebus sic stantibus ist hier in bestimmte Gränzen gebannt, mag der klare Endzweck beider Theile oder auch nur Eines Theiles vereitelt sein. — Anwendungen: Tit. 11. §. 178. 656. 758. 984. Tit. 14. §. 48. Tit. 16. §. 33. Tit. 17. §. 80. Tit. 21. §. 235. fg. §. 366. ff. 376. ff. 553. Th. II. Tit. 1. §. 107. Tit. 5. §. 143. Tit. 19. §. 41.

IV. Wegen mutuus dissensus: §. 385—392. Koch §. 567. Puchta §. 298.

Da nicht mehr, wie im gemeinen Deutschen Rechte, jedes nudum pactum zur Auflösung des Vertrages ausreicht, so kommt hier Alles darauf an: ob noch von keiner, oder ob schon von Einer, oder ob gar schon von beiden Seiten erfüllt war. Der §. 389. aber ist ohne Rücksicht auf diese Unterschiede anzuwenden.

V. Wegen Mangels der Erfüllung von der anderen Seite. Sz. S. 5. fg. Koch §. 568. Nr. IV.

1. Grundregel: Kein Rücktritt, sondern Klage auf Erfüllung: §. 393. 394.

2. Modificationen dieser Regel. — Richterliche Entscheidung:

A. Ueber den streitigen Inhalt des Vertrages selbst: §. 395. (Exc. non rite adimpl. contr.)

B. Ueber die — bei unstreitigem Inhalte des Vertrages — auf angebliche Nicht-Erfüllung (des Klägers) gegründete Weigerung (des Beklagten): §. 396. (Verschieden nach den Vertrags-Objecten und Prozeß-Stadien.)

a) Sachen sind Gegenstand des Vertrages.

(α Es ist rechtskräftig erkannt und der Weigerungs-Grund

A. gänzlich

a) verworfen: §. 397. 398. (Recht des Klägers zum Rücktritt);

b) als erheblich anerkannt: §. 399—401. (Recht des Beklagten zum Rücktritt);

B. zum Theil verworfen, zum Theil gebilligt: §. 402. 403. (Der Regel nach kein Rücktritt.)

β) Es ist in erster Instanz erkannt:

A. Zum Nachtheil des Weigernden (d. i. des Beklagten): §. 404. 405.

B) Zum Vortheil desselben: §. 406. 407.

[In A. kann der Kläger, in B. der Beklagte die folgenden Instanzen abschneiden. Anwendung: Tit. 11. §. 232. 233. Abweichung: Tit. 21. §. 392.]

b) Handlungen sind Hauptgegenstand des Vertrages: §. 408—411. (Von Hause aus Rücktritt — auf eigene Gefahr. Vgl. Tit. 11. §. 878.)

VI. Durch den Tod (nur ausnahmsweise): §. 415—423. Koch §. 568. Nro. V. §. 520. Nro. 1. Puchta §. 300 zu Anfang.

Der §. 423. geht auf alle, auch auf fungible Handlungen, die §§. 416 ff. aber — von denen wieder 419—422. besonders zusammen gehören — nur auf ganz individuelle Handlungen als Gegenstand des Vertrages.

Abschnitt IV. Correalverträge.

(Mehrere verbündete Subjecte auf Seiten des Rechts oder der Verbindlichkeit aus Verträgen. Grundregel des A. L. R.: Solidarische Verbindlichkeit und nicht-solidarische Berechtigung.) Sz. S. 6. fg. Koch §. 514—519. Puchta §. 233—235.

I. Correi debendi.

1. Dieselben haften:

A. Grundsätzlich in solidum: §. 424. 425.

B. Eventuell nach Maßgabe des zu Grunde liegenden Rechtsverhältnisses, allenfalls in capita: §. 426—428.

2. Der Berechtigte kann sich an sie halten:

A. In den Fällen 1. B. an jeden Einzelnen für sich und seinen Antheil: §. 429.

B. In 1. A. an alle Einzelnen nach Belieben, sowohl für die ganze Forderung, als für jeden Theil derselben, mit freiem ius eligendi und variandi, — ohne beneficium divisionis: §. 430—434. (Zu §. 432: Pr.-O. Tit. 17. §. 17.)

3. Unterschied der Befreiungen in rem: §. 435. 436. 441. und in personam: §. 437. 442., und im Zusammenhange damit §. 438—440.

4. Regreß der Correalverpflichteten als solcher unter einander (nach Maßgabe des zu Grunde liegenden Rechtsverhältnisses, allenfalls in capita): §. 443—445. Insbesondere Ausgleichung wegen Unfähigkeit oder Unvermögens Einzelner: §. 446—449. („Unter den Correis findet zwar keine solidarische, wohl aber eine subsidiarische Obligation statt": Conclusum in v. Kamptz, Jahrb. Bd. 52. S. 8.)

II. Correi credendi: §. 450—453. (Vgl. Tit. 13. §. 210. Tit. 14. §. 63. 65. Tit. 16. §. 303. 459.) Auslegung des §. 450. h. t.: Präj. 1870. 18. Mai 1847. III. Senat.

A. L. R. Th. I. Tit. 6. Von den Pflichten und Rechten, die aus unerlaubten Handlungen entstehen.

(Entw. Th. II. Tit. 3.) Koch §. 137—145. §. 465. 466. 470. (Note 1. 3. 4. 8.) §. 471—473. §. 515. Note 5. §. 516. Nro. II. 1. §. 518. Note 37. §. 569. Nro. II. §. 574. §. 729—733. 735. 736. 740—742. Puchta §. 226. 261. 264—267. 375—393. Eichhorn §. 152.

Dieser Titel handelt eigentlich von allen außercontractlichen Beschädigungen als solchen; und zwar:

I. Von den Beschädigungen, welche zu vertreten und zu ersetzen sind.

1. Grade des Schadens im Verhältniß zu den Graden der culpa und in Beziehung auf den Grad des zu leistenden Ersatzes. (Mit casuistischen, unsicheren und verwickelten Abstufungen.)

A. Abstufung des Schadens §. 1. in damnum immediatum, mediatum und casuale §. 2—4. (Tit. 3. §. 4—6.) Lucrum cessans §. 5. von Hause aus begränzt §. 6., weiter abgestuft §. 13.

B. Leistung des Schadenersatzes. (Vergl. oben Tit. 5. Abschn. II. Nro. II. 1. in Betreff der Verträge: Tit. 6. §. 17.)

a) Vollständige Genugthuung, d. i. damnum emergens und lucrum cessans, §. 7. (die §§. 8. 9. enthalten nur Motive zum Folgenden), wird prästirt bei **dolus** oder **lata culpa**: §. 10. 11.

b) Damnum emergens, nebst einer gewissen Abstufung des lucrum cessans, bei levis culpa: §. 12—14. (Sonderbares Resultat in §. 1911—1913. A. L. R. II. 8.)

c) Nur damnum immediatum bei levissima culpa: §. 15. (Incongruenz in §. 21.)

d) Ausnahmsweise damnum casuale nach Maßgabe des §. 16. (Tit. 3. §. 13. Tit. 7. §. 242. Tit. 13. §. 249. Th. II. Tit. 18. §. 282.)

e) Minutiöse Abwägung der Grade der auf Seiten des Beschädigten und des Beschädigers concurrirenden culpa: §. 18—21.

f) Verpflichtung der Gemeinden zum Ersatz des bei öffentlichen Aufläufen verursachten Schadens: Gesetz v. 11. März 1850. Ges.-Samml. S. 199. 200.

C. Causalnexus zwischen Handlung und Folgen: §. 24—26. (Koch §. 470. Note 3.)

D. Die Pflicht zum Schadensersatze ruhet objectiv auf dem Vermögen des Beschädigers: §. 27. 28. (Koch §. 470. Note 1. §. 735. Note 5.)

2. Concurrenz mehrerer Beschädiger.

A. Unter einander: §. 22. (keine Retorsion: z. B. II. 8. §. 1930.) und §. 23. („einander": oder auch nur „Einer einem Anderen").

B. Dem Beschädigten gegenüber.

a) Aus dolus oder lata culpa haften alle Beschädiger in solidum: §. 29. 30.

b) Aus levis oder levissima culpa haftet principaliter jeder Einzelne für den von ihm selbst gestifteten Schaden §. 31., eventuell in solidum §. 32.

c) Regreß unter den Beschädigern findet Statt: §. 33.; mit Ausnahme doloser Beschädigung, wo die Armencasse einen (secundären) Anspruch erhält: §. 34. 35. Sz. S. 7.

3. Wegfall oder Modification der Verbindlichkeit zum Schadensersatz.

A. Bei dem damnum iure datum: §. 36—38. (Einl. §. 94. Tit. 8. §. 26. fg.)

B. Wegen Mangels an Zurechnung:

a) In vorübergehenden Zuständen: §. 39. (56.) 40. (§. 16. h. t. vgl. Tit. 3. §. 7. ff.)

b) Bei Geisteskranken und Kindern: §. 41—44. (Wichtige Abweichung vom Röm. Rechte.)

C. Bei Befolgung von Befehlen: §. 45 — 49. 58. 59. (Tit. 11. §. 897. Tit. 13. §. 227.) oder Aufträgen: §. 50—53. (Tit. 13. §. 20. 42. 152. Th. II. Tit. 8. §. 515.)

Im §. 58. bedeutet „hauptsächlich" die prinzipale persönliche Haftung des Befehlenden; im Gegensatze zur solidarischen Haftung beim gewöhnlichen Mandat §. 51. — Im §. 53. ist nicht gerade ein Widerspruch mit Tit. 13. §. 36. zu finden.

D. Wegen eingetretener Verjährung: §. 54. 55. Sz. S. 7. Declaration (des §. 54.) betr. die Verjährungsfrist bei einer Schadens-Ersatzforderung, vom 31. März 1838. (Gesetz-Samml. S. 252.) — Pl.-Beschl. 20. März 1846. (Die Verjährung soll immer „das ganze Recht" treffen.) Pl.-Beschl. 22. April 1850: J.-M.-Bl. S. 189 fg. Entsch. Bd. 19. S. 3. ff. (Die Verjährung gilt noch nicht als ausgeschlossen, weil über die Rechtmäßigkeit der beschädigenden Handlung unter den Parteien prozessirt wurde.)

E. Einfluß vernachlässigter Aufsicht.

a) Für levis culpa, und zwar principaliter, haftet man bei vernachlässigter Aufsicht über Kinder und Geisteskranke: §. (56.) 57.

b) Nur für wissentliches Dulden oder Geschehenlassen, und zwar nur in subsidium, haftet man in Betreff des Gesindes, der Handwerksgesellen, Lehrlinge, Miethsleute: §. 60 — 69. (Große Ausdehnung der actio de effusis vel deiectis im §. 68.)

c) In Betreff der schädlichen Thiere kommt es zunächst auf die obrigkeitliche Erlaubniß an: §. 70. 71.; in Betreff der unschädlichen lediglich auf gehörige Aufsicht: §. 73. 74. Der einzige Ueberrest der actio de pauperie findet sich im §. 72. (Wegen des naturgemäßen Schadens, welchen Thiere anrichten, vgl. Tit. 14. Abschnitt 4. Tit. 22. §. 72. 83. ff. 180. ff.) Die §§. 75 — 78. enthalten blos Folgerungen aus allgemeinen Grundsätzen.

II. Von der Art wie Beschädigungen zu ersetzen sind. Prinzip: §. 79—81. (Herstellung des früheren Zustandes; eventuell Ausgleichung in Gelde, unter Berücksichtigung der verschiedenen Werthe.)

1. Beschädigung oder Zerstörung von Sachen.

A. Ermittelung des Werthes.

a) Nach der Bestimmung von Gesetzen oder Preis-Couranten: §. 82. 83.

b) Nach dem Gutachten der Sachverständigen:

α) in concreto: §. 84.;

β) nach mittlerem Durchschnitt, doch bei dolus oder lata culpa mit Zulassung des höher gehenden iuramentum in litem: §. 92—97.

B. Ersatz des verschiedenartigen Werthes.

a) Bei völliger Zerstörung der Sache wird

α) im Falle des dolus oder der culpa lata der höchste Werth aus dem Zeitraume: §. 85., und zwar im Falle der culpa lata der außerordentliche Werth §. 86., im Falle des dolus sogar das s. g. pretium affectionis (contra 33. pr. ad leg. Aquil. IX. 2.) §. 87. prästirt;

β) im Falle der culpa levis oder levissima nur der gemeine Werth aus dem Zeitpunkte: §. 88.

b) Bei bloßer Verminderung des Werthes der Sache wird die Differenz prästirt, mit einem eigenen Wahlrechte des Beschädigten bei beweglichen Sachen: §. 89—91.

2. Beschädigung der Person.

A. Am Körper. (Gemeinsame Bestimmung im §. 129.)

a) Tödtung: §. 98—110. Sz. S. 7 fg. (Die Grundlage dieser Bestimmungen ist zwar Deutschrechtlicher Natur, aber die Ausführung beruhet auf einer casuistischen und subtilen Abstufung der Ersatzverbindlichkeit nach den Graden der culpa.)

b) Verletzungen ohne Tödtung: §. 111—128. (Gleichfalls mit casuistischen Abstufungen.) Zu §. 112: Sz. S. 8.

B. An der Ehre.

a) Privatgenugthuung: §. 130. (II. 20. §. 584. 586—606.), aufgehoben durch Cab.-Ordre vom 1. Febr. 1811. (Ges.-Samml. S. 149.)

b) Abschätzung nach Gelde (actio aestimatoria) nur in dem beschränkten Maße des §. 131.

C. An der Freiheit

a) der Person selbst: §. 132—136.;

b) des Vermögens (durch unrechtmäßig ausgebrachten Realarrest): §. 137. 138. Pl.-Beschl. 7. Jan. 1850. (J.-M.-Bl. S. 78—80. Entsch. Bd. 19. S. 11 ff.)

A. L. R. Th. I. Tit. 7. Von Gewahrsam und Besitz. (Entw. Th. II. Tit. 4.) Koch §. 165—185. (734.) 239—241. Puchta §. 122—139. 166. 170. 171. 173.

Abschnitt I. Recht des Besitzes.

I. Begriffe.

1. Objective Seite. (Materieller Inhalt.)

Detention (Gewahrsam, Innehabung) an körperlichen Sachen und an Rechten: §. 1. 2. 138. §. 4. (Tit. 15. §. 3. Pr.-O. Tit. 31. §. 1.) Besitz an körperlichen Sachen und an Rechten: §. 3. 5., vollständig (mit animus domini) oder unvollständig (ohne animus domini, aber doch mit irgend einer selbstnützigen Absicht, — eine Generalisirung der s. g. possessio derivata): §. 6—9. (§. 169—174. h. t. Vgl. Tit. 19. u. 21. vom dinglichen Rechte der Nutzungsberechtigten überhaupt.)

Gränzen für die Rechte als Object des Besitzes: §. 80. 82. h. t.: „fortdauernde Schuldigkeit", „fortdauerndes Recht."

Der §. 8. bezeichnet den Usucapionsbesitz.

Nach §. 9. ist z. B. der Pächter vollständiger Besitzer seines Pachtrechts, unvollständiger Besitzer der gepachteten Sache.

2. Subjective Seite. (Eigentlich nicht in das Recht des Besitzes, sondern in das Recht zum Besitze — Rechtsverfolgung, Usucapion rc. — einschlagend.)

A. Größere oder geringere Unschuld des Rechtssubjects bei einem unrechtmäßigen Besitze (wohin hier auch der redliche Besitz gehört): §. 10. (Im Marginale muß es statt „unrechtmäßiger" heißen: „unrechtfertiger.")

Im Wesentlichen gleichgestellt sind hier: mala fides κατ' ἐξοχήν: §. 11.; nicht-entschuldbarer error facti: §. 13.; error iuris: §. 12. 14. (neuer Kunstausdruck „unrechtfertig"); mala fides superveniens: §. 17.; von Hause aus zur Ungebühr vernachlässigte Zweifel: §. 15. 16. (Der redliche Besitz ist hiernach negativ zu fassen: als unter keine dieser der mala fides gleichen Kategorien fallend.)

Die abstracte Präsumtion für die Redlichkeit des Besitzes §. 18. wird modifizirt bei den als derelinquirt in Besitz genommenen Sachen: §. 19. 20. (§. 120. 121.)

B. Beim Auftreten verschiedener Rechtssubjecte wird in Betreff der Redlichkeit (bona fides) unterschieden:

a) Mitwirkung eines Dritten: §. 21—23. (Abweichend vom Römischen Rechte in Betreff des procurator.)

b) Gemeinsame Berechtigung in der Sache selbst:

α) Bei Privatgemeinschaften: §. 24. 25. (Im Wesentlichen proratarisches Verhältniß.)

β) Bei Corporationen oder Gemeinden.

A. In Ansehung des Kämmereivermögens (patrimonium universitatis) kommt es darauf an, ob den Besitz ergreifen:

a) Die Mitglieder insgemein: §. 26—31. (Im Wesentlichen entscheidet das Verhältniß, in welchem sich die Majorität als solche befindet.)

b) Die Repräsentanten: §. 32. 33. (Ganz wie a.)

c) Die Vorsteher oder Beamten: §. 34. (Nach a.)

B. In Ansehung des Bürgervermögens (res universitatis) gelten wegen der Substanz die Grundsätze A.; wegen der Nutzungen aber kommen die einzelnen Mitglieder als solche in Betracht: §. 35—39. (Pl.-Beschl. 2. Mai 1842 wegen der Sächs. resp. gem. Deutschen Rechte.)

c) Rechtsnachfolge: §. 40—42. (Abweichend vom Röm. Rechte werden Singular- und Universal-Successoren nur nach der eigenen Redlichkeit beurtheilt. Vgl. Tit. 9. §. 613—619. Tit. 20. §. 251. Tit. 21. §. 97.)

II. Erwerb des Besitzes.

1. Art und Weise, wie dieser Erwerb vor sich geht.

A. Bestimmungen von allgemeiner Natur: Animo, §. 43. bis 45., et corpore: §. 46—48., mit der (Deutschrechtlichen) Ausnahme §. 49. (Tit. 9. §. 368. Tit. 11. §. 342. 361. Th. II. Tit. 1. §. 362.) Vgl. jedoch Pl.-Beschl. 7. November 1849: J.-M.-Bl. 1850. S. 22 ff. Entsch. Bd. 18. S. 3 ff.

B. Erwerb des Besitzes an körperlichen Sachen.

a) Besitzergreifung (Apprehension) als solche: §. 50. 51.; besonders bei Pertinentien und bei Inbegriffen: §. 52—54.

b) Anwendung auf noch unbesessene Sachen (possessio vacua): §. 55—57. (Tit. 9. §. 10. ff.) Die hier s. g. Bezeichnung dient nur zur Feststellung der wirklich schon erfolgten Apprehension.

c) Anwendung auf schon besessene Sachen: Besitzerwerb nicht ohne Uebergabe. (Vgl. unten 2.)

Zur Uebergabe gehört von Seiten des bisherigen Besitzers dessen Wille (oder was dem gleich steht): §. 58. (60.) und die körperliche oder auch nur symbolische Einhändigung: §. 61. bis 65. (Practische Ausgleichung durch §. 64. Das „So" im §. 65. entspricht dem „ita" in 74. de contr. emt. XVIII. 1.)

Doch giebt es unter gewissen Voraussetzungen eine Uebergabe durch bloße Willenserklärung: §. 59. (Grundsatz: vgl. Präj. 528. 22. Septbr. 1835. III. Senat); §. 66—68. (Anweisung: vgl. Präj. 1713. 21. Febr. 1846. III. Senat); §. 70. (traditio brevi) manu und §. 71 — 73. (constitutum possessorium).

Collisionen: §. 74—76.

[§. 69. und §. 125.: nemo sibi causam possessionis mutare potest.]

C. Erwerb des Besitzes an Rechten:

a) Grundsätzlich durch die thatsächliche Ausübung: §. 77—79. (§. 87.?)

b) Anwendung auf die verschiedenen Arten der Rechte, nach deren Richtung:

α) auf ein Leisten: §. 80. (affirmative Rechte, Deutschrechtlicher Natur);

β) auf ein Dulden: §. 81—85. (negative Rechte. im Römischen Rechte gehören dazu die s. g. affirmativen Servituten, quae in patiendo consistunt);

γ) auf ein Nichtthun: §. 86. 87. (Untersagungs-Rechte: im Röm. Rechte gehören dazu die s. g. negativen Servituten, quae in non faciendo consistunt).

c) Gegen gemeinsam Berechtigte:

α) Privatgemeinschaften: §. 88. 89. (Vgl. oben I. 2. B. b. α.)

β) Gemeinden: §. 90—95. (Bei affirmativen Rechten ist das Verhalten der Majorität entscheidend; bei negativen und Untersagungs-Rechten kann jedes einzelne Gemeinde-Mitglied schützend auftreten.)

2. Makellosigkeit des Besitzes: §. 96 — 108. (Vi, clam, precario [auch dolo?] soll nach Preußischem Rechte überhaupt kein Besitzerwerb von Statten gehen. Hierin liegt ein eigen-

thümliches negatives Requisit, abweichend vom Römischen Rechte — oben 1. A.)

Die §§. 103—105. gehen absichtlich blos auf affirmative Rechte.

Zu §. 106. vgl. Tit. 21. §. 231. 232.

3. Anfang des Besitzes: §. 109. 110.

III. Fortsetzung und Verlust des Besitzes.

1. An körperlichen Sachen soll der Besitz nicht eigentlich animo aut corpore verloren gehen, sondern corpore blos die Gewahrsam: §. 111. 112.

Zur Aufhebung des Besitzes selbst §. 113. (die §§. 114. 115. sind materieller Natur und gehören eigentlich nicht hierher) wird vielmehr erfordert:

entweder ein die Sache selbst substantiell treffendes Ereigniß: §. 116.;

oder die Dereliction — animo et corpore —: §. 117—121.;

oder an einer aus der Gewahrsam gekommenen Sache der fehlerfreie (oben II. 2.) Erwerb des Besitzes durch einen Dritten: §. 122. (kein Widerspruch mit §. 116.);

oder die eigentliche Uebertragung des Besitzes: §. 123—125. (Oben II. 1. B. c.)

2. An Rechten soll der Besitz nur verloren gehen durch eine denselben aufhebende Thatsache: §. 126—133. (Nicht zu verwirren mit dem Erlöschen solcher Rechte non usu.)

IV. Wirkungen des Besitzes: ius possessionis (in den §§. 134 bis 136. systematisch gesondert von dem ius possidendi).

1. Schutz des Inhabers oder Besitzers durch eigene Gewalt (beschränkter als nach Römischem Rechte): §. 137—145.

2. Schutz des Inhabers oder Besitzers nach Art der Römischen Interdicte:

A. recuperandae possessionis: §. 146—149;

B. retinendae possessionis: §. 150—153.

Besitzstörung aus Auftrag eines Dritten: Pl.-Beschl. 2. April 1849: J.-M.-Bl. 1850 S. 19 ff. Entsch. Bd. 18. S. 11 ff.

Doch wird in A. und B. nur der unmittelbar vor der Entsetzung oder Störung bestandene ruhige Besitz geschützt: §. 154. (Präsumtion für die Fortdauer des früher einmal erlangten Besitzes: Pl.-Beschl. 6. Novbr. 1848.)

Die Besitzklage dagegen ist absichtlich nicht einer kürzeren Verjährung unterworfen; nur das s. g. possessorium summariissimum ist beschränkt auf den Fall einer neuerlich vorgefallenen Entsetzung: Pr.-O. Tit. 31. §. 1. (Das „neuerlich" ist in concreto zu ermessen: Pl.-Beschl. 29. März 1847.)

Ist aber der Besitzstand selbst streitig, so wird ein Interimisticum im Wege des possessorii summariissimi regulirt: §. 155—160. (Pr.-O. Tit. 31. §. 16. fg. — Zu §. 159. vgl. Pr.-O. Tit. 14. §. 8. Nr. 1., wo es statt „Appellanten" heißen muß: „Appellaten.")

Abschnitt II. Recht zum Besitze.

Im §. 161. liegt die Bestätigung der ausgedehnten gemeinrechtlichen Anwendung der actio Publiciana gegen jeden relativ schwächeren Besitzer, und zugleich die gänzliche Beseitigung des possessorii ordinarii als einer besonderen Prozeßform. (Pr.-O. Tit. 5. §. 27.)

I. Verhältnisse zwischen den zum Besitze mehr oder weniger Berechtigten. (Wer muß bei Streitigkeiten über das Recht zum Besitze dem Anderen weichen?)

1. Untergeordnete Stellung des bloßen Inhabers: §. 162 bis 168. (Pr.-O. Tit. 17. §. 34.)

2. Besonderer Vorrang des unvollständigen Besitzers: §. 169. und Selbstständigkeit seines Rechtes: §. 170.; aber auch Hinfälligkeit desselben mit dem materiellen Untergange des Rechtes seines Ertheilers: §. 171. 172.; doch bricht Kauf nicht Miethe: (prinzipiell ausgedrückt in) §. 173. — Nomination: §. 174.

3. Der vollständige Besitzer (in conditione usucapiendi) weicht (nur) dem wahren Eigenthümer: §. 175. 176.

4. Ad 2. und 3. wird redlicher Besitz vorausgesetzt: §. 177. Der unredliche Besitzer steht immer nach: §. 178. Doch gilt die allgemeine Präsumtion für Redlichkeit und Rechtmäßigkeit: §. 179. Also braucht auch der Regel nach der Besitzer den Titel seines Besitzes nicht anzugeben noch weniger nachzuweisen: §. 180. (11. C. de pet. her. III. 31.) Von dieser Regel gelten jedoch folgende Ausnahmen:

A. §. 181—183. h. t. (S. g. praesumtio pro libertate.)

B. §. 184. h. t. (Vitiös entnommener Besitz.)

C. Tit. 15. §. 34. (Wider Willen entkommener rechtmäßiger Besitz. 16. C. de prob. IV. 19.)

D. §. 185. h. t. (Preuß. Prozeß-Prinzip.) Vgl. Tit. 9. §. 586.

Obgleich aber ad A. bis D. der Titel angegeben (ja ad A. sogar nachgewiesen) werden muß, so wird doch nach §. 187. mala fides nur in folgenden Fällen präsumirt:

a) §. 186. h. t. (Zu beschränken aus Tit. 15. §. 39.)

b) Tit. 15. §. 40.

c) Tit. 15. §. 41. (Tit. 9. §. 71. fg.)

II. Verhältnisse bei der Räumung des Besitzes.

1. Zwischen dem vollständigen redlichen Besitzer und dem Eigenthümer.

A. Rückgabe der Sache von Seiten des Besitzers, gegen Ersatz des pretii und unter Tragung der Kosten von Seiten des Eigenthümers: §. 188. 221. 220.

B. Fructuum perceptio des bonae fidei possessor, abweichend vom Römischen Rechte: Sz. S. 8—10.

a) Er behält alle einmal gewonnenen Früchte und Nutzungen: §. 189. 190.

b) Bei allen fructus civiles ist Theilung pro rata temporis beabsichtigt: §. 191. 192. (Vgl. Tit. 21. §. 29.)

c) Bei beweglichen nutzbaren Sachen kommt es an auf die Absonderung der Früchte von der Substanz: §. 193. 194. (Tit. 9. §. 221.)

d) Bei nutzbaren Grundstücken aber (und zwar bei nutzbaren Grundstücken aller Art — anders beim Nießbrauch: Tit. 21. §. 170. 171.) werden die Nutzungen des letzten Wirthschaftsjahres pro rata temporis getheilt, wenn nicht der Eigenthümer dem entsagt: §. 195—203.

C. Ersatz der Meliorationen und getragenen Lasten und Haftung für Deteriorationen.

a) Impensae utiles zu ersetzen nach §. 204—209.

b) Bei impensis voluptariis nur ius tollendi: §. 210. 211.

c) Currente Lasten und Abgaben vom Genuß der Früchte zu tragen: §. 218.; aber Erhaltungskosten, d. h. impensae oder expensae necessariae, nach §. 196. 212—217. 236 zu ersetzen.

d) Für culpa lata entstandene Deteriorationen soll der redliche Besitzer haften: §. 219. (Gegen das richtigere „quasi suam rem neglexit" in 31. §. 3. de her. pet. V. 3.)

2. Zwischen dem vollständigen unredlichen (auch unrechtfertigen) Besitzer und dem Eigenthümer.

A. Beginn der Unredlichkeit des Besitzes: spätestens mit dem Tage der Klagebehändigung. §. 222. (Theorie von der Versetzung in malam fidem durch die Litis-Contestation.)

B. Unentgeltliche Rückgabe der Sache, nebst Ersatz aller Kosten und Schäden: §. 223. 243. 244.

C. Herausgabe der vorhandenen und Erstattung der genossenen Früchte und Nutzungen: §. 223. Berechnung der genossenen: §. 224—228. Vergütung der fructus percipiendi ex persona domini: §. 229. 230. (Nach dem vermeintlich Römischen Unterschiede zwischen dem malae fidei possessor κατ' ἐξοχήν und dem bonae fidei possessor post litem contestatam.) Verzinsung der an die Stelle der fructus tretenden Geldsumme: §. 231. (Tit. 11. §. 821.: abweichend vom Römischen Rechte.)

Gewinnungskosten, currente Lasten und Abgaben und impensae necessariae sollen auch den unredlichen Besitzer nicht drücken: §. 233—237.

D. Unterschiede zwischen dem unredlichen und dem unrechtfertigen Besitzer:

a) Wegen der fructus percipiendi: §. 229. (Oben C.)

b) Wegen der Kapitals-Zinsen: §. 232.

c) Wegen der impensae utiles: §. 238. 239. (3. B. Tit. 20. §. 639.)

d) Wegen der culpa bei Deteriorationen: §. 240. (Der §. 237. geht auf den unredlichen und auf den unrechtfertigen Besitzer.)

e) Wegen des casus: §. 241. 242.

3. Zwischen dem unvollständigen Besitzer und dem Eigenthümer:

A. dem redlichen unvollständigen Besitzer: §. 245—247. 250.;

B. dem unredlichen: §. 248. 249.

A. L. R. Th. I. Tit. 8. Vom Eigenthume. (Entw. Th. II. Tit. 5.) Koch §. 223. 232—238. 602. 604. Puchta §. 141. 144—146. 394. 395. Eichhorn §. 156—160.

Abschnitt I. Allgemeine Grundsätze vom Eigenthum und dessen Modificationen.

I. Weitgreifende Definition: §. 1., entsprechend
II. dem weit ausgedehnten Objecte des Eigenthums: §. 2—5. (Oben Tit. 4. I. 1. A. g.)

Hierbei vom s. g. geistigen Eigenthum, nach der neueren Gesetzgebung. (Gesetz zum Schutze des Eigenthums an Werken der Wissenschaft und Kunst gegen Nachdruck und Nachbildung, vom 11. Juni 1837. Ges.-Samml. S. 165 ff.)

III. Persönliche Fähigkeit zum Eigenthum: §. 6—8. (Aufhebung der im A. L. R. noch geltenden Beschränkungen durch die Gesetzgebung seit 1807.)

IV. Rechtsmomente im Eigenthum: §. 9—13.

§. 9: Besitz, Gebrauch, Veräußerung.

§. 10. 11: Die Scheidung von Proprietät und Nutzungsrecht: bedeutend für das System des A. L. R. — Eigenthümliche Consequenzen in Ansehung der Grundstücke und deren Zubehör: z. B. Tit. 9. §. 221. Tit. 22. §. 199 fg.

V. Eintheilungen des Eigenthums.

1. Gemeinschaftliches Eigenthum: §. 14. 15. (D. i. pro partibus indivisis im Römischen Sinne. A. L. R. Th. I. Tit 17.)

2. Getheiltes Eigenthum: §. 16—20. (D. i. dominium directum und utile im Germanischen Sinne. A. L. R. Th. I. Tit. 18. — Lehn und Erbzins —; Th. II. Tit. 4. §. 72 fg. — Familien-Fideicommiß —.)

Ungenauigkeiten in §. 16. h. t. und in Tit. 18. §. 1. Unpractische Terminologie im §. 19. h. t.

VI. Einschränkungen des Eigenthums: §. 21. (Von systematischer Bedeutung für A. L. R. Th. I. Tit. 19—22.)

VII. Präsumtion gegen Einschränkung und Theilung des Eigenthums, eventuell für die geringere Einschränkung: §. 22—25. (Tit. 19. §. 14—21.)

VIII. Die §§. 26—28. als Ausführung des Tit. 6. §. 37. (Einl. §. 94.)

Abschnitt II. Gesetzliche Einschränkungen des Eigenthums.

(Gleichsam dem Privateigenthum immanent: nach einem höheren Standpunkte als dem, welcher für die s. g. Legalservituten galt.)

Prinzipien oder Motive von legislativer und staatsrechtlicher Bedeutung: §. 29—32. Verfassungs-Urkunde vom 31. Januar 1850. Art. 9.

Die Gesetze, wodurch nach §. 32. (im A.-G.-B. v. 1791. hieß es hier noch: „nicht aber durch Machtsprüche;" Sz. S. 10.) allgemeine Einschränkungen des Eigenthums (nicht zu verwechseln mit der Expropriation Tit. 11. §. 4 ff.) begründet werden, folgen in den §§. 33 ff., welche nach §. 190. (der die §§. 33—98. umfaßt) und §. 191 (der die §§. 99—189. umfaßt) zu zerlegen sind.

I. Gesetzliche Einschränkungen des Eigenthums zum Besten des gemeinen Wesens. (Juris publici.)

1. Prinzip: Die an sich facultative Erhaltung und Benutzung des Privateigenthums wird aus höheren Gründen erzwingbar: §. 33. 34.

2. Einschränkungen in Beziehung auf bauliche Verhältnisse: §. 35—82. (Dazu kommen noch verschiedene neuere Specialgesetze.)

§. 35. 36.: ne publicus adspectus deformetur.

§. 37—59: mit casuistischer Stufenleiter, aber mit richtiger Grundlage iuris publici, anstatt des blos privatrechtlichen und nachbarlichen Standpunktes der Römischen cautio damni infecti. „Obrigkeit" im §. 38. Polizei als Aufsichtsbehörde, im §. 40. Realrichter, im §. 43. Cämmerei.

§. 60—64: noch bestehenden Rechtens?

§. 65—82: fast nur baupolizeilicher Natur. (§. 81: Der Bürgersteig gehört zur öffentlichen Straße und ist nicht Pertinenz des Hauses, dessen Eigenthümer nur ein gewisses Nutzungsrecht am Bürgersteige hat: J.-M.-Bl. 1839. S. 279 fg.)

3. Einschränkungen in Benutzung der Wälder: §. 83—95., aufgehoben durch §. 4—6. des Edicts zur Beförderung der Land-Cultur, vom 14. September 1811. (Ges.-Samml. S. 303.)

4. Einschränkungen in Ansehung der flumina publica: §. 96—98. (II. 15. §. 38 ff.)

II. Gesetzliche Einschränkungen des Eigenthums zum Besten der Nachbarn. (Das Marginale von §. 102. gehört zu §. 99.)

1. In Ansehung der flumina privata im weiteren Sinne.

A. Bei natürlichen Wasserwegen negative Verpflichtung des Eigenthümers: §. 99.

A. Bei künstlichen Wasserwegen positive Verpflichtung desselben: §. 100. (Pl.-Beschl. 9. April 1844) und §. 101.

C. Entwässerungs-Anstalten: 102—117. (Sz. S. 10.) Gesetz wegen des Wasserstaues bei Mühlen und Verschaffung von Vorfluth, v. 15. Nov. 1811: Ges.-Samml. S. 352—356. (Pl.-Beschl. 7. Januar 1850, J.-M.-Bl. S. 91 fg. Entsch. Bd. 19. S. 53 ff., wegen der fortwährenden Geltung des Vorfluths-edicts für Schlesien, vom 20. December 1746.)

Gesetz über die Benutzung der Privatflüsse, vom 28ten Februar 1843: Gesetz-Sammlung S. 41—52. (Auch in die Rheinprovinz eingeführt durch Verordnung vom 9. Januar 1845: Ges.-Samml. S. 35.) Aufgebots- und Präclusions-Verfahren bei Entwässerungsanlagen: Gesetz vom 23. Januar 1846 (zur Ergänzung des Vorfluthsedicts von 1811): Ges.-Samml. S. 26—28. Wiesen-Ordnung für den Kreis Siegen, vom 28. October 1846 (nach Maßgabe des §. 77. dem Gesetze von 1843 derogirend): Ges.-Samml. S. 485—508.

2. In Ansehung der verschiedenartigsten baulichen Verhältnisse: §. 118—189. (Aus Polizei-Ordnungen und Autoren abstrahirt, in subsidium für die Provinzial-Rechte: Sz. S. 10 fg.)

§. 125 ff: Der seit dem 28. Oct. 1773 in Preußen, den Marken und Pommern eingeführte s. g. Rheinländische Werkfuß wird jetzt gleichfalls verstanden unter der Benennung: Preußischer Fuß. (Anweisung zur Verfertigung der Probemaße und Gewichte nach [§. 1.] der Maß- und Gewicht-Ordnung v. 16. Mai 1816: §§. 1. 2. Ges.-Samml. S. 149.)

In §. 137 ff. ist wohl zu unterscheiden:

a) Der Besitzer eines Gebäudes will sich Licht und Aussicht verschaffen: §. 137. 138.

b) Der Nachbar will einem Gebäude das Licht entziehen durch Vorbauen.

α) Die Fenster, vor welchen gebaut werden soll, sind schon seit 10 Jahren vorhanden: §. 142. 143. (Pl.-Beschl. 9. Decbr. 1839, wegen der Gesichtslinie.)

β) Noch nicht: §. 139—141. 144 ff. (Pl.-Beschl. 11. Mai 1846 über die Verschiedenheit des ius interstitii und prospectus coeli und den Begriff der neu errichteten Gebäude.)

§. 149. ff.: Der Nachbar kann die Conservation der einmal errichteten Scheidung fordern, wenn auch deren Errichtung facultativ war. — Beschaffenheit der Scheidungen, woraus auf Eigenthum geschlossen wird: §. 154. ff. Bestimmungen, welche aus der Lage der Scheidungen hervorgehen: §. 162. ff.

III. Aufhebung der Einschränkungen ad II. zulässig durch pacta privatorum: §. 191. (auch durch Verjährung); nicht so der Einschränkungen ad I.: §. 190. (Tit. 9. §. 664.)

A. L. R. Th. I. Tit. 9. Von der Erwerbung des Eigenthums überhaupt, und den unmittelbaren Arten derselben insonderheit. (Entw. Th. II. Tit. 6.)

Systematische Bedeutung des Unterschiedes der unmittelbaren und mittelbaren Erwerbungs-Arten, im Zusammenhange mit der Theorie vom titulus und modus adquirendi: §. 1—6. (Tit. 2. §. 131. fg.) Koch §. 101. 210. 226. 258. Puchta §. 47. 48. 143. g. E. 147. Eichhorn §. 173.

Erster Abschnitt. Von der ursprünglichen Besitznehmung (occupatio originaria). §. 7—13. (Object: Eine herrenlose Sache, auf welche noch Niemand ein Recht hat. — Wegen der Ergreifung vergl. oben Tit. 7. Abschn. I. unter II. 1. B. b.) Koch §. 242. Puchta §. 154. Eichhorn §. 286.

Zweiter Abschnitt. Von der Besitznehmung verlassener und verlorener Sachen. Koch §. 243. §. 258. Note 10. Puchta §. 154. Nro. 5.

I. Occupation derelinquirter Sachen: §. 14—18.

II. Occupation verlorener Sachen: Finden im engeren Sinne. Keine usucapio pro derelicto, aber doch Erwerb des Eigenthums an der gefundenen Sache nur auf dem Umwege der Unterlegung des animus derelinquendi nach vergeblichem Aufgebote: §. 19—73. Sz. S. 11. (Sachsenspiegel Buch II. Art. 37.)

Der Finder als unvollständiger Besitzer: §. 26.; als vollständiger Besitzer: §. 53.

Fundlohn: §. 62. ff.

Funddiebstahl: §. 73. und II. 20. §. 1132.

Dritter Abschnitt. Von gefundenen Schätzen: §. 74—106. Koch §. 244. Puchta §. 154. Nro. 3.

Object: Die Sache hat den Herrn (nicht der Herr die Sache) verloren. (31. §. 1. de a. r. d. XLI. 1.)

Die Ausgleichung des ius occupationis mit dem ius accessionis im Wesentlichen nach Römischem Rechte: nur mit Abweichungen zu Gunsten des Eintrittsrechtes des Fiscus. (§. 85—88. h. t. Auch §. 102?)

Formelles Verfahren im Wesentlichen wie oben im Zweiten Abschnitt unter II. (Doch ohne Zuschlags-Erkenntniß: §. 76. h. t.)

Einzelne Bestimmungen zur Entscheidung früherer Controversen: §. 83. 90—93. 99—101.

Rechte des nutzbaren Eigenthümers, im Gegensatz des bloßen Nießbrauchers (unten Tit. 21. Abschn. I. Nro. II. 4.), nach der Theorie vom s. g. ususfructus coniunctus und separatus: §. 94—97. Auf den Superficiar (Tit. 22. §. 243. ff.) geht §. 98.

Vierter Abschnitt. Vom Thierfange: §. 107—192. Koch §. 245. Puchta §. 154. Nro. 1. Eichhorn §. 280. 284 fg.

Von dieser unmittelbaren Erwerbungsart (durch Occupation) ist wohl zu unterscheiden die Befugniß zur Ausübung des Thierfanges: A. L. R. Th. II. Tit. 16. Abschn. 3. (Jagd-Regal.) Doch beziehen sich auf diese Befugniß eigentlich auch die §§. 130—140. (Jagdfolge) und 158—169. (Mitjagd, Koppeljagd) in unserem Tit. 9. A. L. R. Th. I.

Das Germanische Recht des Thierfanges als Ausfluß des Grundeigenthums ist wiederhergestellt durch das Gesetz, betreffend die Aufhebung des Jagdrechts auf fremdem Grund und Boden und die Ausübung der Jagd, v. 31. Octbr. 1848: Ges.-Samml. S. 343. 344. (Darin ist zugleich das Recht der Jagdfolge aufgehoben.) Die Ausübung des Jagdrechts aber ist wieder geregelt durch das Jagdpolizei-Gesetz vom 7. März 1850: Ges.-Samml. S. 165—172.

Besondere Bestimmungen über die Objecte des Thierfanges: §. 107—127. (Näheres von den Tauben und Bienen.)

Die unentgeldliche Herausgabe im Falle des §. 115. ist dem Röm. Rechte fremd.

Die Occupation selbst, §. 128. 129. (§. 13. J. de R. D. II. 1.), entspricht dem Röm. Rechte.

Zu §. 144—147. vgl. Sz. S. 11. und Präj. 2228. 11. Juni 1850. II. Senat: Entsch. Bd. 19. S. 113 ff.

Bei der Fischerei in Privatgewässern beruht der Unterschied der §§. 176. und 180 ff. auf der verschiedenartigen Erwerbung des Privateigenthums an Fischen in geschlossenen und in uneingeschlossenen Gewässern.

Fünfter Abschnitt. Von der Beute. Koch §. 246. Puchta §. 154. Nro. 2.

I. Abweichung vom Römischen Rechte, dem modernen Völkerrechte gemäß, in objectiver und subjectiver Hinsicht: §. 193—198.

II. Beuterecht des Feindes: §. 199 — 204.

III. Anwendung des Beuterechts auf die Kaperei, mit gewissen Modificationen: §. 205 — 219. Anhang §. 7. 8. (Declaration einiger Vorschriften des A. L. R. und der A. G. O., welche auf das Staatsrecht und die Verhältnisse mit fremden Mächten Bezug haben, vom 24. September 1798, Nro. II. und III.)

Sechster Abschnitt. Von der Erwerbung der An- und Zuwüchse. (Accession im weiteren Sinne, im Gegensatz zur Occupation.) Koch §. 247 — 251. §. 603. Note 8 Puchta §. 150. §. 154. Nro. 4. §. 162—166. Eichhorn §. 173. g. E. §. 268. 269.

I. Die Früchte — d. h. die s. g. fructus naturales und industriales, welche auf organischem Wege aus der Sache selbst hervorgehen (also mit Ausschluß der s. g. fructus civiles) —: §. 220., werden nach A. L. R. (abweichend vom Römischen Rechte) in allen Fällen ohne Besitzergreifung Eigenthum des Nutzungs-Berechtigten: §. 221.

II. Ihnen gegenüber stehen die s. g. An- und Zuwüchse: §. 222.

Den An- und Zuwüchsen gemeinsam ist, daß sie — durch Natur oder Kunst — von außen her die Sache vermehren oder verbessern. Im Einzelnen sind sie aber sehr verschieden von einander: namentlich je nachdem es zum Erwerbe derselben noch der Besitzergreifung bedarf oder nicht.

1. Verhältnisse, in denen die Naturthätigkeit das Ueberwiegende ist.

A. Avulsion (vis fluminis): §. 223. 224. (Nicht ipso iure erworben. Occupation nach Jahresfrist zulässig. Vgl. Code Napoléon Art. 559.)

B. Alluvion: §. 225 — 241.

Im Wesentlichen wie nach Röm. Recht Erwerb ohne besondere Besitzergreifung.

Neu ist wegen der Erdzungen: §. 232 — 235. (Im §. 235. eine dreijährige Usucapion.)

C. Insula in flumine nata: §. 242 — 257.

Doppelte Abweichung vom Röm. Recht: a) Erforderniß besonderer Besitzergreifung. b) Künstliche Theilung unter den Nachbarn nach der Mittellinie. — Ueberdies Ausschließung der Nachbarn durch Präclusion oder durch dreijährige Usucapion: §. 254 ff. Sz. S. 12.

Die Rechte der Uferbesitzer nach B. und C. gelten an öffentlichen wie an Privat-Flüssen. (Keine Regalität.) Dem öffentlichen (besonders dem Schifffahrts-) Interesse ist vorgesehen in §. 258—261. (in §. 258. muß „der" vor „Inseln" wegfallen; vgl. §. 260.); und sogar dem nachbarlichen Interesse im §. 262.

D. Alvei mutatio.

a) Zulandung eines Flußbettes oder Ablassung eines Landsees durch künstliche Anstalten, welche Kosten machen: §. 263 — 269.

Recht auf Besitznehmung bedingt durch Theilnahme an diesen Kosten.

b) Alveus derelictus, Veränderung des Flußbettes durch Naturereigniß: §. 270 — 274.

Abweichung vom Römischen Rechte in Betreff der Entschädigung.

Besondere Besitzergreifung ist nach richtiger Auslegung des §. 270. nicht erforderlich.

2. Verhältnisse, in denen die menschliche Thätigkeit das Ueberwiegende ist.

A. Verbindung beweglicher Sachen mit unbeweglichen.

a) Auf organischem Wege: Säen und Pflanzen.

α) Der Eigenthümer des Samens oder der Pflanze bringt solche in fremden Boden: §. 275 — 282. (Abweichung von dem Römischen solo cedit quod solo implantatur.)

β) Der Nutzungsberechtigte bringt in seinen Boden fremde Samen oder Pflanzen: §. 283. 284.

Die §§. 285 — 297. gehen nicht mehr auf das Pflanzen eines Baumes, sondern auf die Rechtsverhältnisse, welche sich an bereits vorhandene Bäume knüpfen. (Mit Beseitigung der Röm.

Interdicte de glande legenda und de arboribus caedendis. Sachsenspiegel II. 52. Koch §. 605. Nro. II. §. 235. Note 5. §. 237. Note 19. Puchta §. 399.)

b) Auf mechanischem Wege: Bauen auf fremdem Boden oder mit fremden Materialien.

α) Der Eigenthümer des Materials hat auf fremdem Boden ohne Vorwissen des Grundeigenthümers gebaut: §. 327—331. (Wie in a. α. detaillirtes Wahlrecht des Verletzten.)

β) Der Grundeigenthümer hat auf seinem Boden mit fremden Materialien gebaut: §. 334. 335. (Im Wesentlichen dem Röm. Recht entsprechend: Koch §. 239. Note 15.)

γ) Es ist mit fremden Materialien auf fremdem Boden gebaut: §. 336—339. (Mischung aus α. und β.) Zu §. 339. („vorzüglich") vgl. Pr.-O. Tit. 50. §. 424.

δ) Beim Bauen an der Gränze eine gewisse Begünstigung des einmal fertig Gewordenen: §. 340—342. Vgl. §. 332. (Wegen der „wahren Gränzlinie" in §. 342.: Pl.-Beschl. 18. April 1843.)

B. Verbindung beweglicher Sachen mit beweglichen und Verarbeitung beweglicher Sachen.

a) In der vierfachen Thätigkeit der adiunctio, commixtio, confusio, specificatio: §. 298—323., treten wesentliche Abweichungen vom Römischen Rechte hervor, indem das A. L. R.

α) die eigentliche Formgebung mit der Verbindung ꝛc. mehr unter Einen und denselben Gesichtspunkt wirft,

β) der Redlichkeit oder Unredlichkeit des Formgebenden, Verbindenden ꝛc. nicht blos in obligatorischer Hinsicht, sondern auch in Ansehung des Eigenthums-Erwerbes einen entscheidenden Einfluß einräumt.

(Dolus: §. 299—303. Ohne dolus kunst- oder handwerksmäßige Verarbeitung: §. 304—306. Ohne dolus unkunstmäßige Verfügung: §. 307—314. Materialien verschiedener Eigenthümer: §. 315 ff.)

b) Benutzung fremder Thiere zur Befruchtung: §. 324—326.

Siebenter Abschnitt. Von Preisgegebenen Sachen oder Geldern. (Jactus oder sparsio missilium.) §. 343—349. (Dereliction oder Tradition an eine incerta persona.) Koch §. 243. Puchta §. 148. Note k.

(**Achter Abschnitt.** Von Erwerbung der Erbschaften. Unten im Erbrecht.)

Neunter Abschnitt. Von der Verjährung. Koch §. 146—163. Puchta §. 77. 89—92. 155—161. Eichhorn §. 176. 177.

I. Allgemeine Grundsätze.

1. Begriff: §. 500. (zu weit gefaßt), und General-Eintheilung in extinctive und acquisitive Verjährung: §. 501—503.

2. Gegenstände.

A. Abstracte Bestimmungen, zur Bezeichnung derjenigen Rechte, welche keinen Gegenstand der Verjährung bilden können: §. 504—508.

B. Auf affirmative Rechte geht §. 509. 510. (mit Entscheidung einer gemeinrechtlichen Controverse).

Ersitzung eines affirmativen Rechts als Gegenleistung: Pl.-Beschl. 5. Februar 1849 (J.-M.-Bl. S. 208 fg. Entscheid. Bd. 17. S. 10 ff.)

C. Einfluß der hypothekarischen Eintragung: §. 511.

D. Keine Verjährung contra legem prohibitivam: §. 664. (Nur auf Ersitzung überhaupt und auf Verjährung dinglicher Rechte durch Nichtgebrauch — oben Tit. 8. Abschn. II. Nro. III. —, nicht auf Klagverjährung anwendbar.)

3. Das Römische agere non valenti non currit praescriptio in Betreff des Anfanges der Verjährung weiter, in Betreff des Fortlaufes enger gefaßt:

A. Eine Reihe von Fällen, in denen keine Negligenz, also auch keine poena negligentiae, kein Anfang der Verjährung, stattfindet: §. 512—527.

Treten aber die hier berücksichtigten Hindernisse erst nach einmal angefangener Verjährung ein, so nimmt die Verjährung ihren Fortlauf, mit Vorbehalt der restitutio in integrum (Koch §. 588: unten zu Tit. 14. Abschn. 2.) für den Fall, daß die letzten vier Jahre nicht hindernißfrei waren: §. 530—534.

Nur die s. g. iustitia denegata (A. G. B. 1791: „Machtspruch") hindert nicht nur den Anfang, sondern auch den Fortlauf der Verjährung: §. 528. 529. Sz. S. 13.

B. Gegen die Minderjährigen und gegen die ihnen gleichgestellten Personen, denen noch kein Vormund bestellt ist, kann keine Art der Verjährung anfangen: §. 595. 535.

§. 535. aber soll keine Anwendung finden auf die kurzen Verjährungsfristen des Gesetzes vom 31. März 1838 — unten II. 2 —: Präj. 1802. 21. November 1846. III. Senat.

4. Privatverträge über die Verjährung: §. 565 — 567. 669. Sz. S. 14.

II. Klagverjährung insbesondere.

1. Actio nata als Grunderforderniß: §. 545.

Controverse wegen der auf Kündigung lautenden Schuldforderungen, entschieden durch Pl.-Beschl. 8. Januar 1838.

2. Dreißigjähriger Zeitraum als Regel: §. 546 — 550.

Wohlthätige kürzere Fristen (von zwei und vier Jahren) eingeführt durch das Gesetz vom 31. März 1838: Ges.-Samml. S. 249 — 251. (Für die Landestheile, in denen noch gemeines Recht gilt, durch die Verordnung vom 6. Juli 1845: Gesetz-Samml. S. 483—485.) Vergl. Gesetz über die Verjährungsfristen bei öffentlichen Abgaben v. 18. Juni 1840: Ges.-Samml. S. 140 — 142. Aufhebung der dem Gesetze von 1838 entgegenstehenden provinziellen und statutarischen Bestimmungen: durch die Verordnung vom 15. April 1842: Ges.-Samml. S. 114.

3. Unterbrechung der Klagverjährung: durch Anmeldung der Klage: §. 551 — 553, mit den Modificationen §. 554—557. Novation durch rechtskräftiges Erkenntniß: §. 558—560. Auch durch Anerkenntniß? §. 561 — 564. (Zu §. 562: Pl.-Beschl. 2. Mai 1842.)

4. Wirkung der Klagverjährung: §. 568. 569. (?) Sz. S. 14.

III. Verjährung dinglicher Rechte durch Nichtgebrauch.

1. Anfang und dreißigjährige Frist im Allgemeinen wie II. 1. 2.

Eigenthümlichkeiten bei den s. g. iura discontinua: §. 543. 544. (Vierzigjährige Frist? Unten V. 1. B. — Präj. 543., vom 13. October 1838, für 30jährige Frist.)

2. Unterbrechung im Allgemeinen wie II. 3. In Beziehung auf Correalverhältnisse insbesondere: §. 575 — 578. (Vgl. unten Tit. 19. Nr. VII. 3.)

3. Nur auf negative Rechte passen die §§. 570—574.

IV. Ersitzung von Sachen und Rechten. (In Tit. 11. §. 839. Ersitzung eines Capitals!)

1. Allgemeine Erfordernisse.

A. Bei jeglicher Art von Ersitzung: s. g. res habilis, bona fides und possessio: §. 580—583., 587—589.

B. Eigenthümliches Requisit der zehn- und inter absentes zwanzig-jährigen „gewöhnlichen" Ersitzung (mit derselben Frist für Mobilien und Immobilien): titulus, §. 579. (Pl.-Beschl. 15. Februar 1841), §. 620—624.

C. Bei der dreißigjährigen Ersitzung (usucapio extraordinaria) ist kein titulus nöthig, wohl aber possessio und bona fides („vollständiger redlicher Besitz"): §. 625—628. Vergl. §. 591. 592.

2. Fortsetzung des Besitzes.

A. Jährlich wenigstens einmalige Ausübung des Rechtes bei den s. g. iura continua: §. 596—600. (§. 597: „ruht." Vgl. unten V. 1. B.)

B. Accessio possessionis: §. 613—616. (Oben Tit. 7. Abschn. I. Nr. I. 2. B. c.)

C. Titulus pro herede: §. 617—619. (Wesentliche Abweichung vom Röm. Rechte.)

3. Unterbrechung der Ersitzung.

A. S. g. usurpatio naturalis durch Verlust des Besitzes: §. 601. 602.

B. S. g. civilis interruptio durch Erhebung eines Rechtsstreites: §. 603—612.

4. Wirkungen der Ersitzung: §. 665—668. (Tantum praescriptum quantum possessum.)

V. Ausnahmen und Privilegien.

1. In Betreff der Objecte.

A. Vierzigjährige Ersitzung gestohlener oder geraubter Sachen durch den ersten redlichen Besitzer: §. 584—586. (Sz. S. 14.) und §. 648. (Sz. S. 15.)

B. Vierzigjährige Ersitzung der s. g. iura discontinua (Sz. S. 15), bei wenigstens dreimaliger Ausübung (Präj. 289. 19. Juni 1837. I. Senat) und nie versäumter Gelegenheit: §. 649 bis 654. (§. 651.: „unterbrochen." Vgl. oben IV. 2. A.)

2. In Betreff der Personen.

A. Schutz bevormundeter Personen.

a) Die Extinctiv-Verjährung nimmt

α) gegen die Minderjährigen und gegen die ihnen gleichgestellten Personen, selbst wenn ihnen schon ein Vormund bestellt ist (oben I. 3. B.), keinen Anfang (und gegen den Fortlauf giebt es wieder Restitution: oben I. 3. A.): §. 535—540. (Zu §. 538.: Sz. S. 13 fg.)

β) Der Abwesende ist gegen den Anfang der Extinctiv-Verjährung erst dann geschützt, wenn ihm ein Vormund bestellt ist: §. 541. (Ohne restitutio in integrum.)

γ) Der Verschwender, auch unter Vormundschaft, ist nicht einmal gegen den Anfang der Extinctiv-Verjährung geschützt: §. 542.

b) Gegen die Ersitzung sind bevormundete Personen überhaupt nicht geschützt, außer durch restitutio in integrum: §. 593—595. (Sz. S. 14 fg.)

B. Gegen den Fiscus, die Kirchen und die ihnen gleichberechtigten Corporationen (d. h. die Schul- und bestätigten Armen-Anstalten) gilt Extinctiv- und Acquisitiv-Verjährung nur in vierundvierzig Jahren: §. 629—640. (Zweifel wegen der Stadtgemeinden. Präj. 1412. 20. Febr. 1844. II. Senat.)

Zu §. 629.: Pl.-Beschl. 7. October 1850 (J.-M.-Bl. S. 383 fg.) und 21. October 1850. (J.-M.-Bl. S. 435 fg.)

Die im Marginale s. g. „Verjährung durch Besitz vom Jahre 1740“ ist in der That keine Verjährung, sondern eine Ausnahme von der Verjährung, zum Schutze gegen den Fiscus, auf Grund des vollständigen ruhigen Besitzes (ohne Rücksicht auf titulus und fides) oder eines fiscalischen Anerkenntnisses im Normaljahre 1740: §. 641—647. (Spätere Normaljahre: 1797 für Westpreußen, 1815 für die Rheinprovinzen.)

3. Anomale fünfzigjährige Verjährung, an Stelle der unvordenklichen Verjährung: §. 655—663. Sz. S. 15 und 27—29.

Zu §. 655. 656: Pl.-Beschl. 20. März 1846 und 17. Juni 1844. Zu §. 660: Präj. 2118. 27. April 1849. II. Senat: Entsch. Bd. 17. S. 515.

A. L. R. Th. I. Tit. 10. Von der mittelbaren Erwerbung des Eigenthums. (Entw. Th. II. Tit. 7.) Koch §. 252—256. (§. 227. fg. 240.) Puchta §. 148. 149. Eichhorn §. 174. 175.

I. Allgemeine Grundsätze: Traditio, titulus, dominium auctoris, §. 1—5.

II. Verschiedene Anwendung auf Grundstücke und auf bewegliche Sachen.

1. Grundstücke. (Deutschrechtliches Immobiliar-System.)

A. Erwerb des Eigenthums im Verhältniß zu der — erst nach erfolgter Tradition zulässigen — Eintragung in das Hypothekenbuch: §. 6—14. und Hyp.-Ordn. Tit. II. §. 92—103. 50—52.

Fingirtes Eigenthum des eingetragenen Besitzers. Gesetzlicher Zwang zur Berichtigung des Besitztitels, in Wechselwirkung mit dem unbedingten Glauben des Hypothekenbuches.

Die Zwangstitelberichtigung ist im Jahre 1805 aufgehoben, 1810 wieder eingeführt, durch Cab.-Ordre v. 31. Octbr. 1831 (Ges.-Samml. S. 251) abermals suspendirt worden. Auf Berichtigung des Besitztitels anzutragen sind berechtigt, außer dem Besitzer und den hypothekarischen Gläubigern, die General-Commissionen und die Gutsherrschaften: Cab.-Ordre 6. October 1833. (Ges.-Samml. S. 124.) Erleichterungen in der Berichtigung des Besitztitels: durch Cab.-Ordre 9. Mai 1839 (Ges.-Samml. S. 163 fg.) und Gesetz 7. März 1845 (Ges.-Samml. S. 160 fg.). Vgl. Gesetz, betr. den erleichterten Abverkauf kleiner Grundstücke, v. 3. März 1850. (Ges.-Samml. S. 145 fg.)

Zu §. 8. h. t.: Pl.-Beschl. 21. Januar 1850. (J.-M.-Bl. S. 180 ff. Entsch. Bd. 19. S. 18 ff.)

B. Schriftliche Form der Verträge: §. 15—17.; Gesetz v. 23. April 1821. (Oben Tit. V. Abschnitt. I. Nr. IV. 2. D. a. A. β. a.)

C. Collision von Prätendenten.

a) Vorzug des vom eingetragenen Besitzer herrührenden Titels: §. 18. (Liegt schon in §. 8.)

b) Rühren mehrere Titel von dem eingetragenen Besitzer her, so gilt der Vorzug

α) der zuerst bewirkten Eintragung: §. 19.; eventuell

β) des zuerst entstandenen Titels: §. 20. („Prior tempore potior iure" in Anwendung auf iura ad rem.)

γ) Bei etwa möglicher Collision der Eintragung des Einen mit dem Besitze des Anderen muß die Eintragung den Vorzug geben; und bei etwa von Einem erlangtem Besitze, während noch keine Eintragung eines Anderen stattgefunden hat, gebührt dem Besitze der Vorzug.

c) Rühren mehrere Titel von demselben nicht eingetragenen Auctor her, so entscheidet die frühere Tradition, und, wo diese fehlt, der frühere Titel.

d) Rühren die verschiedenen Titel von verschiedenen nicht eingetragenen Auctoren her, so muß der Vorzug unter den Auctoren selbst entscheiden.

2. Bewegliche Sachen.

Bei Collisionen:

A. Vorzug des vom wahren Eigenthümer herrührenden Titels: §. 21. (Liegt schon im §. 3.)

B. Rühren mehrere Titel von demselben Auctor her, so gilt der Vorzug

a) des eingeräumten Besitzes: §. 23.; eventuell

b) des früher entstandenen Titels: §. 22. (Wie oben 1. C. b. β.)

C. Sind mehrere Auctoren sämmtlich Nicht-Eigenthümer, so ist dem Besitz, eventuell dem früheren Titel der Vorzug einzuräumen.

III. Nicht nur mala fides, §. 24. (liegt schon im §. 10.), sondern auch die bloße Kenntniß von dem früher entstandenen Titel eines Anderen hindert den Erwerb des Eigenthums: §. 25. (!) Vgl. unten Tit. 19. Nr. II.

A. L. R. Th. I. Tit. 11. Von den Titeln zur Erwerbung des Eigenthums, welche sich in Verträgen unter Lebendigen gründen. (Entwurf Th. II. Tit. 8.)

Das Hauptgeschäft ist der Kauf. (Abschn. 1.) Diesem verwandt: Tausch (Abschn. 2.) und Trödelvertrag (Abschn. 5.). Käufe eigenthümlicher Objecte: Cession (Abschn. 3.), Erbschaftskauf (Abschn. 4.) und gewagte Geschäfte (Abschn. 6.). Darauf folgen: Darlehn (Abschn. 7.), Verträge über Handlungen (Abschn. 8.), Schenkung (Abschn. 9.).

Erster Abschnitt. Von Kaufs- und Verkaufs-Geschäften. (Emtio venditio.) Koch §. 216. §. 612. Nr. III. §. 673. Nr. I. 3. §. 674—676. §. 681. §. 683. (§. 257. Nr. 2. §. 558. Note 43.) §. 723. §. 724. §. 726. Puchta §. 360—364. Eichhorn §. 97.

Der Kauf ist seinem Begriffe nach auf Abtretung des Eigenthums (nicht mehr blos auf Tradition) einer Sache gerichtet: der normale zweiseitige Vertrag. §. 1. 2.

Von der Freiwilligkeit des Vertrages, §. 3., gelten die Ausnahmen des Zwangs-Verkaufes oder der Expropriation zum gemeinen Wohl: §. 4—11. (Code Napoléon Art. 545: „préalable indemnité". Verfass.-Urk. 31. Januar 1850 Art. 9.: „gegen vorgängige ꝛc. Entschädigung.") Vgl. oben Tit. 8. Abschn. II. zu Anfang.

I. Erfordernisse eines gültigen Kaufes (§. 12.).

1. Die contrahirenden Personen müssen sein:

A. Hinlänglich bestimmt. (Unpractische Abstractionen in §. 13—18.)

B. Fähig zur Eingehung des Rechtsgeschäftes:

a) überhaupt: §. 19. (Auslegung des §. 19.: Präj. 601. 5. Januar 1839. II. Senat. — Anh. §. 12. ist antiquirt);

b) zur Erwerbung des Kaufgegenstandes insbesondere: §. 20—26. (Collision der Interessen der vertretenden und der vertretenen Personen.)

C. Res non succedit in locum pretii etc.: §. 27.

2. Der Gegenstand muß sein:

A. In commercio: §. 28. 29.

B. Hinlänglich bestimmt.

a) Im Allgemeinen: §. 30—32.

b) Alternativ gestellte Gegenstände insbesondere: §. 33 bis 38. (Begünstigung des Käufers!) Vgl. oben Tit. 5. Abschn. II. Nr. I. 2. B.

C. Wirklich vorhanden (existent): §. 39—45. (Vgl. Tit. 5. §. 52—55. und l. 57. 58. de contr. emt. XVIII. 1.)

Der Fall, wenn beiden Theilen die Nicht-Existenz bekannt war, ist ganz nach §. 39. 42. zu entscheiden. (Cf. l. 57. §. 3. l. c.)

3. Das Pretium muß sein:

A. Certum: §. 46—57.

Der §. 57., wie der §. 780. h. t. und Tit. 16. §. 77., ist antiquirt durch das Gesetz über die Münzverfassung v. 30. September 1821. §. 5—7.: Ges.-Samml. S. 159 fg.

B. Justum: §. 58—69.

Die s. g. laesio enormis — 2. C. de rescindenda venditione IV. 44. — soll nur noch dem Käufer, wegen präsumirten Irrthums, zu Statten kommen: Sz. S. 15. 16. Die

Ausnahmen §. 60. 65—68. 48. 343. h. t. zerstören aber beinahe die Regel.

C. Verum: §. 70—74. (Grundlage für die Behandlung der simulirten Geschäfte überhaupt. Vgl. Tit. 4. §. 53—55. Tit. 14. §. 210. und Anh. §. 47. Tit. 16. §. 109. Tit. 18. §. 725. Tit. 20. §. 595.)

II. Verbindlichkeiten der Contrahenten (§. 76.).

1. Des Verkäufers: zur Uebergabe

A. Der Hauptsache mit ihren Pertinenzien: §. 77—91. (in §. 84. lies „erkauft": Sz. S. 16); und zwar

B. zur gehörigen Zeit und am gehörigen Orte: §. 92 bis 94. 221. (Connerität von Zeit und Ort); und

C. auf gehörige Art: §. 124—134. (Besondere Eigenthümlichkeiten inter absentes: §. 128. ff., im Zusammenhange mit den Prinzipien vom Uebergange der Gefahr und des Nutzens: unten 3. A.)

2. Des Käufers:

A. Zur Uebernahme der Sache: §. 215—220. (Bei der mora accipiendi gilt nicht mehr 1. §. 3. de periculo et commodo rei venditae XVIII. 6.)

B. Zur Zahlung des Kaufpreises.

a) Wechselverhältniß (Connerität) zwischen der Uebergabe der Sache und der Zahlung des Preises: §. 221—223. und §. 92. (Oben 1. B.)

b) Folgen der mora solvendi und accipiendi: §. 227. 228.

c) Fiction der Creditirung des Kaufpreises: §. 224 bis 226. (Verwirrung durch die Bezugnahme auf §. 230., der die Befugniß zum Rücktritt in der vorausgesetzten Allgemeinheit nicht mehr gewährt.)

3. Gemeinschaftliche Momente.

A. Periculum und commodum. (Tief eingreifende Abweichung von dem Römischen: creditoris est rei periculum. Sz. S. 16—18.)

a) Bei gewöhnlichen Käufen trifft zunächst

A. das periculum bis zur Uebergabe den Verkäufer: §. 95.

α) Das s. g. periculum deteriorationis insbesondere trifft bei Verzögerung der Uebergabe durch casus unbedingt den Verkäufer: §. 96.; bei Verzögerung der Uebergabe durch culpa den culposen Theil als solchen: §. 97. 98.; mit Vorbehalt der allgemeinen Befugniß des Verkäufers zur gerichtlichen Deposition: §. 99.

β) Das s. g. periculum interitus

a) wenn es casueller Natur ist, hebt den Vertrag auf (oben Tit. 5. Abschn. III. Nr. II. 1. B.): §. 100.; wobei zur Schadloshaltung verpflichtet ist der etwa in mora befindliche Verkäufer, §. 101., oder Käufer, §. 102. 103.

b) Der durch die Schuld eines Contrahenten herbeigeführte Untergang der Sache selbst, §. 104., gehört eigentlich nicht hierher.

B. Das commodum (Koch §. 467. Puchta §. 272.) gebührt dem, der das periculum und incommodum trägt: §. 105—108. (zu §. 105. gehören gleich die §§. 180 bis 182.); und im Zusammenhange hiermit soll kein Theil Sache und Kaufgeld zugleich nutzen: §. 109—116. (Rechnungslegung an Stelle der Verzinsung: §. 111. 114.)

b) Bei Käufen in Pausch und Bogen geht gleich mit dem Abschluß des Vertrages das commodum und das periculum — mit Ausnahme des s. g. periculum interitus — auf den Käufer über: §. 117—120. Unter dieselben Regeln fällt der Kauf eines Inbegriffs von Sachen: §. 121—123.

B. Gewährleistung. (Prinzip in §. 135. — Vgl. oben Tit. 5. Abschn. II. Nr. III.)

a) Wegen juristischer Mängel.

A. Allgemeine Bestimmungen: §. 136—153. (Pr.-O. Tit. 17. §. 10. 19.)

Mit §. 140—142. vgl. Tit. 15. §. 8—10: Quem de evictione tenet actio, eundem agentem repellit exceptio.

B. Verschiedene Arten der juristischen Mängel.

α) Der Dritte evincirt das Eigenthum der ganzen Sache.

a) Der Käufer war redlicher Besitzer: §. 154 bis 158. (Der §. 157. erstreckt sich auf den Zeitraum von der Klagebehändigung bis zum rechtskräftigen Urtheil.)

b) Der Käufer war unredlicher Besitzer §. 159. 160.

c) Der Käufer war unvorsichtig: §. 161—163.

β) Der Dritte evincirt die Sache nur theilweise,

oder er evincirt nur Pertinenzien oder anklebende Rechte: §. 164 bis 174.

γ) Der Dritte macht seinerseits iura in re geltend: §. 175—191. (Gewöhnliche Lasten, §. 175. ff., und ungewöhnliche Lasten, §. 183. ff.: oben Tit. 5. Abschn. II. Nr. III. 2. B.)

b) Wegen physischer Mängel: §. 192—206., mit den Anh. §§. 13. 14. (Eigenthümliche Modificationen beim Viehkaufe, nach Deutschem Gewohnheitsrechte. Vgl. Präj. 2100. 18. December 1848. IV. Senat: Natural-Computation in §. 199. Präj. 257. 29. April 1837. III. Senat: Erforderniß der Anzeige in §. 201. Präj. 747. 29. October 1839. III. Senat: Umfang der Wirksamkeit des §. 200.)

Daran schließt sich der Mangel der Quantität, welcher die Bedeutung des Mangels der Qualität haben kann: §. 207—214.

III. Aufhebung der Kaufverträge.

1. Wegen nicht geleisteter Erfüllung: §. 229—246.

Außer der allgemeinen Regel — oben Tit. 5. Abschn. III. Nr. V. 2. B. — drei spezielle Fälle: in §. 207. für den Käufer, und in §. 229. (Sz. S. 18) und §. 230., der nicht auf Objecte unter 50 Thlr. beschränkt ist (Präj. 484. 25. Mai 1838. II. Senat), für den Verkäufer.

2. Wegen mutuus dissensus: §. 247—249. (Oben Tit. 5. Abschn. III. Nr. IV.)

3. Wegen laesio enormis: §. 250—256.

IV. Nebenverträge (§. 257.).

1. Beigefügte Bedingung (§. 271.).

A. Suspensive: §. 258—260.

B. Resolutive: §. 261—263.

C. Wirksamkeit in rem (?): §. 264. 265. (Vgl. oben Tit. 4. Nr. I. 1. A. g. β.)

2. Vorbehalt des Eigenthums (pactum reservati dominii).

A. Ist ein bestimmter Zahlungstermin gesetzt, so gilt der Vorbehalt als Resolutivbedingung: §. 266. 267. (270.)

B. Ist kein solcher Termin gesetzt (oder bleibt das Kaufgeld auf Kündigung stehen): so gilt der Vorbehalt blos als Verpfändung, ist also

a) bei beweglichen Sachen wirkungslos: §. 269.; und berechtigt

b) bei unbeweglichen Sachen zur hypothekarischen Eintragung des rückständigen Kaufgeldes: §. 268. (270.) Hyp.=Ordn. Tit. I. §. 56. Tit. II. §. 83. §. 109. Nr. 3. §. 126.

3. Vorbehalt eines besseren Käufers (pactum addictionis in diem. Puchta §. 263. Nr. 2.): §. 272—294.

Entscheidend ist die Fassung nisi §. 272. oder si §. 273. — Der Termin muß (vor vollzogener Uebergabe) fixirt sein: §. 275. fg. — Mit dem Verkäufer gleich berechtigt sind dessen Erben und Gläubiger: §. 277. fg. (Mit Recht anders als beim Wiederkaufe.) — Die Entscheidung, wer für einen besseren Käufer zu halten, ist (mit Recht) ganz dem Verkäufer überlassen. Denn das Gleichgewicht wird erhalten durch das Vorkaufsrecht des (ersten) Käufers (unten Tit. 20. Abschn. 3. Nr. II. 1.): §. 287. ff.

4. Wiederkauf. (Puchta §. 360. g. E.)

A. Das (gewöhnliche) pactum de retroemendo (der Verkäufer behält sich den Rückkauf vor): §. 296—326. (Zu §. 296. 308. vgl. noch Koch §. 231. Note 21.)

Das Recht geht nicht ipso iure auf die Erben über, namentlich nicht, wenn es — in Ermangelung eines fixirten Termines — an keine Zeit gebunden ist: §. 315. fg. Ist aber die Ausübung des Rechtes für alle Zeiten (also auch den Erben) vorbehalten, so erlischt es nicht durch bloße Extinctiv=Verjährung. (So ist §. 317. auszulegen.) Verhütung des Wuchers: §. 321. ff.

B. Das (seltnere) pactum de retrovendendo (der Käufer behält sich den Rückverkauf vor): §. 327. 328.

C. Der (veraltete) Gültenkauf (Eichhorn §. 107.): §. 329. 330. (Debitor als Verkäufer mit dem Vorbehalte der Ablösung.)

5. Reukauf (pactum displicentiae. Puchta §. 263. Nr. 1.): §. 331. 332.

6. Kauf auf Probe (emtio ad gustum): §. 333—339. (Im §. 334. muß das Wort „erhaltene" wegfallen.)

V. Gerichtliche Verkäufe an den Meistbietenden (mit Adjudication): §. 340—362. Eine Species der Verkäufe an den Meistbietenden überhaupt, auf welche die (nicht antiquirte) Verordnung v. 14. Juli 1797 geht. („Gegen verschiedene Mißbräuche bei gerichtlichen und anderen öffentlichen Subhastationen und Versteigerungen." Vgl. jedoch Pl.=Beschl. 16. August 1841. [Präj. 1026.])

Die gerichtlichen Verkäufe, von denen hier die Rede ist, sind entweder nothwendige oder freiwillige. Beiden gemeinschaft=

lich sind die Bestimmungen §. 343. 345. Auf die nothwendigen allein gehen §. 342. 344. 346.

Consequenzen des Wortes „Eigenthum" in §. 342. (welches sich Pr.=O. Tit. 52. §. 61. nicht findet). Umfang der in diesem §. gemeinten „Lasten": Pl.=Beschl. 22. April 1844.

Stillschweigende Bedingung der s. g. Resubhastation, und Eintragung der rückständigen Kaufgelder (ex officio: Rescript v. 10. October 1796), zufolge §. 346.

Modification der „wesentlichen Förmlichkeiten" §. 348. fg. (mit Anh. §. 15.) durch die neuere Gesetzgebung.

Wegen der kurzen Fristen für die Nullitätsklage in den §§. 351. 352.: Sz. S. 18. Im §. 351. gilt jetzt die gewöhnliche Nichtigkeitsbeschwerde: Declaration (der Verordnung vom 14. December 1833 über das Rechtsmittel der Revision und der Nichtigkeitsbeschwerde) v. 6. April 1839. Art. 2. c: Ges.=Samml. S. 127.

Im §. 353. paßt die Behandlung als „redlicher Besitzer" weder auf §. 348. Nr. 6. noch auf §. 349. Nr. 2. (Vgl. §. 25. h. t.)

§. 361.: aufgehoben durch Verordnung v. 6. April 1839. (Unten Tit. 17. Abschn. 1. Nr. II. 5. C. b.)

Zweiter Abschnitt. Vom Tauschvertrage. Koch §. 684. Puchta §. 359.

I. Die Definition des §. 363. ist spezifisch richtiger, als §. 364., der den Tausch gleichsam in zwei Käufe auflöst.

II. Anwendung der Kaufsgrundsätze, mit gewissen Modificationen, in Betreff

1. der laesio enormis: §. 365. 366. 374. 375.;

2. der Evictionsleistung

A. nach völliger Entwährung der eingetauschten Sache: §. 367—369.;

B. nach partieller Entwährung (Präj. 1514. 21. December 1844. III. Senat): §. 370. (nur actio quanti minoris, nicht redhibitoria);

3. der Nutzungen und der gerichtlichen Deposition: §. 371. 372.

Im §. 373. liegt kein Tausch vor, sondern ein Kauf des Geldes für den couranten Preis.

Dritter Abschnitt. Von Abtretung der Rechte. Koch §. (524.) 525—534. Puchta §. 280—285. (326. Nr. 2.)

I. Grundlagen der an die Stelle der Römischen formellen Auffassung getretenen materiellen Auffassung.

Das A. L. R. setzt voraus einen Vertrag als causa praecedens (titulus): §. 376. (vgl. Präj. 1345. 30. September 1843 III. Senat), im Verhältniß zur Cession als dem Acte der Tradition (modus adquirendi): §. 377. Die Cession soll materiell das Eigenthum an Rechten übertragen, nach Art des Kaufes oder Tausches (also nur causa onerosa): §. 376. 381.; mit Ausschluß der causa lucrativa: §. 378., des Vergleiches und der Assignation: §. 379. 380.

II. Cessible Gegenstände.

1. Im Allgemeinen alle s. g. nicht-personalissima: §. 382. (Einl. §. 99. 102—104.); folglich auch

2. (abweichend vom Römischen Rechte) res litigiosae: §. 383. 384. (Tit. 15. §. 15. fg.; Pr.-O. Tit. 7. §. 48. c. Tit. 24. §. 9.; Koch §. 231. Nr. I. 2. a.); nur mit gewissen Ausnahmen in Betreff

A. der Injurienklagen: §. 388. 389.;

B. der Justizbeamten: §. 383—387. Anh. §. 16. 17. (Rescript v. 5. September 1796 ad 1. und 4.)

In B. fehlt es an voller Congruenz mit den strafrechtlichen Bestimmungen A. L. R. Th. II. Tit. 20. §. 404—407. und §. 1339—1344., in Betreff der Personen, der Objecte und der Folgen.

3. Obligatorische Rechte als Gegenstände der Cession (im Gegensatze zu den Gegenständen des Kaufes), aber Rechte als solche, nicht ganze s. g. vincula iuris. (Anwendung auf Lieferungs-Verträge: Pl.-Beschl. 16. Januar 1846., vgl. mit Präj. 695. 11. Juni 1839. III. Senat. — Anwendung auf Erhebung des Erbpachtzinses: Präj. 1288. 7. April 1843. II. Senat.)

III. Valuta bei Cessionen dasselbe, was Pretium beim Kauf: §. 390—392. (Keine lex Anastasiana.)

IV. Uebergang des Eigenthums.

1. Dazu bedarf es bei lettres au porteur (gleich körperlichen Sachen) keiner Cession: §. 401.

2. Bei anderen Forderungen und Rechten wird durch entsprechende Erklärung des Cedenten und — sei es auch nur still-

schweigende — Annahme des Cessionars der Uebergang des Eigenthums vollbracht: §. 393. (Der empfangenen Valuta, wenn auch nicht ihres Betrages, muß Erwähnung geschehen.)

V. Form der Cession: §. 394—400. (Stets schriftlich, außer bei Forderungen bis zum Betrage von 50 Thalern, über welche keine schriftliche Urkunde vorhanden ist.)

Zu §. 399.: Verordnung v. 8. Febr. 1811, betr. die Kündigung und Abzweigung oder Partial-Cession der Schuldverschreibungen: Ges.-Samml. S. 150 fg. Cab.-Ordre v. 6. Novbr. 1834, über Vidimation der Urkunden und Abzweigung der Schulddocumente: Ges.-Samml. S. 180.

VI. Wirkungen der Cession.

1. Im Verhältniß des Schuldners zum Cessionar und Cedenten.

Der Schuldner ist verpflichtet zu erfüllen, aber auch berechtigt, sich durch Erfüllung zu befreien. In beiden Beziehungen rückt der Cessionar in die Stelle des Cedenten: §. 402.

A. Verpflichtung des Schuldners zur Erfüllung.

a) Uebergang der Vorrechte der cedirten Forderung: §. 403—406.

b) Fortdauer der Einwendungen und Gegenforderungen: §. 407—412. (Pl.-Beschl. 6. December 1847.)

B. Berechtigung des Schuldners zur Erfüllung: §. 413 bis 419.

2. Im Verhältniß des Cedenten zum Cessionar.

Als Regel ist zu fassen die Haftung für Verität: §. 420 bis 426., und für Bonität: §. 427—441. (Sz. S. 18. 19.) Die Ausnahmen aber heben diese Regel beinahe wieder auf. Nicht-Haftung für Bonität in den drei Fällen §. 427. 429. 430. Nicht einmal Haftung für Verität in den zwei Fällen des §. 421. und in dem Falle des §. 444.

Veränderungen in der Bonität der cedirten Forderung treffen natürlich den Cessionar: §. 431. ff. Aber auch hiervon abgesehen wird der Regreß des Cessionars an den Cedenten wesentlich beschränkt durch §. 434. ff. — Pl.-Beschl. 19. Decbr. 1836.

VII. Nothwendige Cessionen: §. 442—444. Kein ius subintrandi: Tit. XVI. §. 47—50.; außer im Concurse: Pr.-O. Tit. 50. §. 161. und Anh. §. 331. Koch §. 502. §. 530. Note 20.

Vgl. Gesetz v. 4. Juli 1822, betr. den Verkauf ausstehender Forderungen und Cours habender Schuldpapiere im Wege der

Execution, §. 6. ff.: Ges.=Samml. S. 179. (Uebereignung durch eine Verfügung des Gerichts, welche die Stelle der Cession vertritt.)

(**Vierter Abschnitt.** Vom Erbschaftskaufe. Unten im Erbrecht.)

Fünfter Abschnitt. Vom Trödelvertrage: §. 511. bis 526. Koch §. 710. Puchta §. 313.

I. Die (vom Römischen Rechte wesentlich abweichenden) Kriterien sind zusammenzufassen aus §. 511. 512. 522—525.; zugleich zur Unterscheidung vom Auftrags= oder Commissions=Geschäft.

II. Uebergang des Eigenthums mit Ablauf des Termins: §. 513. Damit steht §. 515. nicht in Widerspruch.

III. Periculum bis zum Ablaufe des Termins: §. 516., abweichend vom Römischen Rechte. (1. §. 1. de aestimatoria. XIX. 3.)

Sechster Abschnitt. Von gewagten Geschäften und ungewissen Erwartungen. Koch §. 677—680. 685 bis 689. 691—695. 713. Puchta §. 258. Eichhorn §. 110 bis 119. 191. 365.

I. Grundbegriff: nach Art des Kaufes, §. 527 h. t., oder des Tausches: Tit. 5. §. 139.

II. Allgemeine Bestimmungen.

1. Für jedes gewagte Geschäft: §. 539—545.

2. Für die Unterscheidung der s. g. emtio spei und rei speratae: §. 528—538. (Gehören eigentlich zu §. 582 ff.: unten III. 5.)

III. Die einzelnen Arten (von denen 1. 3. 4. enger zusammen gehören, ja in gewissen Fällen in einander fließen, und eben so wieder 6. 7. 8.):

1. Lotterie: §. 547—568. Anh. §. 18.

Der §. 558. ist, nach einem eigenthümlichen Wechsel der Verhältnisse und der Gesetzgebung, wieder in Kraft gesetzt durch Nro. 1. der Cab.=Ordre vom 21. Juli 1841, betr. Veränderungen in der Lotterie=Verwaltung: Ges.=Samml. S. 131 fg.

Mandats=Prinzipien: §. 559 ff.

Zu §. 565: Sz. S. 19. 20.

Umfang der erlaubten Privat-Lotterien: Cab.-Ordre 20. März 1827: Ges.-Samml. S. 29. 30.

2. Loos: 569—576. (Spitze im §. 573. — Die „Herausgabe" im §. 576. ist die in anderen Verhältnissen s. g. Hyperocha [superfluum].)

3. Spiel und
4. Wette: } §. 577—581. Spiel- und Wett-Schulden, auch Darlehen zu Spiel und Wette, sind an sich nicht klagbar; die condictio indebiti aber findet, nach einmal erfolgter Zahlung, nicht Statt.

Verhältniß des Staatspapier-Handels zu Spiel und Wette. (Eichhorn §. 191.)

5. Kauf künftiger Sachen (oben II. 2.): §. 582—594.

Aufgehoben ist der §. 583. durch das Gesetz über die Form einiger Rechtsgeschäfte, vom 11. Juli 1845 §. 1. litt. d.: Ges.-Samml. S. 495., und der §. 594. durch die Verordnung wegen des Verkaufs der Früchte auf dem Halme (Eichhorn §. 98.) und des künftigen Zuwachses, vom 9. November 1843., Gesetz-Samml. S. 347. (Vgl. Ges.-Samml. v. 1842. S. 200.)

6. Ankauf fortdauernder Prästationen: §. 595—601. (Hauptkriterium: Ungewißheit der Zeitdauer. — Unterscheidung zweier Arten von Witthum.)

7. Auszug oder Altentheil (eine Species von 6): §. 602—605.

Die gerichtliche Form ist erlassen durch das bei 5 angeführte Gesetz vom 11. Juli 1845. §. 1. litt. a.

8. Leibrenten-Vertrag. (Gleichfalls eine Species von 6.)

A. Wesen des Geschäfts.

a) Charakter eines Kaufes: der Verkäufer der Leibrente gewährt eine bestimmte Abgabe (Präj. 1664. 20. December 1845. III. Senat) auf die Lebenszeit eines Menschen; der Käufer giebt dafür ein Capital: §. 606—609.

b) Die Rente braucht

α) den landüblichen Zins vom Capitale nicht zu übersteigen: §. 610. und Cab.-Ordre vom 10. Juni 1835. (Ges.-Samml. S. 100.)

β) Sie schließt nur ein persönliches Recht in sich: §. 611.

γ) Sie kann auch für einen Dritten gekauft werden: §. 612. 613.

c) Die Lebenszeit, auf welche die Rente entrichtet wird berechnet sich

α) nach ganzen Jahren, die wie Zeitpunkte aufgefaßt werden: §. 649. 650.

β) Sie kann sein die Lebenszeit des Käufers selbst, oder auch des Verkäufers oder eines Dritten, Einer Person oder mehrerer Personen: §. 614—618.

γ) Das Ende der Lebenszeit hat Eine und dieselbe Wirkung, der Tod mag auf natürliche oder auf gewaltsame Weise erfolgt sein, wenn ihn nur nicht der Verkäufer veranlaßt hat: §. 619—630.

Analoges Verhältniß beim Eintritt einer Resolutiv-Bedingung: §. 631—634.

B. Eigenthümliche Gründe zum Rücktritt oder zur Anfechtung.

a) Von Seiten des Käufers selbst:

α) wegen nachgeborener Kinder: §. 635. 636.;

β) wegen dreijährigen Rückstandes der Rente: §. 647. 648.

b) Von Seiten der im Pflichttheile verletzten Kinder des Käufers, nach Maßgabe der §§. 637—639.

c) Von Seiten der verkürzten Gläubiger des Käufers, innerhalb Eines Jahres nach geschlossenem Vertrage: §. 640—646. Anh. §. 19. (Rescript vom 11. [12.] Januar 1796.) Vergl. Präj. 1008. 26. April 1841. I. Senat. 2060. 20. Octbr. 1848. III. Senat.

Siebenter Abschnitt. Vom Darlehnsvertrage. Koch §. 612. Nro. II. §. 613 — 615. §. 458. 459 — 463. Puchta §. 304—306. 251. 227—229. Eichhorn §. 107—109.

I. Eigentliches und uneigentliches Darlehn: §§. 653. 853. 854.

II. Pactum de mutuo dando: §. 654—660.

III. Hindernisse.

1. Subjective (in der Aufnahme von Darlehnen: §. 674. 675.).

A. Bei Prinzen und Prinzessinnen: §. 676. 677.

B. Bei Militärpersonen. (Sz. S. 30—49.)

a) Offiziere können Darlehne gültig aufnehmen:

α) selbstständig in den Fällen §. 687. 688. (Immobilien und nicht-dienstliche Einkünfte betreffend);

β) mit höherem Consense in anderen Beziehungen: §. 678—681.; doch mit wesentlichem Unterschiede zwischen Subaltern- und höheren Offizieren: §. 682—686. Anh. §. 20.; §. 692—696. Anh. §. 21. Nach der jetzigen Verfassung aber gehören nur noch die Premier- und Seconde-Lieutenants zu den Subaltern-Offizieren, deren Darlehnsverträge der §. 684. cassirt, in welchem die Worte „das wirklich Gegebene" nach der Declaration vom 27. Juli 1825 (Ges.-Samml. S. 188.) nur das dem Schuldner ohne wucherliche Erhöhung vom Gläubiger Gezahlte, nicht aber das dem Gläubiger vom Schuldner Zurückgezahlte bezeichnen.

b) Unteroffiziere (zu denen jetzt auch die Fähnriche — §. 697. — gehören), gemeine Soldaten und deren Frauen bedürfen des Consenses der Vorgesetzten: §. 700—703. Doch ist denselben schon durch die Cab.-Ordre vom 25. September 1809 („wegen der aufgehobenen Beschränkung der Disposition der Unteroffiziere und der gemeinen Soldaten über ihr Vermögen") der freie Gebrauch ihrer Capitalien nebst Zinsen gestattet worden. (Ges.-Samml. S. 584. 585.) Und durch die Verordnung vom 18. März 1811 (Ges.-Samml. 1812. S. 5. 6.) hat auf dieselben auch die Berechtigung aus §. 687. 688. (oben a. α.) volle Anwendung gewonnen. — Die Anhangs-Paragraphen 22. und 23. sind mit der Zunftverfassung und dem Werbesystem antiquirt.

C. Bei Schauspielern und gleichgestellten Personen: §. 704—706. Anh. §. 24. (Rescr. 7. August 1797.)

D. Convalescenz durch nützliche Verwendung oder durch Anerkenntniß: §. 690. 707—713.

2. Objective Hindernisse. (Belastung mit der Präsumtion des Wuchers.)

A. Darlehne ohne baares Geld.

a) Es sind Waaren gegeben und statt des Kaufpreises ein Darlehn angenommen: §. 714—719.

b) Die Valuta ist theils in Waaren theils in baarem Gelde gegeben: §. 725. 726.

B. Käufe mit Creditirung des Kaufpreises: §. 720—724. Vergl. §. 861—868.

IV. Eingehung des Darlehns-Vertrages.

1. Anerkennung des realen Momentes: §. 727. 728. Dabei ist in Ansehung des Ueberganges des Eigenthums am Gelde zu unterscheiden:

A. Man giebt als Darlehn sein eigenes Geld:

a) in eigenem Namen: §. 661.;

b) in fremdem Namen: §. 671—673. (Dabei die Vindication einer Obligation, wie unten B. b. β.)

B. Man giebt fremdes Geld:

(a) in fremdem Namen),

b) in eigenem Namen:

α) der Empfänger ist in mala fide: §. 662—664. (wie nach Röm. Recht);

β) der Empfänger ist in bona fide: §. 665—670. (Abweichend vom Röm. Recht geht sofort Eigenthum über. [Tit. 15. §. 45.] Der ursprüngliche Eigenthümer kann aber — an Stelle des Gebers — gleichsam die Obligation vindiciren!)

2. Der schriftlichen Form — des Schuldscheines — bedarf es nur zur Festsetzung von Zinsen und anderen Nebenbestimmungen: §. 729. (824.), und vor Allem zum Beweise: §. 730—756. (Anh. §. 25.)

Wesentliche Abweichung von der gemeinrechtlichen exceptio non numeratae pecuniae, §. 732 ff.: Sz. S. 20—22. Zu §. 738 fg. vgl. Hyp.-Ordn. Tit. II. §. 175—178. A. L. R. I. 20. §. 422—426.

Für §. 751. hat erst Anh. §. 366. zur A. G. O. die sechste Classe gegeben.

§. 752 ff., Erlöschen der Beweiskraft des Schuldscheins binnen zehn Jahren, zum Vortheil der Erben des Ausstellers: Sz. S. 22 fg. (Der Ausdruck „Verjährung" ist hier unrichtig.)

V. Der Schuldner ist verpflichtet, das Darlehn zurückzuzahlen:

1. Zur gehörigen Zeit: §. 757—768. Die Kündigung an sich ist frei und formlos, kommt aber dem beweisfälligen Gläubiger (§. 765.) nicht zu Statten.

2. Am gehörigen Orte: §. 769—777. (Der Regel nach am Wohnorte des Gläubigers. Modif. §. 774.)

3. In gehöriger Münzsorte: §. 778—802. Münzedict v. 30. Septbr 1821. §. 1. (Ducaten sind jetzt ausländische Münze) und §. 7. (Oben Abschn. 1., vom Kauf, Nro. I. 3. A.)

§. 785 fg.: Begünstigung inländischer Münze, wie Tit. 16. §. 78 fg.

§. 787—789: Prinzip des inneren Werthes, mit Recht festgehalten bei verändertem Münzfuß oder außer Cours gesetzter Münzsorte.

§. 790: Dasselbe Prinzip in unhaltbarer Anwendung auf Herabsetzung der Münze im äußeren Werth. (Daher bei den Reductionen der Scheidemünze in den Jahren 1808 und 1811 Abhülfe durch besondere Verordnungen.)

VI. Zinsen.

1. Begriff. §. 803. 810—814. in Betreff des eigentlichen, und §. 855. 857. in Betreff des uneigentlichen Darlehns.

2. Zinsfuß: Fünf vom Hundert, §. 804. 841. 830. Höhere Zinsen: §. 805—807. 809. II. 8. §. 692—694. 2359 fg. Hypothekarisch einzutragen nie mehr als 5 pCt.: §. 808. h. t. Zur erlaubten Höhe der Zinsen gehören auch §. 815—817. (mit der nöthigen Restriction aus II. 20. §. 1279.). Rückforderung zu viel gezahlter Zinsen nach II. 20. §. 1272.

3. Zins von Zins (anatocismus) verboten: §. 818.; mit zwei Ausnahmen (Sz. S. 23.):

A. in Betreff der schon zwei Jahre alten oder noch älteren Rückstände: §. 819. 820.;

B. in Betreff der Judicats-Zinsen: §. 821. (Aller Art?)

4. Vorbedungene Zinsen insbesondere: §. 822—826. (Im §. 825. liegt der Nachdruck auf „Rückzahlung des Capitals.")

5. Zögerungszinsen insbesondere: §. 827—834. (Dies interpellat pro homine!) Anh. §. 26. geändert durch die Gesetze vom 7. Juli 1833 (Ges.-Samml. S. 79.) und vom 7. März 1845 (Ges.-Samml. S. 158.).

6. Allgemeine Bestimmungen.

A. Münzsorte und Ort der Zinszahlung: §. 835. 836.

B. Ersitzung eines Capitals: §. 837—841. (Oben Tit. 9. Abschn. 9. Nro. IV.)

C. Wirkung einer Quittung über den letzten Zinstermin: §. 842. (Kein Widerspruch mit Tit. 16. §. 133.)

D. Wirkungen einer Quittung über das Capital: §. 843—845., und eines Erkenntnisses über den Zinsenpunkt: §. 845—848. Pr.-O. Tit. 23. §. 58. 62.

Der §. 845. ist in zwei Sätze aufzulösen: 1. Verzugszinsen, auf welche der Richter nicht erkannt hat, können nicht nachgefordert werden. 2. Von dem Tage des ergangenen Urtels an können wieder Verzugszinsen gefordert werden, aber nicht mehr, sobald über das Capital ohne Vorbehalt quittirt worden ist. Pl.-Beschl. 29. September 1845.

E. Verjährung der (vorbedungenen) Zinsen: §. 849. 850.

(Sz. S. 23.) Gesetz wegen Einführung kürzerer Verjährungsfristen, vom 31. März 1838., §. 2. Nro. 5. (Ges.-Samml. S. 250.) Pl.-Beschl. 14. März 1834, 11. März 1839, 9. April 1846. Im Zusammenhange mit der Verjährung der Zinsschuld sind die §§. 851. 852. h. t. gegen die darin angedeuteten Bestimmungen des Römischen Rechts gerichtet.

7. Zinsen von uneigentlichen Darlehnen (oben I. u. VI. 1.) unterliegen denselben Regeln, wie Zinsen von eigentlichen Darlehnen: §. 856. 858.; mit einem eigenthümlichen Wahlrechte desjenigen Theiles, gegen welchen der andere Theil sich im Verzuge befindet: §. 859. 860.

Achter Abschnitt. Von Verträgen, wodurch Sachen gegen Handlungen, oder Handlungen gegen Handlungen versprochen werden. (Mehr an das reale Moment erinnert Entw.: „Von Veräußerung der Sachen gegen Handlungen, oder der Handlungen gegen einander.") Koch §. 706—708. 711. 712. 690. (407.) 738. (Eichhorn §. 386.) Puchta §. 315. 365—367. 369.

I. Allgemeine Bestimmungen: §. 869—893. (Im Wesentlichen Ausführungen der Grundsätze des fünften Titels, mit einigen Modificationen.)

II. Die einzelnen Verträge.

1. Dingen und Verdingen (mit Ausschluß des Gesindevertrages, einer Art der locatio conductio operarum: §. 894. h. t., A. L. R. Th. II. Tit. 5., und der Miethe und Pacht, der locatio conductio rerum: Th. I. Tit. 21. Abschn. 3.).

A. Gedungene Handarbeiter und Tagelöhner: §. 895—919. Eine locatio conductio operarum. Die Handlungen sind fungibler Natur. Leitender Grundsatz ist die Unterordnung des Gedungenen unter den Dingenden. — Der §. 904. bezeichnet den Unterschied vom Gesinde, gegen welches polizeiliche Hülfe zulässig ist. — Wartegeld bei zeitiger oder gänzlicher Abbrechung der Arbeit: §. 908 ff., §. 918.

B. Gedungene Werkmeister oder Künstler: §. 920—924. Auch eine locatio conductio operarum. Die Handlungen sind aber nicht-fungibler Natur. Leitender Grundsatz ist die Sachverständigkeit und Selbstständigkeit des Gedungenen.

C. Verdungenes Werk: §. 925—980. Opus locatum conductum. Das Geschäft nähert sich schließlich dem Kaufe. Es wird gleichsam ein erst hervorzubringendes Object gekauft, für welches die operae locatae conductae — nicht-fungibler Natur — nur Mittel zum Zweck sind.

Culpa: §. 954 ff. Periculum: §. 959 ff. Mora: 936 ff. Eigenthümliche Befugniß zum Rücktritt: §. 943 ff. Einfluß unwesentlicher Fehler: §. 951 ff. Eigenthümlichkeiten beim verdungenen Bau: §. 966. ff.

Verhältnisse beim Concurse des Werkmeisters: §. 975—980. (Pr.-O. Tit. 50. §. 344.: Classe I Koch §. 495. Note 15.), und des Bestellers: §. 971—974. (Das „Vorrecht" bei Immobilien, §. 971. 972., ist das s. g. stillschweigende Pfandrecht: Pr.-O. Tit. 50. §. 424. — Baugläubiger in Cl. IV. — und Tit. 51. §. 12. Koch §. 497. Nro. IX. §. 367. Nro. I. 10. Das im §. 974. h. t. an Mobilien gegebene „Zurückbehaltungsrecht" aber schließt bei Weitem mehr in sich, als das sonst s. g. Zurückbehaltungsrecht: A. L. R. I. 20. §. 566. Koch §. 509. Nro. II. 4.)

2. Lieferungs-Vertrag: §. 981—987. Das Geschäft geht zwar schließlich in einen Kauf aus, ist aber wesentlich ein Vertrag über ein facere: Pl.-Beschl. 15. Juni 1846. — Rücktritt des Bestellers: Pl.-Beschl. 19. September 1845.

3. Prämien-Vertrag: §. 988—995. (Auslobung.) Ein ohne Acceptation bindendes Versprechen. (Puchta §. 259. Nro 4.)

4. Verlags-Vertrag: §. 996—1036. Zum Theil antiquirt durch die neuere Gesetzgebung zum Schutze des literarischen Eigenthums — oben Tit. 8. Abschn. I. Nro. II. —, zum Theil, namentlich in Betreff des Begriffes und der Dauer des Verlagsrechtes, in Collision mit den Conseauenzen der neueren Gesetzgebung.

Die Stellung im Systeme ist bedingt durch das facere von Seiten des Autors und das facere (Herausgeben), auch dare (wenn ein Honorar bedungen ist), von Seiten des Verlegers.

Verhältnisse bis zum Druck: §. 996 ff. Nach dem Druck: §. 1011 ff, im Zusammenhange mit der willkührlichen Bestimmung des Begriffs von neuen Auflagen und neuen Ausgaben.

Neunter Abschnitt. Von Schenkungen. Koch §. 607—611. 589. 590. Puchta §. 68—72. (552.) §. 245. Nro. 7. §. 380.

I. Begriff und Natur der Schenkung.

1. Dare, obligare, liberare donationis causa: §. 1037. 1039. (Widerspruch mit Tit. 16. §. 393?) Modus adquirendi: §. 1038. (Ohne Tradition: Code Napoléon, Art. 938.)

2. Von Seiten des Schenkers: animus donandi, §. 1040.

A. Präsumtion dieses animus nach Beschaffenheit der Umstände: §. 1045. Davon ist §. 1041. mit den dazu gehörigen Beispielen in §. 1042 — 1044. eigentlich nur eine Folgerung. Umgekehrt:

B. Trotz des Anscheins bloßer Freigebigkeit onerose Geschäfte:

a) Wegen besonderer persönlicher Beziehungen unter den Parteien: §. 1046. 1047. 1050.

b) Wegen der Connexität wechselseitiger Schenkungen: §. 1051. 1052. (25. §. 11. de her. pet. V. 3.: velut genus quoddam hoc esset permutationis.)

c) Donatio sub modo: §. 1053—1057. Dahin gehört auch, in der vom Röm. Rechte abweichenden Auffassung, §. 1048. 1049. (Vergl. auch den Pl.-Beschl. v. 7. Novbr. 1845: oben Tit. 5. zu §. 165 ff.)

3. Von Seiten des Beschenkten: Acceptation, mit Einer Ausnahme: §. 1058—1062. (Im §. 1062. ist statt „anzunehmen" zu lesen: „zurückzunehmen.")

II. Form.

1. Regel: Zur Klagbarkeit ist das gerichtliche Versprechen des Klägers erforderlich: §. 1063. 1064. 1069. (Sz. S. 23. 24.)

2. Ausnahme: Der Mangel der gerichtlichen Form wird geheilt:

A. Bei Mobilien durch die bloße Tradition: §. 1065. (vergl. Präj. 2230. 12. Juli 1850. IV. Senat., betr. die Schenkung einer hypothekarischen Forderung: Entsch. Bd. 19. S. 490.).

B. Bei Immobilien durch die auf Grund eines schriftlichen Schenkungs-Versprechens erfolgte Tradition: §. 1066 bis 1068.

III. Beschränkungen der Schenkung.

1. Wegen unerlaubter Absicht: §. 1070. 1071. (Anh. §. 27. antiquirt.)

2. Wegen der zu beschenkenden Rechtssubjecte: §. 1072. bis 1075. (I. 12. §. 38.; II. 11. §. 195. 197 ff. 949. 952. 961. 1182 ff. 1188 ff.; 12. §. 21. 58.; 19. §. 44.)

Nicht auf pia corpora beschränkt sind die Bestimmungen des Gesetzes vom 13. Mai 1833, über Schenkungen und letztwillige Zuwendungen an Anstalten und Gesellschaften: Ges.=Samml. S. 49—51.

IV. Wirkungen: §. 1076—1088. (In §. 1088., wie Tit. 12. §. 630., ein Ueberbleibsel aus der Röm. Successions=Ordnung. Vgl. II. 1. §. 625.)

V. Widerruf der Schenkungen (§. 1089.):

1. Jede außergerichtliche Schenkung — auch in den Fällen oben II. 2. A. B. (?) — ist binnen sechs Monaten nach bloßer Willkühr widerruflich: §. 1090. (Auch von Seiten der Erben des Schenkers: Präj. 1554. 15. März 1845. III. Senat.)

2. Widerruf wegen Uebermaßes, innerhalb Dreier Jahre: §. 1091—1112. Sz. S. 29. 30.

Die gerichtliche Insinuation der Schenkung über 500 solidi ist fallen gelassen. Als übermäßig gilt eine, die Hälfte des Vermögens übersteigende Schenkung.

Das Recht zum Widerruf kann durch Entsagung verloren gehen. (§. 1163.)

Bei successiven Geschenken geht der Angriff zuerst gegen die neuesten.

Die Erben des Schenkers sind in der Geltendmachung des Widerrufs wegen Uebermaßes nicht selbstständig.

3. Widerruf der innerhalb Dreier Jahre vor dem Tode gemachten Schenkungen, zur Ergänzung des dadurch verkürzten Pflichttheils: §. 1113—1116. Sz. S. 24. 25. (Anh. §. 28. folgt schon aus §. 1053. und 1175. Rescr. v. 30. Octbr. 1797.) Wesentlicher Rechnungsfehler in Nro. 3.

4. Widerruf der innerhalb Dreier Jahre vor dem Tode gemachten Schenkungen, zur Ergänzung der (den Charakter einer Schuld — aus Tödtung, Verletzung, unehelichem Beischlafe — tragenden) Alimentations=Ansprüche: §. 1117—1122.

5. Widerruf zur Deckung einer dem verarmten Schenker zu reichenden Competenz: §. 1123—1128. (Wohl zu unterscheiden von dem s. g. beneficium competentiae des Schenkers nach Römischem Rechte.)

6. Widerruf der innerhalb Dreier Jahre vor eröffnetem Concurse gemachten Schenkungen: §. 1129—1133. (II. 1. §. 295. 312. fg. und Anh. §. 74. Pr.=O. Tit. 50. §. 49. 313. fg.) Sz. S. 25.

Das Recht der Gläubiger ist jetzt unabhängig vom s. g. concursus formalis: Gesetz über Verträge zahlungsunfähiger Schuldner zum Nachtheil der Gläubiger, v. 26. April 1835, §. 1. (Ges.=Samml. S. 54.) Vgl. noch Pl.=Beschl. 2. Juni 1840. (Besonders in Betreff der speziell zusammen gehörenden §§. 1130. 1131. h. t.)

7. Widerruf des noch nicht durch Uebergabe vollzogenen Schenkungsvertrages, von Seiten des kinderlosen Schenkers, wegen nachgeborener Kinder, nach Maßgabe §. 1140—1150.

8. Widerruf wegen groben Undanks: §. 1151—1161. (II. 1. §. 775.).

9. Allgemeine Bestimmungen über den Widerruf:

A. Charakter und Wirkungen desselben: §. 1162—1167.

B. (Ausdrücklicher oder stillschweigender) Vorbehalt des Widerrufs (Schenkungen von Todes wegen): §. 1135—1139. 1134. Sz. S. 25. 26.

C. Stillschweigender Widerruf: §. 1168. (Geht nur auf die Fälle in 7., 8. und 9. B.)

VI. Belohnende Schenkung. (Donatio remuneratoria.)

1. Begriff: aus §. 1169. und 1177. zusammenzufassen.

2. Folgen des nur mündlich geschlossenen, aber durch Uebergabe vollzogenen Vertrages: §. 1170—1172.

3. Aus schriftlichem Versprechen Klage auf Uebergabe: §. 1173.; wogegen dem Schenker der Beweis der Negative offen steht: §. 1175. In Ermangelung der schriftlichen Form gilt das Geschäft als gewöhnliche Schenkung: §. 1174.

4. Uebergabe der Sache mit den Nutzungen, Uebernahme der Sache mit den Lasten und dergl. m., wie bei gewöhnlichen Schenkungen: §. 1176.

(A. L. R. Th. I. Tit. 12. Von den Titeln zur Erwerbung des Eigenthums, welche aus Verordnungen von Todeswegen entstehen. [Entw. Th. II. Tit. 9.] Unten im Erbrecht.)

A. L. R. Th. I. Tit. 13. Von Erwerbung des Eigenthums der Sachen und Rechte durch einen Dritten. (Entw. Th. II. Tit. 10.)

Allgemeiner Standpunkt: §. 1—4.

Erster Abschnitt. Von Vollmachtsaufträgen. Koch §. 572. Nr. I. §. 655—659. Puchta §. 53. 257. 323 bis 326.

I. Begriff: im Wesentlichen der Römische, doch ohne das Kriterium der Unentgeltlichkeit: §. 5. Das „für ihn und statt seiner" bezeichnet die Repräsentation des Rechtssubjects (vgl. Tit. 11. §. 442.), und zieht die Gränze gegen gewöhnliche Verträge über Handlungen; daher auch kein Widerspruch zwischen §. 74. h. t. und Tit. 11. §. 874. Perfection: durch (auch nur stillschweigende?) Annahme des Auftrages. §. 6. 7. 11. 12.

II. Form (nicht immer schriftlich, wie nach dem Entw.): §. 7—10. und §. 147—149. §. 96. und 150 fg. Pl.-Beschl. 22. April 1850. (J.-M.-Bl. S. 205. Entsch. Bd. 19. S. 29 ff.)

III. Persönliche Fähigkeit: §. 29. 30. 32—36. h. t. Tit. 14. §. 132.

Die Fähigkeit des Mandatarius, als der bloßen Mittelsperson, gilt wie etwas Untergeordnetes. Die Hauptparteien sind gleichsam der Mandant und — der Dritte, mit dem das Geschäft gemacht wird.

Frauen sind fähig zur Uebernahme von Mandaten, nur nicht von Testamentsvollstreckungen: Rescript v. 19. Mai 1804 ad 4.; Rescr. 28. Novbr. 1825.

Gewisse Verhältnisse befähigen nicht nur, sondern verpflichten sogar zur Uebernahme von Aufträgen (mit einem eigenthümlichen Unterschiede zwischen öffentlich bestellten Mandatarien und bloßen öffentlich zugelassenen Agenten oder Commissionären): §. 13—17. (23. 24.) 74—79. (Vgl. A. G. O. III. 7. §. 25. fg. A. L. R. II. 8. §. 1337. ff. und dgl. m.)

IV. Gegenstand.

1. Objective Gränzen: §. 18—20. 31.

2. Subjective Gränzen, wegen obwaltender Collision gewisser Interessen: §. 21—28.

V. Rechtsverhältnisse aus dem Mandat.

1. Zwischen dem Mandanten und dem Mandatar: §. 37—84. (Facultas substituendi (?): §. 37. ff. Modus der Ausführung: §. 49. ff. Diligenz des Mandatars: §. 54. ff. Rechnungslegung, Entschädigung und Befreiung des Mandatars nach vollbrachtem Geschäfte: §. 61. ff. Pl.-Beschl. 2. Oct. 1848. — Der §. 84. [Pr.-O. Tit. 50. §. 456.] geht auch auf fungible Sachen: Präj. 96. aus dem Jahre 1835. III. Senat; Präj. 592. 1. Decbr. 1838. III. Senat.)

2. Zwischen dem Mandanten und dem Dritten.

A. Collisionsfälle: §. 85—89. (Die Regel liegt eigentlich im §. 88., die Ausnahme im §. 86.)

B. Ueberschreitung der Vollmacht: §. 90—97. 140. 141. Pr.-O. Tit. 50 §. 303. (Bedeutung einer besonderen Instruction neben der Vollmacht. — Vorzeigung der Vollmacht und ausnahmsweise auch der Instruction.)

C. Ratihabition: §. 142—149.

D. Von der natürlichen Regel, daß in einer Vollmacht auch die Befugniß liegt, alle zur Vollziehung derselben nöthigen Handlungen zu unternehmen, §. 98., gelten Ausnahmen, theils restrictiver, theils extensiver Natur.

a) Restrictiver Natur ist die ausnahmsweise zu gewissen Geschäften erforderliche Spezialvollmacht: §. 99—118. Anh. §. 44—46.

Form der Spezialvollmacht: schriftlich; nur in den Fällen des §. 115 und der §§. 116. 117. (nach Aufhebung des §. 116. durch das Gesetz über die Form einiger Rechtsgeschäfte vom 11. Juli 1845 §. 2. litt. b., Ges.-Samml. S. 495) notariell.

b) Extensiver Natur sind zwei Ausnahmen, in denen eine Vollmacht auch ohne ausdrücklichen Auftrag angenommen wird.

α) Die vermuthete Vollmacht: §. 119—128.

β) Die stillschweigende Vollmacht:

a) bei Einhändigung der Quittung über eine zu bezahlende Summe: §. 129. 130.;

b) bei dem Auftrage zum Verkaufe einer beweglichen Sache: §. 131—139.

Im Zusammenhange von §. 108. und §. 131. fragt es sich: ob der zur Empfangnahme eines auszuzahlenden Capitals Bevollmächtigte das Capital, anstatt blos zu quittiren, auch einem Dritten cediren darf?

3. Zwischen dem Mandatar und dem Dritten: §. 150 bis 158. (Regel: der Dritte hat sich an den Mandanten zu halten.)

VI. Aufhebung des Mandats.

1. Durch Widerruf (revocatio) von Seiten des Mandanten, durch Aufkündigung (renunciatio) von Seiten des Mandatars: §. 159—185.

Bedenkliches Verhältniß zwischen der Zurückforderung der

Originalvollmacht einerseits und der gehörigen Benachrichtigung des Dritten andererseits. Simon Zeitschrift Bd. I. Nr. VI.

2. Durch den natürlichen Tod: §. 186—195. (Ausnahmen bei kaufmännischen Geschäften und in Prozeßangelegenheiten); und analog durch eintretende rechtliche Unfähigkeit, namentlich im Falle des Concurses: §. 196—200.

VII. Correalverhältnisse auf Seiten der Mandatare oder der Mandanten: §. 201—216.

VIII. Verwandt mit dem Mandate:

1. Befehl (gewissermaßen mehr als Mandat): §. 224 bis 227.

2. Rath oder Empfehlung (weniger als Mandat): §. 217 bis 223. (§. 6. J. de mandato. III. 27.)

Zweiter Abschnitt. Von Uebernehmung fremder Geschäfte ohne vorhergegangenen Auftrag. (Negotiorum gestio.) §. 228—261. Koch §. 660. 661. Puchta §. 327. 328.

Dritter Abschnitt. Von nützlichen Verwendungen. (Versio in rem.) §. 262—280. Koch §. 573. §. 636. Note 2. 3. Puchta §. 277. ad 3. §. 279. g. E.

Der gemeinsame Gesichtspunkt für diese beiden Abschnitte liegt darin: daß Niemand sich mit dem Schaden eines Anderen bereichern soll. Der Gesichtspunkt, aus welchem beide in den Titel 13. gestellt sind, ist: Erwerb durch einen Dritten (ohne ausdrücklichen Auftrag). Die Verschiedenheit beider ist durchgeführt nach dem Ueberwiegen der subjectiven Handlung (neg. gestio) oder des objectiven Erfolges (in rem versio).

Stufenleiter in den Ansprüchen an die Leistungen des neg. gestor: §. 234—237.; §. 245.; §. 249. 250. Compensationsgrundsätze: §. 240. fg. und §. 253—256. Durch Ratihabition entsteht ein reines Mandatsverhältniß: §. 239.

Abweichung vom früheren gemeinen Rechte, in Betreff der versio in rem, besonders §. 271. 274.: Sz. S. 50.

A. L. R. Th. I. Tit. 14. Von Erhaltung des Eigenthums und der Rechte. (Entw. Th. II. Tit. 11.)

Andeutung des Systems: §. 2. und 4. Unterscheidung der Conservation des schon existirenden Rechts zum künftigen Anfall: §. 5.; und des Objectes des Anfalls selbst: §. 6. ff.

Erster Abschnitt. Vom Verwahrungsvertrage. Koch §. 647—649. 202. (709.) Puchta §. 321. 322. (314.)

I. Begriff: Realvertrag, §. 9. 10., aber ohne das Kriterium der Unentgeltlichkeit (§. 17. 48.); womit zusammenhängt:

II. Verschiedenartigkeit der Ansprüche an die Leistungen des Depositars: §. 11. 12. (20—23.); §. 17. 18.; §. 13. ff. 85. ff.

Wohl zu unterscheiden sind dabei: §. 26 — 34. (Verletzung von Schloß oder Siegel) und §. 35 — 40. (Beschädigung oder Verlust der deponirten Sache selbst.)

III. Subject: auch ein sonst Vertragsunfähiger. §. 56—58. (Sz. S. 50.)

Depositum miserabile: §. 58. 43.

Correalverhältnisse (abweichend vom Römischen Rechte): §. 59 bis 62. (Tit. 17. §. 127. ff.!) und §. 63—66. (Tit. 17. §. 152.!)

IV. Object: bewegliche, nicht-ligitiöse Sachen.

Bei Immobilien bedarf es gewöhnlich der Verwaltung: §. 90. 91.

Bei ligitiösen Sachen tritt gerichtliche Verwahrung ein: §. 92—102., und bei Moventien oder Immobilien Sequestration: §. 103—106.

Personen werden in Aufsicht genommen: §. 107. 108. (A. L. R. II. 2. §. 27. 42. 44. 91. Pr.-O. Tit. 40. §. 19.)

Depositum irregulare (?): §. 82—84.

V. Zurückforderung der Sache durch den Deponenten: §. 54. 55. 68—71. 41.

VI. Zurückgabe der Sache durch den Depositar: §. 46—53. Retentionsrecht desselben: §. 42. 76—79. (Tit. 13. §. 83.)

Zweiter Abschnitt. Von Verwaltung fremder Sachen und Güter. Koch §. 662. 663. §. 588. (Puchta §. 100. ff.)

I. Das Wesen der Verwaltung besteht in einer Mischung aus Depositum und Mandat: §. 109—132. (§. 130. absichtlich abweichend von Tit. 13. §. 154.); §. 165. (oben Abschn. 1. Nr. VI.: Retentionsrecht); §. 166. 167. (neg. gestio).

II. Rechnungswesen bei der Verwaltung als einer currenten Geschäftsführung: §. 133—164.

Rechnungslegung ist die Sache des Verwalters, Rechnungsabnahme die des Prinzipals. Gegen den Säumigen treten bestimmte Nachtheile ein. Die Quittung hat hier eine höhere Bedeutung als Tit. 16. §. 86. ff.: sie folgt der Rechnungsabnahme als eine wahre Decharge, gegen welche nur noch Unredlichkeiten, später entdeckte Rechnungsfehler (zu §. 146. vgl. un. C. de errore calculi. II. 5.) und unerwähnt gebliebene Geschäfte geltend gemacht werden können. Nach Ablauf von 10 Jahren (deren terminus a quo günstiger für die Erben des Verwalters, als für diesen selbst bestimmt ist) kann sogar der Prinzipal nur noch wegen Betruges und wegen offenbarer Additions- oder Subtractionsfehler den Verwalter selbst (nicht mehr dessen Erben) in Anspruch nehmen. Der Quittung gleich wirkt fünfjährige mora des Prinzipals in Abnahme einer gelegten Rechnung, und dem Erlaß der Rechnungslegung gleich fünfjährige mora desselben in Abforderung der Jahresrechnung. (§. 154. findet auch Anwendung auf die Verwalter öffentlicher Cassen und Anstalten, so wie auf die Verwalter des Vermögens von Corporationen: Präj. 676. 17. Mai 1839. I. Senat. Präj. 1560. 22. März 1845. III. Senat. — Liegt im §. 158. eine eigentliche Verjährung durch Nicht-Gebrauch?)

III. Administratoren des Fiscus und der Corporationen.

1. Entscheidung einer früheren Streitfrage: §. 170. 171.

2. Restitutio in integrum (abweichend vom Römischen Rechte: Sz. S. 192. ff.)

A. der Regel nach grundsätzlich abgeschnitten: §. 172. 173.;

B. ausnahmsweise zugelassen:

a) bei Prozessen: §. 174—176.; Pr.-O. Tit. 16. §. 13 bis 16. (Wegen „erlittener Läsion." — In Betreff der versäumten Frist zur Einlegung von Rechtsmitteln wieder aufgehoben durch die Declaration v. 6. April 1839. Art. 13., Ges.-Samml. S. 131. Vgl. Präj. 2224. 19. Juli 1850. IV. Senat: Entsch. Bd. 19. S. 488 fg.)

b) Bei kürzeren Verjährungsfristen: §. 177. h. t. (Präj. 884. 3. Juli 1840. II. Senat.)

Dritter Abschnitt. Von Cautionen und Bürgschaften. (Materielle Verwandtschaft: §. 178. 200.)

I. Caution. Koch §. 204. Puchta §. 79.

1. Entstehung und Zweck der Caution: §. 178—182. 195—197. Verhältniß zwischen dem persönlichen Rechte auf Cautionsbestellung, §. 180. h. t. und Tit. 20. §. 4., und dem

dinglichen Rechte, welches nach Preußischem Rechte an die Stelle des s. g. pignus legale getreten ist, Tit. 20. §. 3. 400 fg. und Pr.=O. Tit. 51. §. 12.

2. Bestellung der Caution.

A. Realcaution als Regel: §. 186. 187. Insbesondere

a) durch Verpfändung von Grundstücken, §. 188. (Criminal=Ordnung §. 225.), von hypothekarisch eingetragenen Activforderungen, §. 189. (Pr.=O. Tit. 47. §. 23.), von beweglichen körperlichen Sachen, §. 190. (Pr.=O. Tit. 47. §. 21.);

b) durch Stellung von Bürgen: §. 191—193. (Wechsel zwischen a. und b.: §. 198.)

B. Juratorische Caution nur als subsidiarische Ausnahme: §. 183. 184. 194. h. t. Pr.=O. Tit. 21. §. 11. Tit. 48. §. 14. Crim.=Ordn. §. 235. (Ausdrücklich ausgeschlossen: Pr.=O. Tit. 14. §. 7. Tit. 29. §. 32. g. E.)

C. Caution durch persönliche Haft, §. 185. h. t., nur in den Fällen Pr.=O. Tit. 24. §. 54., Tit. 29. §. 32. Satz II., Crim.=Ordn. §. 115.

II. Bürgschaft. Koch §. (714.) 715—721. Puchta §. (402. 403.) 404—410. (326. Nro. 1.) Eichhorn §. 120.

1. Begriff: Uebernahme einer fremden Verbindlichkeit auf den Fall der Nicht=Erfüllung von Seiten des Verpflichteten: §. 200. Also eine cumulative Intercession. — Formell ist die Scheidung der einzelnen Intercessionsarten nicht ins A. L. R. übergegangen. Materiell aber findet sich namentlich der Unterschied zwischen den s. g. cumulativen und privativen Intercessionen wieder. Z. B. §. 213—218. 399. h. t. Tit. 16. §. 264. fg.

Der Rückbürge oder Schadlosbürge haftet dem Bürgen: §. 201. 368. 380. (4 pr. de fidej. XLVI. 1.) Der Afterbürge oder zweite Bürge haftet für den Bürgen: §. 256. 376. 389. (8. §. 12. und 27. §. 2. l. c.) Vgl. unten 6. C. und 7. B. a.

2. Werth oder Sicherheit des Bürgen: §. 245—248. (Oben I. 2. A.)

3. Die Bürgschaft kommt zu Stande:

A. durch ausdrückliche, mindestens schriftliche Uebernahme (die Annahme kann stillschweigend geschehen): §. 202—205.;

B. durch concludente Handlungen (nicht im Falle des §. 206.):

a) Empfehlung (oben Tit. 13. Abschn. 1. Nro. VIII. 2.): §. 207—212. Anh. §. 47. (II. 8. §. 702—712.)

b) Mandatum qualificatum.

α) „Auf eigene Gefahr": Bürgschaft §. 213. 214.

β) „Auf eigene Rechnung": reines Mandat §. 215 bis 217. (Auf α. und β. geht §. 218.)

4. Subjective Beschränkungen in der Uebernahme von Bürgschaften.

A. Allgemeiner Natur (wie bei der Aufnahme von Darlehnen: oben Tit. 11. Abschn. 7. Nro. III. 1.): §. 219.

B. Wegen weiblichen Geschlechts: §. 220—244. und Anh. §. 48. (Rescr. 29. Septbr. 1800). II. 1. §. 341—344. Anh. §. 75. (Rescr. 17. Novbr. 1794). Sz. S. 50. 51.

Verboten ist den Frauen das Intercediren durchaus nicht. (§. 228—231. 307. fg. II. 1. §. 343.) Sie müssen aber gerichtlich verwarnt werden. Einer ausdrücklichen Renunciation (wie noch nach der Concurs- und Hypotheken-Ordnung vom 4. Februar 1722. §. 47—49.) bedarf es nicht mehr. Auch der Zuziehung eines Beistandes bedarf es nur bei Ehefrauen. Ist die Form verabsäumt, so gilt die obligatio der Frau dennoch als naturalis (§. 243.: Sz. S. 51 fg.); auch ist sie verhaftet quatenus aliquid ad eam pervenit (§. 240—242.). Uebrigens ist sie selbst bei einer intercessio apud minorem geschützt (§. 234.; anders 12. de minor. IV. 4.) und wird auch durch unförmliche Wiederholung der Intercession nicht verpflichtet (§. 244.; anders 22. C. ad S. C. Vellej. IV. 29.). Der Anh. §. 48. durchkreuzt aber eigentlich die formellen Vorschriften des A. L. R. (vgl. besonders §. 225. und 238.). Um so mehr ist anzunehmen, daß die Frau die Folgen der Bürgschaft bestimmt ausgesprochen haben müsse: Präj. 2049. 19. Septbr. 1848. IV. Senat. — Die Controverse in Betreff der §§. 232. 233. ist im Wesentlichen geschlichtet durch den Pl.-Beschl. v. 28. Februar 1845. Es bleibt aber fraglich: ob eine Frau durch Bestellung eines Faustpfandes gültig intercedire, wenn sie nicht gerichtlich verwarnt wird?

5. Objective Beschränkung der Bürgschaft: §. 249—256.

Eine Bürgschaft für eine blos naturale Verbindlichkeit ist unverbindlich. Der §. 251. ist nicht blos auf die s. g. civiliter reprobata obligatio zu beziehen. Dies geht besonders hervor aus dem Gegensatze des §. 254., wonach die subjectiven Mängel der Hauptverbindlichkeit durch das Bürgschaft leistende Subject geheilt werden, aber nicht die objectiven Mängel. (§. 252. geht nur auf solche Verträge, welche wegen der Qualität der contrahirten Schuld selbst von den Gesetzen gemißbilligt sind: Präj. 118. 11. Juni 1836. III. Senat.)

6. Rechtsverhältnisse aus der Bürgschaft.

A. Zwischen dem Bürgen und dem Gläubiger.

a) Umfang der Verbindlichkeit des Bürgen.

α) Grundsätzlich gleicher Umfang der Bürgen- und der Haupt-Verbindlichkeit: §. 257. 258. 277—280.

β) Auslegungsregeln über den Umfang gewisser Objecte, für welche Bürgschaft geleistet wird: §. 259—276.

γ) Gegensatz der §§. 281. 282. in consequentem Zusammenhange mit dem beneficium competentiae aus blos subjectiven Gründen und aus objectiv durchgreifenden Gründen (Pr.-O. Tit. 49. §. 16. 27.). Vgl. Koch §. 488. Note 19. Puchta §. 244. fg.

δ) Beneficium ordinis s. excussionis, als Regel beibehalten: §. 283—296., fällt weg in fünf Ausnahmefällen: §. 297—309. (Der §. 299. muß den Ausschlag geben gegen den allgemeiner gehaltenen §. 114. Pr.-O. Tit. 47.)

Ein als Selbstschuldner eingetretener Bürge hat nicht das Recht, den Gläubiger zunächst an das Pfand zu verweisen: Präj. 2091. a. b. 13. November 1848. IV. Senat.

ε) Die Einwendungen des Hauptschuldners, welche nicht auf persönlicher Rechtsunfähigkeit beruhen, sondern auf die Forderung selbst gehen (oben ad 5.), kommen auch dem Bürgen zu Statten: §. 310—315.

b) Das beneficium divisionis (nov. 99. cap. 1.) ist aufgehoben (oben Tit. 5. Abschn. IV. Nro. I. 2. B.): §. 373—379. (Wohl zu unterscheiden ist der Fall der Correalverpflichtung [der „Mitbürgen" im eigentlichen Sinne] von dem Falle §. 378. fg.)

c) Uebergang der Verhältnisse des Gläubigers und resp. des Bürgen auf die Erben: §. 334—337.

d) Befreiung des Bürgen von seiner Verbindlichkeit, dem Gläubiger gegenüber.

A. Ansprüche an die Diligenz und die Redlichkeit des Gläubigers: §. 328—333.

B. Verschiedenartige Rechte des Bürgen (casuistisch), je nachdem

α) die Bürgschaft selbst nur auf gewisse Zeit geleistet ist, und zwar

a) für ein Darlehn: §. 320. 321.;

b) für eine andere Forderung (deren Erfüllung an keinen bestimmten Tag gebunden ist, insbesondere eine Forderung, deren Betrag erst eruirt werden muß): §. 322—327.; oder

β) die Bürgschaft ohne Einschränkung auf eine gewisse Zeit geleistet ist, und zwar

a) für eine zu einer bestimmten Zeit fällige Forderung: §. 316. 317.;

b) für eine nicht zu einer bestimmten Zeit fällige Forderung: §. 318. 319. (Gemeinrechtliche provocatio ex lege Si contendat.)

B. Zwischen dem Bürgen und dem Hauptschuldner.

a) Kein beneficium cedendarum actionum (weil es nicht erforderlich ist): §. 338—341. (Tit. 16. §. 47. 48.: der ausdrücklichen Cession der Forderung bedarf es nur zur Uebertragung der Vorrechte und Accessionen.)

b) Adcitation des Schuldners durch den in Anspruch genommenen Bürgen: §. 342—350.

c) Entschädigung des Bürgen durch den Schuldner: §. 351—355. (Tit. 11. §. 821.)

d) Befreiung des Bürgen von seiner Verbindlichkeit, dem Schuldner gegenüber.

A. Nach verflossener Zahlungszeit: §. 356. (316. fg.)

B. Vor verflossener Zahlungszeit.

α) Bei allen Arten der Bürgschaft: §. 357. 358.

β) Bei solchen Bürgschaften, welche für fortwährende Verbindlichkeiten, ohne Zeitbestimmung, unentgeltlich geleistet sind: §. 359. 360. (Gemeinrechtlich: si fideiussor diu stetit in fideiussione.)

C. Das Recht des Bürgen gegen den Schuldner ist dem Gläubiger nicht präjudiciirlich: §. 361. 362. (Executio ad faciendum gegen den Schuldner.)

e) Prämien von Seiten des Schuldners an den Bürgen: §. 363—372. (Unter eine andere Kategorie fällt die Prämie von Seiten des Gläubigers an den Bürgen.)

C. Zwischen dem Bürgen und dem Rückbürgen (oben 1. g. E.): §. 380—384. (Proportion: Gläubiger : Bürgen = Bürge : Rückbürgen.)

7. Ende der Bürgschaft.

A. Durch Aufhören der Hauptverbindlichkeit (ganz oder theilweise): §. 385—388.

B. Durch Entlassung

a) des ersten Bürgen, welche auch dem Afterbürgen (oben 1. g. E.) zu Statten kommt: §. 389. (Afterbürge : Bürgen = Bürge : Schuldner); wogegen

b) die Entlassung Eines von mehreren Mitbürgen (oben 6. A. b.) den übrigen nicht zu Statten kommt: §. 390. (Tit. 5. §. 437.)

C. Durch Verjährung: §. 391—394. (Accessorische Natur der Bürgenverbindlichkeit.)

D. Durch Concurs (?) §. 395—398.

8. Expromission. (Privative Intercession.) Koch §. 544. Puchta §. 291. Note m. §. 403. Note i.

A. Gegensatz zur Bürgschaft und Verwandtschaft mit derselben (dem A. L. R. eigenthümlich): §. 399—406.

Schriftliche Uebernahme einer fremden Schuld anstatt des ursprünglichen Schuldners, welcher dem Expromittenten keinen besonderen Auftrag dazu gegeben zu haben braucht, und welchem der Expromittent seinerseits nicht schon als Schuldner verpflichtet war. (Zum Unterschiede von der Delegation: unten Tit. 16. Abschn. 5. Nro. III. 1. C. b.) Ausdrücklicher Consens des Gläubigers: da zwischen diesem und dem ursprünglichen Schuldner in Folge der Expromission alle Verbindung hinwegfällt. Aus der Natur des Vertrages zwischen dem Gläubiger und dem Expromittenten folgt der Rückgang des Gläubigers auf den ursprünglichen Schuldner, im Falle der Unfähigkeit des Expromittenten.

B. Zwitterstellung der Expromission der Frauen: §. 407 bis 412. Sz. S. 52. (Gerichtliche Form — ohne die Vorschrift einer besonderen Verwarnung — und Widerruf nach Analogie einer übermäßigen Schenkung!)

Vierter Abschnitt. Von Pfändungen. Koch §. 208. Eichhorn §. 121. B. 1. und §. 123.

Die Pfändung ist eine Selbsthülfe Deutschrechtlichen Ursprunges, ein Ausfluß des Grundeigenthums.

Im Entwurfe stand einander gegenüber: a) die Pfändung zur Vertheidigung eines Rechts gegen Eingriffe Dritter, und b) die Pfändung zum Ersatze eines erlittenen Schadens.

Im A. L. R. ist die Pfändung ad a. beschränkt auf die Abwendung **künftiger** Schadenszufügungen oder Beeinträchtigungen des Rechts: §. 413. Doch sind die §§. 451 — 457. noch Ueberbleibsel aus der Auffassung des Entwurfs (§. 297—303.).

Verhältniß dieses Abschnitts zu den Provinzial-Rechten: Präj. 854. 11. April 1840. II. Senat.

Von den Vorschriften dieses Abschnitts sind in Beziehung auf Gegenstände der Feldpolizei-Ordnung vom 1. November 1847 (in Kraft seit Neujahr 1848) nur die §§. 418 bis 424. 426. 427. 430. 437. 458—465. gültig geblieben: Ges.-Samml. 1847. S. 391.

Fünfter Abschnitt. Von Protestationen (und Reservationen). Koch §. 209.

Die §§. 466. 467. dienen eigentlich nur zur Ergänzung des vorigen Abschnitts, und die §§. 468. 469. sind blos remissiv.

A. L. R. Th. I. Tit. 15. Von Verfolgung des Eigenthums.

(Entw. Th. II. Tit. 12.) Sz. S. 84—87. (Neue Mittel-Theorie zwischen der strengen Römischen Vindication und dem Deutschrechtlichen „Hand muß Hand wahren.") Koch §. 239. (240. Nr. III.) §. 253. §. 318. Puchta §. 167—173. Eichhorn §. 170—172. §. 191. Note c. ff. Vgl. oben Tit. 7. Abschn. II. Nr. I.

I. Object der Vindication oder vielmehr des Rückforderungs-Rechtes: körperliche Sachen und Rechte. §. 1—10. (Mit §. 8—10. vgl. oben Tit. 11. Abschn. 1. Nro. II. 3. B. a. A.)

II. Ausübung dieses Rechtes gegen den wirklichen Besitzer oder Inhaber: §. 11., so wie gegen den qui liti se obtulit: §. 12 bis 14. und gegen den qui dolo desiit possidere: §. 15. 16.

III. Der unredliche und der unvorsichtige (Tit. 7. §. 15.) Erwerber unterliegen der strengen (Römischen) Vindication: §. 17 bis 23. Anh. §. 49. (Aus dem Rescr. v. 27. Novbr. 1797; modifizirt durch die Verordnung v. 28. Septbr. 1808, zur Verhütung der Pferdediebstähle, besonders §. 1. und 9.: Ges.-Samml. S. 305. 307 fg. Diese Verordnung ist zwar durch die Cab.-Ordre vom 4. August 1832, Ges.-Samml. S. 202, wieder aufgehoben; doch sind die Legitimationsatteste durch die Verordnung v. 13. Februar 1843, Ges.-Samml. S. 75 fg., für die sechs östlichen Provinzen wieder eingeführt.) Anh. 50. (Aus dem Publicandum v. 4. Januar

1801; durch §. 6. der Verordnung v. 18. März 1811, betr. die Freiheit der Unteroffiziere und gemeinen Soldaten, über ihr Vermögen zu verfügen, — auf Armatur- und Montirungs-Stücke beschränkt: Ges.-Samml. 1812. S. 6.)

IV. Der redliche Erwerber unterliegt zwar gleichfalls der Vindication, erhält aber (nach der neuen Theorie des A. L. R.) Erstattung des für die Sache Gegebenen oder Geleisteten: §. 24 bis 26. Die subsidiarische Klage gegen den redlichen Erwerber, der die Sache schon weiter veräußert hatte, nach §. 28—32., ist eine condictio sine causa. (Die Jahresfrist dabei führt nicht sowohl eine Verjährung mit sich, als vielmehr lediglich eine Veränderung in der Beweislast.)

V. Angabe oder Nachweis des Besitztitels: §. 33—41. (Oben Tit. 7. a. a. O.)

VI. Das Rückforderungsrecht ist ausgeschlossen:

1. In Ansehung der dem Fiscus abgekauften, so wie der bei öffentlichen Versteigerungen erkauften beweglichen Sachen: §. 42. (§. 54. h. t. und Tit. 2. §. 138.)

2. In Ansehung der in den Läden solcher Kaufleute, welche die Gilde gewonnen haben, erkauften Sachen: §. 43. (Bedeutungslos geworden durch den Wegfall der Gilden und Zünfte.) Der §. 44. versteht sich von selbst (so weit nicht etwa dennoch aus den Umständen malae fidei possessio folgt).

3. In Ansehung des baaren Geldes und der ihm gleichen Papiere.

A. Baares Geld (dem das — nicht außer Cours setzbare — Papiergeld ganz gleich steht):

a) unvermischt und erkennbar, ist zwar ein Gegenstand der Vindication gegen den unredlichen Besitzer, aber selbst in diesem Zustande nicht gegen den redlichen Besitzer: §. 45. (26.), derselbe habe es denn unentgeltlich überkommen: §. 46. (24.);

(b) vermischt und unerkennbar: Tit. 16. §. 72. fg.).

B. Die auf jeden Inhaber lautenden Papiere und Urkunden

a) stehen dem baaren Gelde gleich (A.), so lange sie nicht außer Cours gesetzt sind: §. 47.;

b) verlieren den fungiblen Character des Geldes und werden vindizirbare spezifische Sachen, so wie sie außer Cours gesetzt sind. Formell ist zu unterscheiden: durch Privatpersonen: §. 48. 50.; durch Behörden: §. 49. 51. Der § 52. gilt auch zu Gunsten derjenigen, welche aus dem Handel mit Geldpapieren ein Gewerbe machen. Der §. 53. versteht sich von selbst.

Die §§. 47—53. (im Wesentlichen aus der Declaration v. 23. Mai 1785 entnommen) gelten nach der Verordnung v. 16. Juni 1819. §. 23. (Ges.-Samml. S. 160 fg.) in der ganzen Monarchie. Das Gesetz vom 16. Juni 1835 aber, „wegen Außer- und Wiederin-Kurssetzens der auf jeden Inhaber lautenden Papiere" (Ges.-Samml. S. 133 fg.), hat die Wirksamkeit der Privatvermerke, den betr. Geld-Instituten gegenüber, wesentlich herabgesetzt. (Mehr formeller Natur sind die beiden Gesetze vom 4. Mai 1843: „über die Umschreibung außer Kurs gesetzter oder zum Umlauf unbrauchbar gewordener, unter öffentlicher Autorität auf jeden Inhaber ausgefertigter Papiere" [Ges.-Samml. S. 177—179.] und „über das Wiederinkurssetzen der unter öffentlicher Autorität auf jeden Inhaber ausgefertigten Papiere" [Ges.-Samml. S. 179. 180.]. Vgl. J.-M.-Bl. 1843. S. 170 fg.)

4. In Ansehung der Immobilien, wenn der Eigenthümer die Anmeldung und Nachweisung seines Rechts nach §. 54. h. t. verabsäumt. (Der Verlust des Eigenthums tritt jedoch erst ein mit der Rechtskraft des Präclusions-Urtheils: Präj. 852. c. 3. April 1840. II. Senat.)

A. L. R. Th. I. Tit. 16. Von den Arten, wie Rechte und Verbindlichkeiten aufhören. (Entw. Th. II. Tit. 13: Von dem Verlust und der Aufhebung des Eigenthums der Sachen und Rechte.)

Die einleitenden Paragraphen 1—10. bezeichnen den systematischen Standpunkt im Allgemeinen und behandeln die Wirkungen des s. g. interitus rei insbesondere. Koch §. 231. Nro. III. §. 258.

Zu §. 2. 3.: Präj. 305. 29. Juli 1837. III. Senat, wegen der Feuerversicherungsgelder eines abgebrannten Gebäudes. Vgl. unten Tit. 20. Abschn. 1. Nro. II. 4. D.

Zu §. 5.: Tit. 22. §. 42.

Die einzelnen Abschnitte dieses Titels beschäftigen sich aber lediglich mit den modi tollendarum obligationum. Besonders verwandt unter einander sind die Abschnitte 1. 2. 3. 4., Abschn.

5. 6., Abschn. 7. 8., Abschn. 9. 10. Vergl. **Koch** §. 575. Puchta §. 286.

Erster Abschnitt. Von Erfüllung der Verbindlichkeiten überhaupt. Koch §. 474—477. (479. 480.) Puchta §. 239. 268—270.

I. Allgemeiner Begriff der Erfüllung, welche der Verpflichtung genau entsprechen muß: §. 11—15. (Im §. 13. liegt eine unpractische Abstraction aus der s. g. obligatio ex lege.)

II. Mora: Nicht-Erfüllung zur gehörigen Zeit.

1. Folgen: §. 16—19. 26. (Von Graden, nach Art der culpa, kann dabei eigentlich keine Rede sein.)

2. Beginn.

A. Im Allgemeinen durch Interpellation; doch gilt dies interpellat pro homine: §. 20. 21.

B. Die §§. 22. 23. gehen auf gegenseitige, einander bedingende Verpflichtungen. (Tit. 5. §. 232. 271.)

C. Die §§. 24. 25. dagegen gehen nur auf die von der einen oder anderen Seite erforderliche Annahme der gegentheiligen Leistung. (Mora accipiendi purgat moram solvendi.) Vgl. unten Abschn. 3. Nro. V.

III. Ort der Erfüllung: §. 27. (Oben Tit. 5. Abschn. I. Nro. VI. 3.)

Zweiter Abschnitt. Von der Zahlung. Koch §. 456. 457. 576—578. 636—642. Puchta §. 287. 288. 307—312.

I. Begriff: diejenige Art der Erfüllung, welche durch Geld oder geldgleiche Papiere geschieht: §. 28. (Numeratio als Species der solutio.) „Gläubiger" in technischer Bedeutung: §. 29.

II. Person desjenigen, welchem gezahlt wird.

1. Gültig gezahlt wird dem Gläubiger oder dessen Vertreter: §. 30. 34. 35., oder dem (zur Bequemlichkeit des Schuldners) adiectus solutionis causa: §. 31—33.

2. Dem Handlungs-Unfähigen wird nicht gültig gezahlt: §. 36—39.

III. Person des Zahlenden.

1. Der Unfähige kann zahlen, so weit es ihm vortheilhaft ist: §. 40—42.

2. Jeder Dritte kann, wenn nicht Gläubiger und Schuldner widersprechen, anstatt des Schuldners zahlen, und tritt dann

ipso iure in das Hauptrecht des Gläubigers ein: §. 43—51. (Oben Tit. 11. Abschn. 3. Nro. VII. Tit. 14. Abschn. 3. Nro. II. 6. B. a.)

IV. Ort der Zahlung: §. 52., Sz. S. 52. (oben Tit. 5. Abschn. I. Nro. VI. 3.) und §. 53. (Tit. 11. §. 776. 777.).

V. Zeit der Zahlung.

1. Die Zahlung ist zur bestimmten Zeit, nicht früher und nicht später, zu leisten: §. 54—60. (Tit. 3. §. 47.; II. 8. §. 869.; Tit. 5. §. 241. ff.; Tit. 20. §. 174.; Pr.-O. Tit. 47.; Koch §. 483. fg. Puchta §. 242.); Alimente aber werden immer vorausbezahlt (Koch §. 594. Note 12.): §. 61—63. (Vergl. Tit. 11. §. 649.)

2. Folgen der mora.

A. Für fest bestimmte Summen Verzugszinsen, §. 64.: vom eingetretenen dies an, §. 67. 68. — es habe denn der Gläubiger ausdrücklich Nachsicht gewährt: §. 69. 70. —, eventuell von der Interpellation oder von der Klagebehändigung an: §. 71. (Oben Tit. 11. Abschn. 7. Nro. VI. 5.)

B. Für den erst zu ermittelnden Geldbetrag der Entschädigungs-Pflicht aus einer unerlaubten Handlung: Judicatszinsen nach §. 66. (Koch §. 460. Note 6.)

VI. Object der Zahlung: eigenes Geld, §. 72. 73. (vgl. oben Tit. 15. Nro. VI. 3. A. b.), und gehörige Münzsorte: §. 74—85. (Oben Tit. 11. Abschn. 7. Nro. V. 3.)

VII. Quittung, als das dem Schuldner zu gewährende Mittel zum Nachweise der (durch die Zahlung ipso iure erfolgten) Befreiung (unten VIII.): §. 86.

1. Form und Inhalt der Quittung: §. 87—96. (Incongruenz der summa maior in §. 94. und §. 96. — Wer trägt die Quittungskosten in anderen Fällen als Anh. §. 54.?)

2. Stelle der Quittung vertritt weder der beim Schuldner befindliche Besitz des Schuldinstruments, noch die Cassation desselben; doch folgt aus der vom Gläubiger selbst ausgegangenen Rückgabe oder Cassation die Vermuthung der Tilgung: §. 97—101. (Controverse in Sim. Zeitschrift, Bd. I. S. 46. ff. und 422. ff. Präj. 1005. 17. April 1841. III. Senat.) und §. 102. 103.

3. Beweiskraft der Quittung.

A. Die Quittung ist (abweichend vom Röm. Rechte: Sz. S. 52 fg.) sofort beweiskräftig, aber auch jederzeit dem Ge-

genbeweise ausgesetzt, nur daß dieser dem Aussteller der Quittung nach Ablauf von drei Monaten erschwert wird: §. 104—109.

B. Der Quittung gleich wirkt ein Vermerk der Zahlung auf dem Schuldscheine selbst: §. 110 — 112., aber nicht eine Bescheinigung der auf andere Weise erfolgten Aufhebung der Verbindlichkeit: §. 113. 114.

C. Beweiskraft von Quittungen über den Umfang der darin ausdrücklich benannten Schuldposten hinaus: §. 115—123.

D. Kerbhölzer: §. 124. und Pr.-O. Tit. 10. §. 164. (Code Napoléon Art. 1333.)

4. Neben und außer der Quittung: Rückgabe oder Mortifizirung des Schuldinstruments, §. 125 — 132. (Amortisation: Pr.-O. Tit. 51. §. 115. ff.)

5. Rechtliche Präsumtionen:

A. Aus dem Nachweise der Berichtigung zweier auf einander folgender Termine bei terminlichen Zahlungen oder Leistungen überhaupt: §. 133—138. Sz. S. 53. (3. C. de apochis publicis. X. 22.: „trium cohaerentium sibi annorum.") Vgl. §. 140. h. t. und oben Tit. 11. Abschn. 7. Nro. VI. 6. C.

B. Aus einer in allgemeinen Ausdrücken gefaßten Quittung über die bis zu einem gewissen Termine berichtigten Prästationen: §. 139.

C. Aus verschiedenen von einander abweichenden Quittungen über fortwährende Prästationen: §. 141—145.

Die Präsumtionen für den Inhalt der älteren Quittungen in Betreff der Qualität, der neueren in Betreff der Quantität, greifen hier in die Substanz der Verbindlichkeiten selbst ein; aber nicht ohne Verwirrung der Begriffe von Verjährung und präsumirtem Vergleich.

D. Aus gewissen Quittungen über nicht-terminliche Leistungen: §. 146—148. (In §. 147. fg. ist Gegenbeweis zulässig.)

VIII. Wirkung der Zahlung: ipso iure Befreiung des Schuldners, §. 149. (Pr.-O. Tit. 24. §. 36. nebst dem Anh. §. 152. und Exec.-Ordnung vom 4. März 1834. §. 6. [Ges.-Samml. S. 32.], mit dem Pl.-Beschl. v. 19. October 1840. zu diesem §. 6.)

1. Beim Vorhandensein mehrerer Forderungen des Gläubigers an denselben Schuldner greift zunächst durch

A. die ausdrückliche oder stillschweigende Einigung der Parteien: §. 150—152.

B. In Ermangelung eines solchen Uebereinkommens gilt folgende Stufenleiter in der Anrechnung der geleisteten Zahlung.

a) Auf die Kosten: §. 154.

b) Auf die bereits verfallenen — d. i. nach Pl.-Beschl. v. 19. Septbr. 1842. nicht blos auf die vertragsmäßigen, sondern auch auf die Verzugs- — Zinsen: §. 153. (Ausnahmen: Pr.-O. Tit. 48. §. 39. Tit. 50. §. 499. 576.)

c) Auf das Capital, und zwar unter mehreren Capitalsposten

α) auf die vom Gläubiger zuerst eingeforderte Post: §. 155.;

β) auf die unsicherste: §. 156.;

γ) auf die in Ansehung des Zinssatzes dem Schuldner lästigste: §. 157.;

δ) auf die am längsten verfallene Post: §. 158.;

ε) auf alle Posten pro rata: §. 159.

(Das Römische Recht zwingt den Gläubiger zu einer dem Schuldner günstigeren Anrechnung.)

2. Untergang der Einwendungen mit der Zahlung.

A. Dieser Untergang gilt als Regel, sofern nicht der Zahlende einen ausdrücklichen, schriftlichen oder in der Quittung anerkannten Vorbehalt macht, wogegen freilich dem Gläubiger das Diffamations-Verfahren (Pr.-O. Tit. 32. Abschn. 1.) offen steht: §. 160—165.

B. Als Ausnahme gilt die im weiteren Sinne auf Geld, Sachen und Handlungen angewendete condictio indebiti. Sz. S. 53. 54.

a) Der §. 166. verwickelt schon in der Fassung das objective Moment des indebitum mit dem subjectiven Momente des error. Der §. 167. gehört in die Lehre vom Betrug.

b) Der Irrthum selbst kann betreffen

α) die bloße Zeit. Hier geht der §. 168. auf eine bestimmte Zeit und bildet eine Ausnahme von dem Schutze des error facti; der §. 169. aber geht auf eine unbestimmte Zeit und gewährt (abweichend vom Römischen Rechte) einen nur beschränkten Schutz; beide §§. setzen jedoch voraus, daß der Irrthum nicht die Verbindlichkeit, sondern nur den Termin der Zahlung betraf.

β) Der Irrthum kann aber auch die verbindende Kraft der Schuld selbst betreffen. Diese kann unverbindlich sein

a) wegen persönlicher Unfähigkeit. In dieser Beziehung geht der §. 171. (Koch §. 464. Note 12.) gewiß nur auf solche Personen, welche überhaupt vertragsunfähig sind. Streitig aber ist es, ob auch der §. 170. (Sz. S. 54. 55.) blos auf die Zahlungen solcher Personen zu beziehen sei, welche sich durch ihre Willenserklärungen überhaupt nicht verpflichten, das Ihrige nicht einseitig veräußern, also auch den rechtlichen Act des Zahlens nicht mit vollem Effecte vornehmen können (wie Minderjährige u. s. w., vgl. A. L. R. II. 2. §. 138. II. 12. §. 109. und Anh. §. 143.), oder auch auf solche Personen, welche nur ausnahmsweise zu gewissen Geschäften unfähig sind (wie Offiziere zur Aufnahme von Darlehnen u. s. w.). Jedoch sprechen die gewichtigsten Gründe für die Beschränkung des §. 170. auf die absolut Unfähigen, indem solche Personen durch Zahlung nur eine an sich klagbare Verbindlichkeit zu tilgen, aber nicht eine unklagbare anzuerkennen vermögen, so daß sie jede auf eine unklagbare Verbindlichkeit geleistete Zahlung condiziren dürfen, während gegen ein zurückgezahltes Offizierdarlehn oder gegen eine bezahlte Frauenbürgschaft die condictio indebiti nicht statthaft ist.

b) Wegen entgegenstehenden Prohibitiv-Gesetzes: §. 172—175. (Zahlungen aus verbotenen Geschäften; §. 205 ff. aber Zahlungen zu unerlaubten Zwecken.)

c. Requisite der condictio indebiti. (Zerstückelte und schwankende Darstellung des A. L. R.)

α) Mangel einer auch nur moralischen Verbindlichkeit zur Zahlung: §. 178. Nro. 1. §. 179.

β) Vortheil, zu welchem der Empfänger „gar kein Recht" hatte: §. 178. Nro. 2. Der in seiner abstracten Fassung theils entbehrliche, theils unrichtige §. 180. läßt sich durch §. 185. im Sinne des Römischen Rechtes (44. 19. §. 1. 65. §. 9. de condictione indebiti. XII. 6.) dahin ausgleichen: der Zahlende muß an Stelle des Schuldners (quasi ipse debeat) gezahlt haben, und es muß eine Zahlung im technischen Sinne vorliegen (also z. B. nicht eine gerichtliche Distribution aus einer Concurs- oder erbschaftlichen Liquidations-Masse: Pl.-Beschl. 19. October 1840. zu §. 178. h. t.). Von den an §. 185. angeschlossenen Paragraphen aber geht §. 188. nicht auf den (bei der Redaction erst nachträglich eingeschalteten) §. 186., sondern lediglich auf §. 187.

γ) (Wirklicher) Irrthum: §. 178. Nro. 3. mit

der erklärenden Entwickelung im §. 181. Vgl. Präj. 1121. 22. April 1842. II. Senat.

Das A. L. R. schützt grundsätzlich den error iuris wie den error facti (proprii und alieni). Vergl. Präj. 37. v. J. 1833. III. Senat.

Eine Ausnahme von diesem Schutze des error iuris macht §. 176. Modificationen des §. 176. liegen in §. 182—184. (Auch sieht sich in speziellen Verhältnissen die Gesetzgebung genöthigt, eine auf error iuris gegründete condictio indebiti auszuschließen: Declaration vom 19. Februar 1832. §. 4., Gesetz-Sammlung S. 64. Vergl. Cab.-Ordre 14. Febr. 1845, Ges.-Sammlung S. 215.; zwei Verordnungen vom 23. Juli 1845. §. 3., Ges.-Samml. S. 519. 521.)

d) Anwendung der condictio indebiti auf Leistungen, die nicht Zahlung sind. (Präj. 831. a. 29. Februar. 21. März 1840. III. Senat.)

α) Uebergabe einer Sache ohne rechtliche Verbindlichkeit:

a) als Erfüllung überhaupt: §. 189. 190.;

b) als datio in solutum für den ganzen Betrag einer nur zum Theil richtigen Schuld: §. 191.;

c) bei alternativen Verbindlichkeiten: §. 192.;

d) bei fungiblen Gegenständen: §. 193 — 195. (Pl.-Beschl. 24. August 1840 und 20. November 1846.)

β) Leistung einer Handlung ohne rechtliche Verbindlichkeit: §. 196—198. (Tit. 11. §. 873. fg. Tit. 13. §. 74. §. 150. ff.)

C. An die condictio indebiti schließt sich in den §§. (199.) 200—204. ein Anklang an die condictio ob causam datorum (causa data causa non secuta) und in §. 205—212. die condictio ob turpem causam. (In §. 207. ist Tit. 4. §. 45. ff. nicht einzumischen. — Auch nach A L. R. gilt, mit Ausschluß des Fiscus, die reine condictio ob turpem causam, wenn die turpitudo blos auf Seiten des Empfängers stattfindet.)

Materiell finden sich auch im A. L. R. Anwendungen der condictio sine causa (von der die condictio indebiti nur eine Species ist): z. B. oben Tit. 15. Nro. IV.

Dritter Abschnitt. Von der Deposition. Koch §. 579. 580. Puchta §. 287. Note f. g.

I. Begriff: ein bei Gericht nachzusuchender modus tollendae obligationis, §. 213. 214. 233. (Recht zur Deposition, nicht zu verwirren mit dem Rechte aus dem Verwahrungs-Vertrage: Tit. 14. Abschn. 1.)

II. Object: §. 214. (Summe oder Sache) und §. 234. (unbewegliche Sachen).

III. Zulässigkeit der Deposition: begründet

1. durch ein in der Person des Gläubigers sich findendes Hinderniß: §. 215., namentlich Abwesenheit oder Legitimations-Mängel: §. 216., so wie durch ein vom Gläubiger erregtes Hinderniß, d. i. verweigerte Annahme: §. 218. (Beispiele §. 219. 220.);

2. durch Einwendungen des Schuldners (?) §. 226. 227. (360.);

3. durch Ansprüche Dritter (Tit. 11. §. 222. 419.).

IV. Ausführung der Deposition:

1. wegen Abwesenheit des Gläubigers: auf einseitiges Ansuchen des Schuldners, §. 217. 231.;

2. wegen Legitimations-Mängel oder wegen verweigerter Annahme: nach vorgängigem rechtlichen Gehör des Gläubigers, §. 221. 222., doch auch in diesen Fällen eventuell mit Gestattung der Deposition auf Gefahr des unterliegenden Theiles und ohne Separaterkenntniß über die Deposition: §. 223—225.

V. Wirkungen der Deposition: §. 228—232. Erst die wirkliche gerichtliche Niederlegung befreit den Schuldner von der Verbindlichkeit und überträgt das periculum rei depositae auf den Gläubiger. Dagegen genügt das Depositionsgesuch — die Oblation — zur purgatio morae (oben Abschn. 1. Nro. II. 2. C.).

Vierter Abschnitt. Von der Angabe an Zahlungsstatt. Koch §. 581. Puchta §. 240.

I. Begriff: ein modus tollendae obligationis, aber ohne das s. g. beneficium dationis in solutum (nov. IV. c. 3.); also nur eine voluntaria, keine necessaria datio in solutum: §. 235.

II. Vollzogen ist deshalb die Angabe an Zahlungsstatt erst nach vollständiger Einigung der Parteien, so daß selbst die (blos vorläufige) Uebergabe der Sache den Gläubiger nur zum Depositar macht, ohne demselben ein stillschweigendes Pfandrecht (wie noch im Entw. §. 142.) zu gewähren: §. 236—241.

III. Wirkungen.

1. Zwischen Gläubiger und Schuldner: ein Kaufs-Verhältniß, doch binnen Jahresfrist noch mit einer gewissen Suspension zu Gunsten des Gläubigers: §. 242—247. (Der §. 247. giebt ein wahres Pfandrecht, kein bloßes Retentionsrecht.) Singulär ist Pr.-O. Tit. 50. §. 47.

2. Zwischen Gläubiger und Bürgen (nach Analogie mit 1.): §. 248—250.

Fünfter Abschnitt. Von Anweisungen. Koch §. 535 — 539. Puchta §. 326. Nro. 3. Eichhorn §. 146. g. E.

Dieser Abschnitt ist zum Theil dem Handelsrechte, und zwar den durch §. 9. des (die Einführung der Allgemeinen Wechselordnung für Deutschland betreffenden) Gesetzes vom 15. Februar 1850 (Ges.-Samml. S. 55.), sammt dem §. 297. h. t. aufgehobenen §§. 1250—1304. A. L. R. Th. II. Tit. 8. (von Handelsbillets und kaufmännischen Assignationen), nachgebildet.

I. Begriff: Assignation als bloßes Mandat, §. 298. 299. h. t., wohl zu unterscheiden von der Assignation als einem modus tollendae obligationis: §. 251. 252.

Die Assignation enthält die Tilgung einer Verbindlichkeit durch Hingabe eines nomen: Assignant und Assignat werden als Gläubiger und Schuldner wenigstens gedacht, der Assignatar aber (der „Angewiesene") soll für seine eigene Rechnung die Schuldpost vom Assignaten erheben, zur Tilgung der Schuld des Assignanten an den Assignatar.

II. Form: §. 253—255. 293. 294.

III. Rechtsverhältnisse aus der Assignation.

1. Verhältniß des Assignaten zum Assignanten und zum Assignatar.

A. Pflicht des Assignaten zur Annahme: §. 256—258.

B. Wirkungen der erfolgten Annahme.

a) Der Assignat, selbst wenn er dem Assignanten Nichts schuldig ist, wird durch die Annahme (einer an sich gültigen Assignation: Präj. 784. 31. December 1839. III. Senat) dem Assignatar verpflichtet: §. 259. 260.

b) Die Annahme kann ein Anerkenntniß in sich schließen: §. 292.

c) Bei Collisionen mehrerer Anweisungen auf dasselbe Object entscheidet die Priorität der Annahme: §. 295. 296.

C. Der Assignatar ist durch die Anweisung noch nicht für abgefunden zu achten: §. 261., es sei denn eingetreten:

a) eine Angabe an Zahlungsstatt: §. 262. 263. 267. (Cession), oder gar

b) eine Delegation: §. 264 — 266. Koch §. 543. Puchta §. 280. 291. g. E.

D. Die besondere Bekanntmachung der Anweisung von Seiten des Assignanten an den Assignaten ist zwar nicht ein unbedingtes Erforderniß des Geschäfts, aber von wesentlicher Bedeutung: §. 268—273.

E. Widerruf der Anweisung: §. 274—276.

Vor der Annahme kann der Assignat dem Assignanten zahlen: ja er darf, wenn vor der Annahme ein Widerruf stattfindet, dem Assignatar nicht zahlen. Acceptirt er nach Empfang des Widerrufs, so ist er beiden Theilen verantwortlich.

2. Verhältniß zwischen dem Assignanten und Assignatar.

A. Der Assignatar muß binnen kurzer Frist das Seinige thun, um die Post einzuziehen (sonst treffen ihn die Folgen seines Verzuges): §. 277—279.

B. Wenn der Assignat die Annahme oder — nach erfolgter Annahme — die Zahlung verweigert, so hat der Assignatar die Wahl zwischen der Klage gegen den Assignaten und dem Rückgang auf den Assignanten: §. 280—288. (Nach diesem Rückgang auch noch das ius variandi?)

C. Der (nach der Annahme in das volle Recht des Assignanten getretene) Assignatar muß (bei Verlust seines Regresses selbst) große Diligenz gegen den Assignaten beobachten: §. 289—291.

Sechster Abschnitt. Von der Compensation.

Koch §. 582—584. Puchta §. (288.) 289. 290.

I. Begriff: debiti et crediti inter se contributio: §. 300. Gleichsam eine Anweisung (Abschn. 5.) des Gläubigers an sich selbst. (Verwandtschaft mit der Zahlung: §. 375.)

Die Wirkung der Compensation tritt ipso iure ein: §. 301. (361. 377.).

Damit steht nicht im Widerspruch, daß dem „Einwande" der Compensation gültig entsagt werden kann: §. 372—374. (Auch in §. 370 liegt eine solche Entsagung, und zwar eine stillschweigende. Vergl. oben Tit. 5. Abschn. I. Nro. III. 3. C.) Denn es handelt sich um eine Befugniß des Gläubigers, nicht um eine absolute Nothwendigkeit: §. 376.

Zulässigkeit des Einwandes der Compensation noch in zweiter Instanz: Pl.-Beschl. 8. April 1839 und 7. October 1850. (J.-M.-Bl. S. 391. 392.)

II. Erfordernisse der Compensation.

1. Subjectiv: Gegenüberstehen derselben Personen als creditor und debitor. Von diesem Grundsatze, §. 302., finden sich Anwendungen und Ausführungen:

A. Bei Correalverhältnissen: §. (303.) 304—307.

B. Bei Erbschaftsforderungen: §. 308—312.

C. Bei Cessionen und Assignationen: §. 313—316. Vgl. Anh. §. 53.: unten Tit. 20. Abschn. 1. Nro. III. 5. E.

Der §. 316. h. t. ist nicht ganz consequent.

D. Bei Gelegenheit des Concurses (nicht des erbschaftlichen Liquidations-Prozesses: Pl.-Beschl. 23. Januar 1846.):

a) Zulässigkeit der Compensation: §. 317—319.

b) Unzulässigkeit derselben: §. 320—326.

Der §. 327. berührt eigentlich nicht die Compensation, sondern die Distribution.

E. Bei Bürgschaften: §. 328. (gilt auch von dem als Selbstschuldner haftenden Bürgen) und §. 329.

F. Bei Mandats-, Vormundschafts-, Verwaltungs- und maritalischen Verhältnissen: §. 330—341. (Die Forderungen des Vertreters und die des Vertretenen sollen nicht mit einander confundirt werden.)

2. Objectiv: Klagbare Forderungen (§. 377. spricht nicht für die Tauglichkeit einer obligatio naturalis zur Compensation), ohne Beeinträchtigung desjenigen, dem die Compensation entgegen gesetzt wird: §. 342. Daher taugen zur Compensation nur solche Forderungen, welche

A. liquid: §. 359—362. und zugleich

B. fällig und gleichartig sind: §. 343.; also weder

a) aliud re: §. 344. 345., modif. §. 371., noch

b) aliud tempore: §. 352. 346—349.; mit gewissen

Ausnahmen im Concurse: §. 353—355. und bei Stundungen: §. 356—358.

c) Aliud loco läßt sich ausgleichen: §. 350. 351. (15. de compens. XVI. 2.)

III. Ausnahme-Verhältnisse bei Depositum und Commodat, bei Alimentgeldern und bei Forderungen an den Fiscus: §. 363 bis 369. (Wegen §. 370: oben I.)

Siebenter Abschnitt. Von Entsagung der Rechte. Koch §. 585. (212. 213.) Puchta §. 297. (Pactum de non petendo.)

I. Begriff: modus tollendae obligationis durch einseitiges Aufgeben: §. 378. (Aufhebung einer einseitigen Obligation.) Der Unterschied zwischen Erlaß und Verzichtleistung im §. 379. ist unpractisch.

II. Trotz der Einseitigkeit (I.) ist Acceptation erforderlich: §. 380. 388. 389. Die Ausnahme im §. 392. (vergl. Pr.-O. Tit. 10. §. 88. a.) geht nicht auf Remissionen. (Koch §. 585. Note 2.)

III. Die Entsagung selbst muß ausdrücklich geschehen: §. 381.; mit Ausnahme der Entsagung von Einwendungen: §. 382—386. (Andere Ausnahmen: oben Abschn. 6. Nro. I. [§. 370. h. t.] und Koch a. a. O. Note 4.)

Rückgabe des Instruments als unterstützendes Beweismittel für behaupteten Erlaß: §. 390. 391. (Oben Abschn. 2. Nro. VII. 2.)

IV. Form der Entsagung, den allgemeinen Regeln entsprechend: §. 380. 387. (Tit. 5. §. 134.)

V. Entsagung gegen Entgelt: §. 394., oder unentgeltlich: §. 393. (Pl.-Beschl. 24. Februar 1840. — Oben Tit. 11. Abschn. 9. Nro. I. 1. Koch §. 526. Note 12. 14.)

VI. Einschränkung der Entsagungen:

1. Aus subjectiven Gründen: §. 396—398. 402.
2. Aus objectiven Gründen: §. 399—401. (Zweifelhafte Auslegung der Worte „an sich" im §. 401.)

VII. Auslegungsregeln: §. 403. 404.

Achter Abschnitt. Von Vergleichen. Koch §. 727. (728.) Puchta §. 294 fg. (296.)

I. Der allgemeine Charakter des Vergleichs beruhet in dem wechselseitigen Aufgeben, zur Ausgleichung streitiger oder zweifelhafter Rechte: §. 395. 405. 406. 408—411.

II. **Form**: den allgemeinen Vorschriften über die Form der Verträge entsprechend. §. 407. giebt nur ein Beispiel. §. 444. ist blos remissiv. In §. 412—414. (Anh. §. 51. aus Rescr. 6. December 1796.) und A. G. O. II. 1. §. 6. Nro. 6. ist die gerichtliche Form durch das Gesetz vom 11. Juli 1845. §. 1. litt. b. (Ges.-Samml. S. 495.) wieder erlassen worden. (Koch §. 596. Note 9.)

III. Gegenstände des Vergleichs.

1. Im Allgemeinen: §. 426—428.

2. Besondere Arten von Gegenständen.

A. Rechnungen: §. 429—435. (Oben Tit. 14. Abschn. 2. Nro. II.)

B. Inbegriffe von Sachen: §. 436—438. (Tit. 17. §. 114.)

C. Erbschaften.

a) Vergleiche zwischen Intestaterben und anderen Erben in ihrer Wirkung auf Legatarien: §. 440. 441. (Tit. 11. §. 462 ff.)

b) Vergleiche über Erbschaften aus letztwilligen Verordnungen: §. 442. 443. (Tit. 11. §. 446. Tit. 12. §. 650.) Nach der falschen Auslegung von 6. de transact. II. 15. und 1. §. 1. testamenta quemadmodum aperiantur. XXIX. 3.

D. Privatinteresse aus unerlaubten, Handlungen und Verheimlichung eines nicht von Amtswegen zu rügenden Verbrechens: §. 415. 416.

IV. Der Einwand der laesio enormis ist gegen Vergleiche nicht statthaft: §. 439.

V. Entkräftende Momente.

1. Irrthum (?) §. 417. 418.

2. Betrug: §. 419.

3. Instrumenta noviter reperta: §. 420. 421. (Pr.-O. Tit. 16. §. 17. ff.)

4. Später kund gewordene Nichtexistenz des verglichenen Rechts: §. 422—425. (Abstractionen aus dem mit einem vermeintlichen Erben oder Grundbesitzer geschlossenen Vergleiche. Vergl. Tit. 9. §. 494. fg. Tit. 12. §. 300. Th. II. Tit. 18. §. 849.)

VI. Wirkungen in Betreff der Bürgen und Pfänder: §. 445. bis 448. (Tit. 14. §. 386. 387.), und §. 449. (nicht ungefährlich für Rechte Dritter).

Neunter Abschnitt. Von Aufhebung der Rechte und Verbindlichkeiten durch deren Umschaffung. Koch §. 540—542. Puchta §. 291. 292.

I. Begriff: ein modus tollendae obligationis, indem eine neue Verbindlichkeit, ohne Veränderung in den Personen (§. 461.), an die Stelle der vorigen tritt, d. i. s. g. privative Novation: §. 454.; welche (abweichend vom Justinianeischen Rechte) auch aus concludenten Thatsachen zu folgern ist: §. 455. (Conclusum der Gesetz-Commission vom 12. Juli 1782.)

II. Wohl zu unterscheiden sind davon bloße Veränderungen im obligatorischen Verhältnisse: §. 450—453.

III. Subjective Momente (wie bei einer Zahlung): §. 456. 457. (Unfähigkeit) und §. 458—460. (Correalität).

IV. Erfordernisse und Wirkungen.

1. Gläubiger und Schuldner müssen relativ dispositionsfähig, und die neu zu übernehmende Verbindlichkeit muß an sich zulässig sein: §. 462—464.

2. Ist die Novation gültig, so kann

A. die neue Verbindlichkeit nicht angefochten werden, wenn die ältere Verbindlichkeit auch nur eine moralische (§. 178. Nro. 1. §. 179. h. t.) war: §. 467. 468.

B. Es erlöschen alle Nebenverbindlichkeiten, und zwar:

a) die besonderen gesetzlichen Vorrechte der aufgehobenen Verbindlichkeit (ohne auf die anders geartete neue Verbindlichkeit übertragen werden zu können): §. 469.;

b) die Nebenabreden (die jedoch vorbehalten werden können): §. 470.;

c) die (nicht mit übernommenen) Pfandrechte und die Haftung des (nicht mit zugezogenen) Bürgen: §. 471 bis 473. (Cf. 15. 18. de nov. XLVI. 2.)

3. Ist die Novation ungültig oder nur unter einer demnächst nicht eintreffenden Bedingung vollzogen: so bleibt die vorige Verbindlichkeit bei Kräften: §. 465. 466., ohne Aenderung der Nebenverbindlichkeiten: §. 474., mit der Modification §. 475.

Zehnter Abschnitt. Von Aufhebung der Rechte und Verbindlichkeiten durch deren Vereinigung. Koch §. 586. §. 493. A. I. §. 529. Nro. II. §. 370. Nro. 1. (§. 380. Note 31.) Puchta §. 300. §. 509. §. 202. Note k. l. §. 190. Note e.

I. Begriff der Confusion: ein modus tollendae obligationis, durch Zusammentreffen des Rechts und der Verbindlichkeit in Einer Person, aus einem unwiderruflichen Rechtsgrunde: §. 476 bis 481.

II. Anwendungen auf besondere Verhältnisse.

1. Auf Correalverhältnisse: §. 492—494.

2. Auf das Verhältniß zwischen Bürgen, Hauptschuldnern und Gläubigern: §. 495—499.

3. Confusion durch Erbgang (resp. Hemmung derselben durch die Rechte des Beneficialerben): §. 486 – 491. (Tit. 9. §. 444 — 451., von denen aber die §§. 447. ff., sammt dem §. 280. Pr.-O. Tit. 50., durch die Verordnung vom 28. März 1840 „betr. die Befugniß des Beneficialerben," Ges.-Samml. S. 103 fg., aufgehoben sind.)

Im Zusammenhange hiermit, aber unabhängig vom beneficium inventarii, befindet sich das s. g. Separationsrecht, welches nicht nur den Gläubigern des Erblassers, sondern, unter gleichen Bedingungen (Anstellung der Klage binnen Jahresfrist und Fortsetzung der Execution bis zum eröffneten Concurse), auch (abweichend vom Röm. R.) den Gläubigern des Erben zusteht: §. 500—512. (Pr.-O. Tit. 50. §. 272. ff.)

4. Anomalien bei dinglichen Rechten.

A. Bei Servituten: §. 485. h. t. und Tit. 22. §. 52—54.

B. Bei subjectiv-dinglichen Rechten gegen persönlich Verpflichtete: §. 483. 484. h. t. (Protestation?) Vgl. Tit. 20. §. 454 bis 462.

C. Bei objectiv-dinglichen Rechten: §. 482. h. t. (allgemeine Regel) und Anh. §. 52. (Ausnahme bei Hypothekenrechten.)

Zum Anh. §. 52. (Conclusum der Gesetz-Commission vom 10. Juli [Rescr. 11. August] 1802) hat die Declaration vom 3. April 1824 (Ges.-Samml. S. 77) dem Eigenthümer, auch auf bloße Quittung des Gläubigers, die Rechte eines Cessionarii gelassen. Das Wesen dieser s. g. Hypothek des Eigenthümers ist aber höchst controvers. (Gehaltreiche Literatur über diese Controverse. — Hier einschlagende Plenar-Beschlüsse: 27. Mai 1839 [Präj. 664.]; 9. Januar 1846 [Präj. 1665]; auch 12. November 1838 [Präj. 569.] und 19. Septbr. 1845 [Präj. 1606.]. Senats-Präjudizien: 520. 838. 1385. 1804. 1436.)

A. L. R. Th. I. Tit. 17. Vom gemeinschaftlichen Eigenthume. (Entw. Th. II. Tit. 14.) Vgl. oben Tit. 8. Abschn. I. Nro. V. 1.

Erster Abschnitt. Vom gemeinschaftlichen Eigenthum überhaupt. (Actio communi dividundo.) Koch §. (257. Nro. 1.) 259—261. (664.) 669. 670. Puchta §. 373. 151. Eichhorn §. 168. 169.

I. Dieser Abschnitt bezieht sich zwar vorzüglich auf die s. g. communio incidens (§. 8.), hat aber noch eine allgemeine (§. 1—5.) und subsidiarische Bedeutung: §. 6—9. Vgl. §. 171. 173. 182. 306. (361.)

II. Die einzelnen Bestimmungen sind zum großen Theile abweichend vom Römischen Rechte.

1. Gerade in den wichtigsten Beziehungen (welche die Verfügung über die Substanz der Sache, die Art ihrer Verwaltung oder Benutzung, die Mittel zur Erhaltung, die Art einer vorzunehmenden Veränderung und dergl. betreffen) gilt nicht mehr das Vorherrschen des Veto, sondern ein collegialisches Verhältniß unter den Theilnehmern, nach Stimmenmehrheit; wogegen nur die Befugniß zur Aufhebung der Gemeinschaft oder auch nach Umständen der Ausspruch des Richters durchgreift: §. 10—24. (im §. 23. lies: Stimmengleichheit), §. 37. 38. 40—42. 43. 91.

2. Diese positive Gemeinschaftlichkeit wird durch materielle Vorschriften regulirt, nicht nur in Betreff der Verwaltung: §. 36 bis 43. und der Theilung der (theilbaren) Nutzungen, so wie des Beitrages zu den Lasten und Kosten: §. 44—52., sondern sogar in Betreff der Gewahrsam und des Besitzes (und der damit verbundenen untheilbaren oder unschätzbaren Nutzungen): §. 25—35.

3. Bei den Handlungen der einzelnen Theilnehmer gilt das Interesse der Gemeinschaft als überwiegend; vertreten wird levis culpa (ohne Schonung der diligentia quam suis): §. 53 bis 59. (Vgl. oben Tit. 3. Nro. II. g. E.)

4. Der Befugniß jedes Theilnehmers zur Alienation (Verkauf oder Verpfändung) seines Antheils sind gewisse Schranken gesetzt: §. 60—74.

Beim Verkauf gilt für die übrigen Theilnehmer das Vorkaufsrecht — vgl. unten Tit. 20. Abschn. 3. — und nach Umständen ein gewisses Widerspruchsrecht. Bei Verpfändungen aber gelangen die Gläubiger eines Theilnehmers in keinem Falle zum „wirklichen Mitbesitz" oder zur „Mitverwaltung" der gemeinschaftlichen Sache (auch nicht zur gerichtlichen Sequestration); auch nicht in allen Fällen zur „nothwendigen Veräußerung" des Antheils.

5. Aufhebung der Gemeinschaft.

A. Die Befugniß zur Aufhebung ist ein begünstigtes und unverjährbares Recht jedes Theilnehmers geblieben: §. 75—86.

B. Die Ausführung soll zwar immer noch wo möglich durch Naturaltheilung geschehen, jeder Theilnehmer aber der Regel nach den Antrag auf öffentlichen Verkauf der Sache — mithin an extranei — frei haben: §. 87—104. (Wegen der Subhastation zum Zweck der Auseinandersetzung vgl. die Verordnung v. 11. August 1843, Ges.-Samml. S. 323.)

C. Wirkungen der Theilung.

a) In Beziehung auf Dritte: §. 105—110.

Der bei Erbschafts- und Vertrags-Gemeinschaften (unten Abschn. 2. 3.) gegebene Ausweg gegen die Gläubiger, durch vorgängige Bekanntmachung der bevorstehenden Theilung, §. 137. ff., 304. ff., findet hier keine Anwendung.

b) Unter den Parteien selbst, nach Analogie des Vergleiches oder des rechtskräftigen Erkenntnisses: §. 111—114.

Die Adjudication (oben Tit. 11. Abschn. 1. Nro. V.) überträgt auch nach A. L. R. das Eigenthum ipso iure. Bei freiwilligen Subhastationen wird aber jetzt ein Adjudicationsbescheid nicht mehr abgefaßt, sondern die Ausfertigung des Licitations-Protocolls vertritt die Stelle des Kaufcontracts: Verordnung v. 6. April 1839, Ges.-Samml. S. 125 fg.

(**Zweiter Abschnitt.** Vom gemeinschaftlichen Eigenthume der Miterben. [Actio familiae erciscundae.] Unten im Erbrecht.)

Dritter Abschnitt. Von Gemeinschaften, welche durch Vertrag entstehen. (Actio pro socio.) Koch §. (664.) 665—668. Puchta §. 370—372.

I. Begriff: §. 169. (Zu ergänzen: der „gemeinschaftliche Endzweck" muß auf Erwerb gerichtet sein.) Im Zusammenhang damit §. 174. 175.

II. Form.

1. Erforderniß der schriftlichen Form, ohne Unterschied des

Gegenstandes; in deren Ermangelung (so wie in Ansehung des nicht deutlich bestimmten Verhältnisses mehrerer Personen unter einander, die mit einem Dritten contrahirt haben) die Folgen einer bloßen communio incidens (oben Abschn. 1.) eintreten: §. 170—173. 183. 184.

2. Erforderniß der gerichtlichen Form resp. der öffentlichen Bekanntmachung für allgemeine Erwerbs-Gemeinschaften unter Nicht-Ehegatten: §. 178—182. (Allgemeine Güter-Gemeinschaft nur unter Ehegatten zulässig: §. 176. 177.) Sz. S. 57.

3. Bekanntmachung kaufmännischer Gesellschaftsverträge unter gemeinschaftlicher Firma: §. 185. (II. 8. §. 617. ff.)

III. Besondere Gesellschaften (bei denen der Vertrag nur auf einen bestimmten Gegenstand oder auf ein besonderes Geschäft oder Gewerbe gerichtet ist: §. 183. 186.).

1. Umfang der Rechtsverhältnisse, in Gemäßheit des Gesellschaftsvertrages: §. 186—188.

2. Beiträge zum gemeinschaftlichen Fonds: §. 189—204. (im §. 199. muß es statt „an die Gesellschaft" heißen: „an die Gesellschafter"), im Verhältniß zum Gewinn und Verlust: §. 205. 241—268. (S. g. societas leonina: §. 245. 246. Gläubigerschaft eines Gesellschafters: §. 247. 248. [Im §. 248. liegt ein gewagtes Geschäft.] Verhältniß nach Analogie des [kaufmännischen] stillen Gesellschafters: §. 250. Schätzung der Arbeit: §. 252 bis 254.)

3. Betrieb der Geschäfte und Schonung der (von Seiten eines nicht noch besonders besoldeten oder belohnten Gesellschafters) beobachteten diligentia quam suis: §. 206—215. (Tit. 13. §. 56. fg. Tit. 14. §. 12.)

4. Verfügung des einzelnen Gesellschafters über seinen Antheil: §. 216—218. (Zu §. 218. ist dennoch den im Wege der Execution andringenden Gläubigern, so wie der Concursmasse eines Gesellschafters, das Recht zuzugestehen, von den übrigen Gesellschaftern Rechnungslegung zu fordern.)

5. Rechnungslegung von Seiten der einzelnen Gesellschafter: §. 219—229. (§. 220. eine Folge des eigenthümlichen Vertrauens innerhalb der Gesellschaft.)

6. Verhältniß der Gesellschaft zu Dritten, namentlich in Beziehung auf die Handlungen einzelner Gesellschafter: §. 230 bis 240. (Der Entwurf beruhete noch auf einer strengeren

Sonderung zwischen dem Privatvermögen der einzelnen socii und dem Societätsvermögen selbst.)

7. Austritt einzelner Gesellschafter.

A. Durch den Tod eines Gesellschafters wird die Gesellschaft nicht (wie nach Römischem Rechte) aufgelöst, sondern der Regel nach gehen die Verhältnisse auf die Erben über: §. 278 bis 288.

B. Austritt nach freiem Belieben oder aus besonderen Gründen: §. 269—272. 289. 290.; doch tempestive und nach gehöriger Aufkündigung: §. 291—299.

C. Ausschließung oder Ausstoßung: §. 273—276.

D. Verhältniß des Austretenden zu den Gesellschafts-Gläubigern: §. 300—303.

8. Bei gänzlicher Aufhebung der Gesellschaft gilt zur Förderung der Auseinandersetzung die vorgängige ausdrückliche (nicht aber, wie bei Miterben §. 137. ff., die öffentliche) Bekanntmachung an die Gläubiger: §. 277. §. 304—310. Sz. S. 57.

Vierter Abschnitt. Von Gemeinheitstheilungen: §. 311—361. (Pr.-O. Tit. 43. Von dem Verfahren bei Auseinandersetzung der Gemeinheiten.) Aufgehoben durch die neuere Gesetzgebung aus den Jahren 1817, 1821 ff. (Koch §. 670. Note 16.)

Fünfter Abschnitt. Von Gränzscheidungen. (Actio finium regundorum.) Koch §. 257. Nro 1. §. 671. Puchta §. 374.

I. Bloße Erneuerung unstreitiger Gränzen als Act der freiwilligen Gerichtsbarkeit: §. 383—388. (Vgl. aber Präj. 1033. 7. August 1841. II. Senat.)

II. Ausmittelung zweifelhafter oder streitiger Gränzen.

1. Blos verdunkelte oder ungewiß gewordene Gränzen sind durch ein gewöhnliches Urtheil wiederherzustellen: §. 372—378.

2. Bei Unmöglichkeit der Ausmittelung der vormaligen richtigen Gränzen erfolgt eine wirkliche Theilung des streitigen Bodens durch förmliche Adjudication: §. 379—382. (Im Römischen Rechte auch ad 1.) Vgl. Pr.-O. Tit. 13. §. 29.

III. Begriff und Beschaffenheit der Gränzscheidungen: §. 362 bis 370., nach §. 371. auf I. und II. anzuwenden.

A. L. R. Th. I. Tit. 18. Vom getheilten Eigenthume. (Entw. Th. II. Tit. 15. Vom getheilten Eigenthum überhaupt. Tit. 16. Vom Lehn. Tit. 17. Von Erbzins-Gütern.)

Grundregeln: §. 1—12. (Oben Tit. 8. Abschn. I. Nro. V. 2.) Koch §. 262.

Erster Abschnitt. Vom Lehne. §. 13—679. Sz. S. 87—97. (Ein abstractes „ius feudale universale im philosophischen Sinne.") Koch §. 263—299. Eichhorn §. 192 bis 244. 351—363.

Verfassungs-Urkunde vom 31. Januar 1850. Art. 40. 41. (Lehen [und Familien-Fideicommisse] im Wesentlichen aufgehoben. Vgl. Gesetz 2. März 1850. §. 2. Nro. 1. und §. 5.: Ges.-Samml. S. 80 und 82.)

Zweiter Abschnitt. Von Erbzinsgütern. (§. 680 bis 819. Gemisch aus Römischer Emphyteuse — Puchta §. 174. 176. 177. —, Lehnrecht und Deutschem Particularrecht.) Koch §. 309—316.

Im Zusammenhange mit:

Tit. 21. Abschn. 2. Von der Erbpacht. (§. 187—226.) Koch §. 329—332.

Tit. 21. Abschn. 4. Von den zur Cultur ausgesetzten Gütern und Grundstücken. (§. 626—650. Laßgüter.) Koch §. 332. a. (Bd. II. S. 796—799.)

Vgl. Eichhorn §. 159. 164. 245. 255—264. 366.

I. Begriffe.

1. Erbzinsgut: Tit. 18. §. 683. 688. 685. (Nutzbares Eigenthum an einem Grundstücke oder einer nutzbaren Gerechtigkeit beim Erbzinsmanne. Obereigenthum beim Erbzinsherrn. Abgabe in recognitionem dominii directi.) Kriterien für die Erbzinsqualität: §. 684—687.

2. Erbpacht: Tit. 21. §. 187. (Vollständiges Nutzungsrecht an einer fremden Sache. Uebergang auf die Erben. Zins als Aequivalent für die Nutzung.)

3. (Schlechtes oder schlichtes) Zinsgut: Tit. 18. §. 680. 681. 813. 814. (Der Regel nach im vollen Eigenthume und Genuß des Besitzers. Abgabe an den Zinsberechtigten als eine

gleichförmige und beständige Last des Gutes. Der Zinsberechtigte gleich einem gewöhnlichen Realgläubiger.)

4. Laßgut: Tit. 18. §. 682. Tit. 21. Abschn. 4. (Nutzungsrecht beim zinsbaren Besitzer. Eigenthum beim Empfänger der Abgabe. S. g. Colonatrecht.)

II. Form.

1. Bei neuer Verleihung eines Erbzinsrechts: nach Tit. 18. §. 689—693. gerichtlich, nach dem Gesetze vom 23. April 1821 (oben Tit. 10. Nro. II. 1. B.) und der zum §. 691. h. t. ergangenen Declaration vom 22. Juli 1840 (Ges.-Samml. S. 226) nur noch schriftlich.

2. Bei Austhuung in Erbpacht (worüber das A. L. R. keine besondere Bestimmung enthält), nach allgemeinen Grundsätzen und nach dem ad 1. angeführten Gesetze: schriftlich.

3. Bei Austhuung zu bloßem Colonatrechte: nach Tit. 21. §. 626. 627. schriftlich.

III. Erbliche Natur dieser nutzbaren Rechte.

1. Das Recht des Erbzinsmannes und des Erbpächters geht an sich auf alle Erben über, kann aber positiv auf gewisse Grade oder Generationen eingeschränkt sein: Tit. 18. §. 694. 695. Tit. 21. §. 188. 189.

2. An den Laßgütern wird ein eigenthümliches Erbrecht zu Gunsten der Descendenten und der überlebenden Ehegattin des Besitzers (resp. mit Interimswirthschaft) ertheilt: Tit. 21. §. 634—646. (Aus dem Edict v. 25. März 1790, wegen Vererbung der Bauergüter in den Domainenämtern. Sz. S. 72. 73. [Das Edict berief auch noch die Brüder und Schwestern des letzten Besitzers zur Erbfolge.])

IV. Eigenthümliche Rechtsverhältnisse unter den Parteien.

1. Dispositionsbefugnisse der Nutzungsberechtigten.

A. Der Erbzinsmann kann sein nutzbares Eigenthum (Tit. 18. §. 696.)

a) inter vivos und mortis causa veräußern, inter vivos jedoch nur mit der — freilich nicht leicht zu versagenden — Einwilligung des Erbzinsherrn: Tit. 18. §. 697—706.;

b) selbständig verpfänden und belasten; jedoch mit einer gewissen Hintansetzung der unconsentirten Schulden oder Lasten bei eintretendem Rückfall: Tit. 18. §. 707—709. (791 ff. 800. 805. 811.)

B. Der Erbpächter bedarf zu Veräußerungen inter vivos

gleichfalls der Einwilligung des Erbverpächters: Tit. 21. §. 202. Die Erbpachtgerechtigkeit selbst aber ist das volle Eigenthum des, übrigens im Wesentlichen dem Nießbraucher (selbst mit Anwendbarkeit der §§. 90. 91., unten Tit. 21. Abschn. 1. Nro. IV. 1., nach dem Präj. 1493. 30. Septbr. 1844. II. Senat) gleichgestellten Erbpächters: §. 199—201. (Aftervererbpachtung giebt es nicht: Präj. 1015. 8. Mai 1841. II. Senat.) Anh. §. 55. (aus dem Conclusum der Gesetz-Commission v. 27. März 1801). Tit. 21. §. 224. (Erbpachtgerechtigkeit als bonum vacans). §. 225. 226. (Selbständigkeit des Erbpächters). Das Erbstands- oder Einstandsgeld dagegen ist (wenn nicht Caution) unwiderrufliches Eigenthum des Erbverpächters: §. 195—198. 216—220.

C. Der Laßbauer kann ohne Consens weder inter vivos noch mortis causa über das Gut verfügen: Tit. 21. §. 629., hat auf die Nutzungen nur die Rechte eines Zeitpächters: §. 630., und muß (bei Verlust seines ganzen Rechts: unten 5. C. a.) gut wirthschaften: §. 632. 633.

2. Vorkaufsrecht als Prärogative

A. des Erbzinsherrn: Tit. 18. §. 710—713.;

B. des Erbverpächters (provinzialrechtlich — das A. L. R. schweigt —): Edict v. 9. October 1807 §. 3.

Vgl. aber unten Tit. 20. Abschn. 3.

3. Laudemium (Lehnwaare) als Prärogative

A. des Erbzinsherrn (quinquagesima), jedoch nur bei Veränderungen in manu serviente, und auch da mit Befreiung der Descendenten: §. 714—746.

Im §. 715. ist kein Druckfehler: Präj. 2045. 9. August 1848. II. Senat. — Der §. 717. findet Anwendung, wenn auch die Abtretung ohne Bezugnahme auf das künftige Erbrecht erfolgt ist: Pl.-Beschl. 10. Januar 1842. — Der §. 719. setzt die Laudemialpflichtigkeit des Grundstücks als bereits bestehend voraus, so daß dieselbe durch eine s. g. Fundalobservanz an sich nicht begründet werden kann: Pl.-Beschl. 20. Februar 1846. — Zu §. 720. 722. 727—729.: Declaration, betr. die Berechnung der Laudemien von Grundstücken, bei welchen Reallasten abgelöst worden sind, v. 25. April 1845. Ges.-Samml. S. 243. — In dem Falle des §. 721. sind diejenigen vom Erbzinsmanne neu errichteten Gebäude von dem Laudemium befreit, welche zu einem anderen Zwecke dienen sollen, als dem, welcher aus der ursprünglichen Bestimmung des Grundstücks folgt: Pl.-Beschl.

22. November 1847. — Im §. 731. ist unter der „gerichtlichen Zuschreibung" die Berichtigung des Besitztitels zu verstehen: Pl.=Beschl. 4. September 1843. Doch geht der §. 731. nur auf den Zeitpunkt der Fälligkeit des Laudemii, ohne eine Bedingung für die Existenz des Rechts selbst festzustellen: Präj. 1854. 24. März 1847. II. Senat. (Wegen der Beweiskraft der confirmirten Schlesischen Urbarien: Pl.=Beschl. 26. Februar 1844. Wegen der großen Kanzleitaxe der Schlesischen Mediatfürsten und Standesherren: Pl.=Beschl. 17. Juni 1844 und 4. December 1848; auch Pl.=Beschl. 6. Juni 1849. Entsch. Bd. 18. S. 104 ff.)

B. Der Erbverpächter hat auf ein Laudemium keinen Anspruch, es sei denn im ursprünglichen Contracte ausdrücklich vorbedungen: Tit. 21. §. 203.

Bei Laßgütern kann weder vom Vorkaufsrecht noch vom Laudemium die Rede sein.

4. Zins (census, canon, pensio).

A. Charakter desselben.

a). Erbzins, nur in recognitionem dominii (oben I. 1.), nicht zur Vergeltung der Nutzungen: keiner Erhöhung unterworfen. Tit. 18. §. 747—757.

b) Erbpachtzins, kein bloßes Erkenngeld, sondern eine verhältnißmäßige Abgabe zur Vergeltung der Nutzungen (oben I. 2.), die nach neuen Nutzungsanschlägen für ganze Zeiträume einer Erhöhung unterworfen werden kann: Tit. 21. §. 187. 190—194.

c) Der Zins von einem (schlechten) Zinsgute (oben I. 3.) kann ausnahmsweise als census reservatus den Charakter eines Erbzinses (a.) haben: Tit. 18. §. 815. (vorausgesetzt, daß nicht daneben noch ein Kaufgeld stipulirt ist: Präj. 308. 7. Juli. 1837. II. Senat), und ziehet alsdann die Laudemialpflichtigkeit (aber nicht die übrigen Folgen des Erbzinsrechts) nach sich: Tit. 18. §. 816—818.

d) Die Abgabe vom Laßgut (oben I. 4.) besteht in den dem Eigenthümer „vorbehaltenen Vortheilen", als Ersatz für das gewährte Nutzungsrecht: Tit. 18. §. 682. Tit. 21. §. 626. (Erhöhung wäre denkbar nach der lex specialis contractus.)

B. Verringerung oder Erlaß des Zinses.

a) Der Erbzinsmann kann

α) völligen Erlaß des Zinses nur fordern:

a) wegen Unterganges des Objectes, nach Maßgabe Tit. 18. §. 763—770.;

b) zeitweilig wegen absoluter Verhinderung an der Ausübung des nutzbaren Eigenthums überhaupt, während ganzer Jahre: Tit. 18. §. 762.

β) Uebrigens kann er auch wegen erlittener Unglücksfälle und Verluste höchstens auf Nachsicht Anspruch machen: Tit. 18. §. 758—761.

b) Der Erbpächter steht

α) dem Erbzinsmanne gleich, in Betreff der ad a. α. b. und a. β. angegebenen Verhältnisse: Tit. 21. §. 211. 210.

β) Er ist (nach der Natur seiner Abgabe) für den Fall einer durch unvermeidlichen Zufall eingetretenen fortwährenden Ertrags-Verringerung begünstigt durch eine verhältnißmäßige Herabsetzung des Erbpachtzinses: Tit. 21. §. 207—209. (Dazu sind aber nicht zu rechnen die von industriellen oder commerziellen Verhältnissen herrührenden Verringerungen: Präj. 1017. 28. Mai 1841. II. Senat.)

c) Der Laßbauer steht dem Erbpächter ad b. α. und β. ganz gleich: Tit. 21. §. 631.

5. Untergang der Rechte des Erbzinsmannes, des Erbpächters und des Laßbauern.

A. Der Erbzinsmann wird des Erbzinsrechts verlustig:

a) wenn er sich seiner Pflicht, namentlich in Erlegung des Zinses, unredlicher Weise zu entziehen sucht, oder wenn er mit Entrichtung des Zinses Drei Jahre lang im Rückstande bleibt: Tit. 18. §. 771—793. (Die dreijährige Frist, §. 772. 773., gilt mit Aufhebung des favor piae causae bei der emphyteusis ecclesiastica: Sz. S. 57. 58. — Der Ausdruck „Bezahlung der Zinsen" im §. 772. erstreckt sich auch auf Naturalien, aber nicht auf Dienste: Präj. 1007. 24. April 1841. II. Senat.)

b) Wegen schlechter Wirthschaft des Erbzinsmannes kann der Erbzinsherr

α) dem Erbzinsmanne gerichtlich Schranken setzen lassen: Tit. 18. §. 797.;

β) das Gut einziehen:

a) noch vor dem gänzlichen Verfalle: §. 798.;

b) nach dem gänzlichen Verfalle: §. 794—796. (Ohne „besonderes Vorrecht" in dem „übrigen Vermögen des

Erbzinsmannes": d. h. im Gegensatze zu dem rückständigen Canon in der fünften resp. dritten Concurs-Classe, Pr.-O. Tit. 50. §. 431. Vergl. unten vom Vorrecht des Erbverpächters: B. b.)

c) Rückfall des nutzbaren Eigenthums an den Obereigenthümer, wenn das Vermögen oder der Nachlaß des Erbzinsmannes an den Fiscus gelangt: Tit 18. §. 799—802.

d) Einziehung des Gutes durch den Obereigenthümer, wenn der Erbzinsmann dasselbe gänzlich verläßt: Tit. 18. §. 803—805.

e) Rückfall in Folge freiwilliger Entsagung des Erbzinsmannes: Tit. 18. §. 806—808.

f) Heimfall nach Ablauf der Zeit oder nach Erlöschen der Geschlechtsfolgen: §. 809—811.

g) Verjährung: §. 812. (§. 657 ff.)

B. Bei der Erbpacht giebt es keinen Heimfall (wegen des vollen Eigenthums des Erbpächters an der Gerechtigkeit: oben 1. B.). Doch ist der Erbverpächter befugt:

a) wegen verspäteter Zinszahlung die Sequestration des Grundstücks: Tit. 21. §. 204., und wegen Gefahr drohender schlechter Wirthschaft, so wie wegen unredlich abgeläugneter Erbpachtqualität den gerichtlichen Verkauf der Erbpachtgerechtigkeit selbst zu veranlassen: §. 205. 206.; desgleichen

b) wegen Insolvenz des Erbpächters den gerichtlichen Verkauf der Erbpachtgerechtigkeit zu fordern: Tit. 21. §. 212. 213., und sich dann an das gelöste Kaufgeld wegen rückständigen Zinses und wegen aller Schäden und Kosten (im Concurse ante omnes) zu halten: §. 214. 215. (Pr.-O. Tit. 50. §. 382. b. Satz I.); wogegen er in dem anderweitigen Vermögen des Erbpächters nur noch wegen rückständigen Zinses (nicht wegen anderer Forderungen) ein gesetzliches Vorrecht an den Effecten des Erbpächters in der zweiten Concurs-Classe genießt: §. 221—223. (Pr.-O. a. a. O. Satz II.)

C. Der Laßbauer kann

a) wegen schlechter Wirthschaft (oben 1. C.) sein ganzes Recht verwirken: Tit. 21. §. 632. 633., doch unter Vergütung seiner Meliorationen: §. 647.;

b) der Regel nach freiwillig das Gut zurückgeben: Tit. 21. §. 648. 649.

In Folge der neueren agrarischen Gesetzgebung seit den Jahren 1807 und 1811 ff. sind die nicht eigenthümlichen (lassitischen) bäuerlichen Besitzungen in Eigenthum verwandelt worden, und zwar die schon früher erblich gewesenen gegen Abtretung von $\frac{1}{3}$, die noch nicht erblich gewesenen gegen Abtretung von $\frac{1}{2}$ an den Grundherrn, unter Aufhebung des früher bestandenen beiderseitigen Nexus.

Die Verfassungs-Urkunde vom 31. Januar 1850 hat im Art. 42. die Theilbarkeit des Grundeigenthums gewährleistet und bei erblicher Ueberlassung eines Grundstückes nur die Uebertragung des vollen Eigenthums — jedoch mit Gestattung des Vorbehalts eines festen ablösbaren Zinses — für zulässig erklärt. (Vgl. das Gesetz v. 2. März 1850 §. 91.: Ges.-Samml. S. 105.)

Das Gesetz v. 2. März 1850, betr. die Ablösung der Reallasten und die Regulirung der gutsherrlichen und bäuerlichen Verhältnisse (Ges.-Samml. S. 77. ff.), hat ohne Entschädigung aufgehoben:

§. 2. Nro. 2.) das Ober-Eigenthum des (Guts- oder Grundherrn und des) Erbzinsherrn, desgleichen das Eigenthumsrecht des Erbverpächters („der Erbzinsmann und der Erbpächter erlangen mit dem Tage der Rechtskraft des gegenwärtigen Gesetzes, und lediglich auf Grund desselben, das volle Eigenthum");

§. 2. Nro. 4.) das grundherrliche oder gutsherrliche Heimfallsrecht an Grundstücken und Gerechtsamen jeder Art;

§. 2. Nro. 5.) die Berechtigung des Erbverpächters oder des Zinsberechtigten, den ihm zustehenden Canon oder Zins willkührlich zu erhöhen;

§. 36.: das Recht, Besitzveränderungs-Abgaben (Laudemien, Lehnwaaren, Antrittsgelder, Gewinngelder u. s. w.) bei denjenigen Veränderungsfällen zu fordern, welche auf irgend eine Weise in herrschender Hand eintreten..

Im Uebrigen sind im §. 5. die Berechtigungen des (Lehnsherrn, Guts- oder Grundherrn und) Erbzinsherrn und des Erbverpächters auf Abgaben oder Leistungen oder ausdrücklich vorbehaltene Nutzungsrechte (soweit sie nicht in dem Gesetze besonders aufgehoben worden sind) für fortbestehend erklärt, und zwar mit denselben Vorzugsrechten in dem Vermögen der Verpflichteten, welche sie bisher darin hatten.

A. L. R. Th. I. Tit. 19. Von dinglichen und persönlichen Rechten auf fremdes Eigenthum überhaupt. (Entw. Th. II. Tit. 18.) Koch §. 224. 225. 317. 318. 328.

I. Systematischer Standpunkt: §. 1. 9. 12. 13.

II. Verhältniß der persönlichen Rechte (iura ad rem) und der dinglichen Rechte („auf die Sache" κατ' ἐξοχὴν) zu einander: §. 2—6. (Tit. 21. §. 2. ff.)

Bei dem Einfluß, welchen das A. L. R. der bloßen Kenntniß von dem früher entstandenen Titel eines Anderen beilegt (vgl. oben Tit. 10. Nro. III.), bedürfen die §§. 4. 5. einer gewissen Restriction: theils nach der Beschaffenheit der vermeintlich collidirenden Rechte selbst, theils nach der Beschaffenheit des „persönlichen Rechts des Andern." Vgl. den Pl.-Beschl. vom 12. Juni 1843.

III. Controverse über die Wirksamkeit und Dauer der auf Besitz gegründeten dinglichen Rechte: §. 7. 8. h. t. Tit. 21. §. 2. (3.) 5. Tit. 2. §. 137. 138. Tit. 7. §. 169. 170. (Auch nach Preußischem Rechte ist festzuhalten an der allgemeinen Wirksamkeit in rem, selbst nach gänzlich verlorenem Besitze.)

IV. Der Eigenthümer als Vertreter der Sache bei dinglichen Ansprüchen auf die Substanz: §. 10. 11. h. t. (Damit ist nicht ausgeschlossen, daß mehrere Prätendenten unter einander streiten können über den Umfang ihrer wirklichen oder vermeintlichen Gerechtigkeiten, — natürlich nicht in praeiudicium domini.)

V. Präsumtion für die Freiheit oder doch für die minder lästige Einschränkung des Eigenthums: §. 14—21. (Oben Tit. 8. Abschn. I. Nro. VII.)

VI. (Gemeinrechtliche Lehre vom) Usus im Gegensatz zum Ususfructus: practisch besonders in Betreff der Grundgerechtigkeiten, welche den Maßstab für ihren Umfang in dem Bedürfniß des Berechtigten (z. B. an Holzung, Hütung u. s. w.) finden: §. 22—28. (Tit. 21. §. 185. 186.)

VII. Vereinzelte abstracte Bestimmungen:

1. Extinctiv-Verjährung gegen Rechte auf fremde Sachen: §. 29. (vorausgesetzt, daß das Recht nicht ins Hypothekenbuch eingetragen sei). Z. B. Verjährung der actio confessoria, der Klage aus dem Faustpfande; nicht aber der Eigenthumsklage (d. h. nicht ohne entgegenstehende Ersitzung: Tit. 15. §. 56.).

2. Mit §. 30. h. t. (vgl. Tit. 21. §. 182.) hängt zusammen ein Folgesatz aus §. 364. Tit. 5.: §. 31. h. t. (Vgl. Tit. 22. §. 41.)

3. Zu §. 32., der nur Rechte auf eine fremde Sache berührt, vgl. Tit. 9. §. 574. wegen der s. g. qualifizirten Verjährung. — Ein Rechtsfall zu §. 32.: Präj. 1783. 21. Septbr. 1846. II. Senat.

4. Resoluto iure concedentis resolvitur ius concessum: §. 33. h. t. (Koch §. 231. Nro. II. 2. Puchta §. 142.) Vgl. Tit. 7. §. 172. Tit. 21. §. 388.

A. L. R. Th. I. Tit. 20. Von dem Rechte auf die Substanz einer fremden Sache. (Entw. Th. II. Tit. 19.)

Erster Abschnitt. Vom Rechte des Unterpfandes. Koch §. 363—387. (226.) 227—230. 650—654. Puchta §. 193—217. 320. Eichhorn §. 121. 122. 188—190.

Geschichte des Pfandrechts im Zusammenhange mit der zweiten und dritten Classe des gemeinrechtlichen Concurses. (Cl. 2.: privilegiirte Hypotheken, nach Ordnung ihrer Privilegien. Cl. 3.: nicht-privilegiirte Hypotheken, nach der Zeitfolge.)

Das Deutschrechtliche Prinzip des Vorzugs der eingetragenen Forderungen ist schon in dem Ostpreußischen Provinzialgesetzbuch von 1620 anerkannt. (Um gültig zu sein, müssen die bestellten Hypotheken in die Gerichts- und Amtsbücher insinuirt und eingeschrieben werden.) Die für das ganze Land (mit Ausnahme des „Königreichs in Preußen") ergangene Hypotheken- und Concurs-Ordnung v. 4. Febr. 1722 stellt noch gemeinrechtlich die privilegiirten Hypotheken in die zweite Classe (§. 153. ff.), gewährt aber doch in der dritten Classe (§. 171. ff.) den eingetragenen Hypotheken den Vorrang vor den stillschweigenden. (Cl. 4.: personaliter privilegiati: §. 193. ff. Cl. 5.: Privat-Hypotheken, desgleichen Chirographarii simplices. §. 202.) Im Codex Fridericianus Marchicus v. 1748 (Th. IV. Tit. 9.) aber gehen schon die **eingetragenen** Hypotheken den privilegiirten vor. (Cl. 2.: Gläubiger mit einem singulare ius praelationis. Cl. 3.: eingetragene Hypothek. Cl. 4.: privilegium personale neben dem ius tacitae hypothecae. Cl. 5.: gerichtliche oder stillschweigende Hypothek ohne privilegium personale [und zwar mit dem Vorrange der gerichtlich confirmirten vor der stillschweigenden Hypothek]. Cl. 6.: blos personaliter privilegiati. Cl. 7.: Privat-Hypotheken. Cl. 8.: Chirographarii.) Dabei ist die Concurs-Ordnung des Corpus iuris Fridericianum v. 1781 (Th. II. Tit. 26. Th. IV. Tit. 12.) im Wesentlichen geblieben. (Modificationen: Die gerichtlich confirmirten und die stillschweigenden Hypotheken sind wieder vermischt, um nach der Zeit zu rangiren. Die Privat-Hypotheken [hypothecae conventionales] und die s. g. chirographarischen Schulden sind wieder zusammengethan. Die Terminologie „stillschweigende Hypothek" und „privilegiirte Hypothek" ist fallen gelassen.) Die s. g. Schlesische Hypotheken-Ordnung v. 1750 und die Hypotheken-Ordnung v. 1783 enthalten keine materiellen Neuerungen.

Das A. L. R. (I. 20. §. 411. 412.) knüpft in durchgreifender Weise den Erwerb des Hypothekenrechts als eines dinglichen Rechts an die Eintragung in die öffentlichen Grundbücher. Dasselbe Prinzip ist in der noch geltenden Concurs-Ordnung (Pr.-O. Tit. 50.) durchgeführt. Namentlich ist mit strenger Consequenz (§. 394.) die **dritte** Classe da, wo noch keine ordentlichen Hypothekenbücher existirten, ganz außer Anwendung gestellt; wogegen freilich die Verordnung v. 16. Juni 1820, betr. die Erwerbung und Ausübung der Realrechte auf Grundstücke, insbesondere der Hypothekenrechte, bei nicht vollständig eingerichtetem Hypothekenwesen (Ges.-Samml. S. 106—108.), durch das s. g. Recognitionssystem Abhülfe schaffen mußte. (Geringere Modificationen in der Pr.-O. Tit. 50., im Vergleich mit dem C. J. Fr. von 1781: Die gerichtlich confirmirten Hypotheken sind unter dem Namen „gerichtlich confirmirte Schulden" aus Cl. 5. in Cl. 6. versetzt, wo nicht nach der Zeit rangirt, sondern in tributum getheilt wird. In Cl. 7. sind die Privat-Hypotheken ganz ausgeschieden.)

Summarische Zusammenstellung der Concurs-Classen nach Preußischem und nach gemeinem Rechte. (**Koch** §. 490—513. **Puchta** §. 247. 248.)

Ante omnes: Massengläubiger und Separatisten ex iure crediti.

Cl. I.: Vindikanten. (Die sonst s. g. Separatisten ex iure dominii, — die sich nach Preußischem Rechte, wegen der Fiction des durch den Concurs begründeten allgemeinen Pfandrechts, §. 33. Pr.-O. Tit. 50., in den Concurs einlassen müssen.)

Cl. II.: Absolut privilegiirte Gläubiger (gemeinrechtliche Cl. I.) und Faustpfandgläubiger.

Cl. III.: Hypothekengläubiger.

Die Faustpfandgläubiger und die Hypothekengläubiger sind, soweit sie aus den verpfändeten Gegenständen befriedigt werden können, durch die Verordnung vom 28. December 1840 (Ges.-Samml. von 1841. S. 4—8.) von der Einlassung in den Concurs befreit worden.

Cl. IV. entspricht der gemeinrechtlichen Cl. II. (privilegiirte Pfandgläubiger).

Cl. V. entspricht der gemeinrechtlichen Cl. III. (einfache Pfandgläubiger).

Cl. VI. entspricht der gemeinrechtlichen Cl. IV. (persönlich privilegiirte Gläubiger [privilegium exigendi.]).

Cl. VII. entspricht der gemeinrechtlichen Cl. V. (einfache persönliche Gläubiger).

In Cl. IV. und V. gilt das Vorrecht nach dem Alter der Entstehung, in Cl. VI. und VII. Befriedigung in tributum.

Post omnes: Gewisse unbegünstigte Forderungen (Geldstrafen u. s. w.).

I. Allgemeine Begriffe und Grundsätze vom Pfandrecht überhaupt.

1. Begriff des Pfandrechts als eines dinglichen Rechts auf die Substanz einer fremden Sache, zur Sicherheit einer Forderung: (A. L. R. I. 20.) §. 1.

2. Verhältniß zwischen dem s. g. titulus und modus adquirendi.

A. Die Entstehung des Pfandrechts geschieht auch nach A. L. R. durch conventio oder lex: §. 2—5.

Zu §. 3. 4. vgl. oben Tit. 14. Abschn. 3. Nro. I. 1.

Zu §. 5. vergl. Exec.-Ordn. vom 4. März 1834. §. 22.:

„Der Gläubiger erwirbt durch solche Erkenntnisse, Vergleiche und Zahlungs-Verfügungen, aus welchen eine Execution stattfindet, für Capital, Zinsen und Kosten, und für die Kosten der Eintragung, einen Titel zum Pfandrecht auf die dem Schuldner zugehörigen Immobilien." (Ges.-Samml. S. 36.)

Allein weder durch conventio noch durch lex wird das Pfandrecht selbst begründet: conventio und lex geben vielmehr nur den Titel zum Pfandrechte: §. 6.

B. Erst mit der zum Titel hinzukommenden „gesetzmäßigen Erwerbungsart" wird das Pfandrecht dinglich.

a) Diese Erwerbungsart ist eine doppelte.

α) Durch Uebergabe der Sache entsteht das Pfandrecht im engeren Sinne (Faustpfand, mit Besitz, vorzugsweise an beweglichen Sachen): §. 7. (71 ff.)

β) Durch Eintragung ins Hypothekenbuch entsteht das Hypothekenrecht (an Immobilien): §. 8. (390 ff.)

b. In Ermangelung einer solchen Erwerbungsart (a. α. β.) entbehrt das Pfandrecht der dinglichen Wirkung gegen Dritte: §. 9. 10. (102. 103. 105. 111. 400. 401. 411—413.) Sz. S. 58. 59. und S. 2. 3.

Publicität und Specialität als die Grundlagen des Preußischen Pfandrechts. (Legalität?)

3. Voraussetzungen eines jeden Pfandrechts.

A. Eine (nicht blos naturaliter) gültige Forderung: §. 11. 12. 14. 415. (Modification §. 97. 98.); doch mit Rückwirkung im Falle der Convalescenz einer von Anfang ungültigen Forderung: §. 13.

B. Ein zur Verpfändung geeignetes Object, doch auch in dieser Beziehung der Regel nach mit Rückwirkung im Falle der Convalescenz einer Anfangs ungenügenden Verfügung über die Sache: §. 15—21. (78. 406.)

Auffassung in A. und B. abweichend von dem streng-Römischen Festhalten an der Coëxistenz von obligatio contracta und pignus contractum.

4. Wirkungen eines jeden Pfandrechts.

A. Der Gläubiger muß sich mit der dadurch gewährten Sicherheit begnügen: §. 22—24. (Zu §. 24. vgl. §. 439. und Koch §. 231. Note 12.)

B. Jus alienandi (ganz abweichend vom Römischen Rechte). Der Gläubiger (der posterior so gut wie der prior) klagt auf Zahlung der Schuld: bei Vermeidung der gerichtlichen Veräußerung des Pfandobjects an den Meistbietenden; als Käufer kann aber dann eben so wohl der Gläubiger, wie (gegen Baarzahlung) der Schuldner selbst auftreten: §. 25. 28. 42. 43. Das pactum ne creditori liceat distrahere wird anders ausgelegt als nach Römischem Rechte (4. de pign. act. XIII. 7.): §. 26. 27. (225.) Außergerichtlicher Verkauf durch den Pfandgläubiger selbst ist nur in den Schranken der §. 29—32. (217.) zulässig. Lex commissoria (Koch §. 725. Puchta §. 263. Nro. 3.) verboten: §. 33—35. (213.)

C. Jus offerendi et succedendi (auch mit Abweichungen vom Röm. Recht): §. 36—41.

D. Verhältniß der persönlichen Verbindlichkeit des Schuldners (resp. des dritten Verpfänders) zur dinglichen Haftung des Pfandobjectes (obligatio rei): §. 44—52. Durch den Uebergang des Eigenthums am Pfandobjecte von dem Schuldner auf einen Dritten ändert sich in dem dinglichen Momente Nichts; die persönliche Verbindlichkeit aber geht auf den Dritten nicht ohne Weiteres über: §. 53. 54. Hieran hat sich, nicht ohne inneren Zusammenhang mit Tit. 5. §. 74. ff. (vgl. oben am entsprechenden Orte), geknüpft die Controverse von der s. g. Uebernahme der Schulden in partem pretii. Diese ist zwar grundsätzlich geschlichtet durch die Declaration (des §. 54. h. t.), betreffend die Uebernahme von Pfand- und Hypotheken-Schulden, v. 21. März 1835. (Ges.-Samml. S. 42. 43.) Doch sind noch einzelne Momente, namentlich in Betreff der s. g. Cessibilität der Exnerations-Klage, controvers geblieben. Der Pl.-Beschl. v. 14. Februar 1842 entscheidet nur Einen Streitpunkt. (Vgl. zu demselben: Präj. 2157. 8. November 1849. III. Senat: Entsch. Bd. 19. S. 203 ff.)

5. Aufhebung eines jeden Pfandrechts.

A. Durch das Erlöschen des accessorium mit dem principale: §. 55. (243.) h. t. Tit. 2. §. 140. (Umgekehrt geht mit dem accessorium noch nicht das principale unter: §. 70. h. t. Tit. 2. §. 141. — Ausnahme: Tit. 12. §. 427.)

B. Durch eintretenden Endtermin — mit verschiedener Auffassung, je nachdem die Bestimmung desselben vom Schuldner selbst oder von einem Dritten ausging —: §. 56 bis 67. h. t.

C. Nicht durch Bestellung oder Annahme einer ferneren Sicherheit: §. 68. 69.

II. Pfandrecht im engeren Sinne. (Mit Einräumung des Besitzes.)

1. Gegenstand.

A. Mobilien und Immobilien: §. 71. 99. 100. (255.)

Zwitterverhältniß bei Immobilien: Besitz und Eintragung (§. 99. 100.). — „Gerichtliche Verlautbarung" (§. 100.) seit dem Gesetze vom 23. April 1821 (oben Tit. 10. Nro. II. 1. B.) nicht mehr erforderlich. — „Naturalübergabe", (§. 99.) blos im Gegensatze zur symbolischen: vergl. §. 105. 109. 275. fg. h. t. Pr.=O. Tit. 50. §. 379. 380.

B. Dingliche Rechte: §. (73.) 74. 75.

C. Künftige Sachen nur nach Maßgabe des §. 113—115.

D. Eigene und fremde Sachen (oben I. 3. B.): §. 72. bis 92.

Bei Verpfändung fremder Sachen ohne Consens des Eigenthümers wird der Pfandgläubiger in bona fide nach Analogie des redlichen Erwerbers überhaupt behandelt. Vergl. oben Tit. 15. Nro. IV.

2. Form.

A. Moment des Realcontracts, festgehalten §. 93—103.

Zu §. 97. 98.: oben I. 3. A. — Zu §. 99. 100.: oben II. 1. A. — Der Mangel der Uebergabe, ohne welche das Pfandrecht im engeren Sinne nicht perfect wird, hat dennoch auf das Verhältniß inter partes keinen störenden Einfluß: §. 102. 103. 107. 109. 110. 112. 115. Oben I. 2. B. b.

B. Vollziehung der Uebergabe.

a) Grundsätzlich und der Regel nach nur durch den materiellen Uebergang der Sache in die körperliche Gewahrsam des Pfandgläubigers: §. 104. 105. (Sz. S. 59.) §. 108. 111. (115.); doch mit dem nöthigen Vorbehalt der iura ad rem auf Grund symbolischer Uebergabe: §. (106.) 107. (115.), so wie auf Grund eines pignus legale: §. 109., conventionale: §. 110., generale: §. 112.

b) Ausnahmsweise wird auch durch bloße symbolische Uebergabe ein gültiges Pfandrecht bestellt: §. 106. (§. 271. bis 389. aus der Declaration, „wie es mit den Verpfändungen von Schiffen, auch andern beweglichen Sachen und Waaren gehalten werden soll" vom 16. Juli 1785. [N. C. C. Bd. 7. S. 3149 ff.] entnommen: Sz. S. 60.)

α) Grundbedingungen und Beschaffenheit dieser

Ausnahmsfälle, so wie der dabei, zur Erkennbarkeit und zur Sicherstellung für Dritte, zu beobachtenden Formen und Vorsichtsmaßregeln: §. 271—280. (336. 384. 387.)

β) Die einzelnen Fälle.

A. Verpfändung von Activforderungen (pignus nominis): §. 281—298.

Lettres au porteur gleich körperlichen Sachen: §. 286. 287. — Activforderungen, über welche kein Instrument vorhanden ist: §. 284. — Activforderungen, über welche ein spezielles Schuldinstrument vorhanden ist: §. 281—284., näher bestimmt und resp. abgeändert durch die §§. 1. 2. der Verordnung vom 9. December 1809 (Ges.-Samml. S. 621.), wonach die Verpfändung in derselben Weise, wie nach Tit. 11. §. 394 — 417. die Cession, geschehen muß, das dingliche Recht aber mit der schriftlichen Verpfändung und der an den Gläubiger erfolgten Uebergabe der Urkunde beginnt, der nicht benachrichtigte Schuldner endlich geschützt wird. Auf verpfändete Hypothekenforderungen aber findet diese Verordnung, namentlich §. 2. derselben, keine Anwendung: Pl.-Beschl. 30. Mai 1842.

B. Verpfändung von Frachtschiffen: §. (299.) 300 — 328. (II. 8. §. 1407. ff. 1898. 2408. 2443—2451. II. 17. §. 54. Pr.-O. Tit. 50. §. 685. fg. Verordnung vom 28. December 1840. §. 4. [Ges.-Samml. 1841. S. 5.])

C. Verpfändung von Kaufmanns-Waaren.

a) Allgemeine Bestimmungen über die dazu geeigneten Gegenstände und die dazu berechtigten Personen: §. 329—337. 388. 389.

b) Besondere Formen und Wirkungen des Verfahrens bei Verpfändungen

aa) lagernder Waaren: §. 338—366.;

bb) eingehender (noch auf dem Transporte befindlicher) Waaren: §. 367—373. (358—360.);

cc) ausgehender (zum Transporte bestimmter) Waaren: §. 374—379.;

dd) an die Bank: §. 380—387.

3. Rechtsverhältnisse aus dem bestellten Pfande.

A. Der Pfandgläubiger als (unvollständiger) Besitzer: §. 116. 117. 121—126. (Nach Römischem Rechte war das ius possessionis kein wesentliches, sondern nur ein gelegentliches Recht des Pfandgläubigers.) Das Retentionsrecht wegen nicht connerer Forderungen (gleichfalls ein gelegentliches Recht des Römischen Pfandgläubigers) ist abgeschafft: §. 171. 187.

B. Jus possidendi: §. 118—120. (Auch für den Römischen Pfandgläubiger ein wesentliches Recht, aber der Regel nach erst später geltend zu machen.)

C. Ein pignus pignori datum im Römischen Sinne giebt es nicht; das A. L. R. faßt auch den s. g. weiteren Versatz des Pfandes mehr wie ein pignus nominis (oben 2. B. b. β. A.) auf: §. 127—135. (293—295.) Anders verhält es sich jedoch mit hypothekarisch eingetragenen Pfandrechten (oben 1. A.): §. 136—138. (Vergl. unten III. 5. E.)

D. Verpfändete fruchttragende Sachen hat der Gläubiger zu verwalten (nutzbares Pfandrecht), mit Abrechnung der gezogenen Nutzungen auf die Zinsen und resp. auf das Capital: §. 139—156. Erlaß der Rechnungslegung (vor der Verfallzeit) kann nur durch antichretischen Vertrag (Nutzungen des Pfandes anstatt der Zinsen oder gar zur Absorbirung der Capitalsforderung) in gerichtlicher Form (Sz. S. 59; doch auch hier mit Aufhebung der Verlautbarung seit dem Gesetze vom 23. April 1821: oben 1. A.) ausbedungen werden: §. (224 bis 226.) 227—242.

E. Umfang des Pfandrechts. (Causa pignoris indivisa.)

a) Es haftet auf der ganzen Sache und auf deren Früchten und Accessionen: §. 157. 158.

b) Es haftet für die Erfüllung der Hauptverbindlichkeit sammt Zinsen und Kosten, nothwendigen und nützlichen Auslagen u. s. w. (actio pigneratitia contraria), jedoch mit der Modification einer gewissen partiellen Herausgabe der Pfandobjecte für den Fall der Verpflichtung des Gläubigers zur Annahme abschläglicher Zahlungen; immer aber mit der Verbindlichkeit des Gläubigers zu gehöriger Rückgewähr des Pfandes nach gehöriger Erfüllung (act. pign. directa): §. 159—196.

F. Jus alienandi (an sich so wesentlich wie nach Römischem Rechte, aber mit gewichtigen Abweichungen im Verfahren und in den Wirkungen, oben I. 4. B.): §. 197—221.

Zu §. 199. ist zu beachten, daß jetzt nur noch Immobilien und ohne Naturalübergabe verpfändbare Schiffe Gegenstände der Subhastation bilden: Pr.-O. Tit. 50. §. 228 ff. Tit. 52. §. 1. 4. 65. Subhastations-Ordnung vom 4. März 1834. §. 1. Ges.-Samml. S. 39.

Zu §. 216—218. vgl. Pr.-O. Tit. 52. §. 12. (A. L. R. strenger als Römisches Recht gegen den Pfandgläubiger in Betreff der Evictionsleistung.)

G. Pfandgläubiger im Concurse: §. 222. 223.

4. Besondere Arten der Aufhebung des Pfandrechts im engeren Sinne. (Oben I. 5.)

A. Durch Verjährung: §. 243—252. (Nur nach verlorenem Besitz. Der Pfandbesitz deckt auch die Hauptforderung. Der Erbe des Pfandgläubigers kann das Eigenthum des Pfandes selbst ersitzen.)

B. Durch freiwilliges Aufgeben des Besitzes ohne Vorbehalt: §. 253—255. (Vgl. oben 1. A.)

C. Zur Strafe wegen geläugneten Besitzes: §. 256.

D. Durch Untergang des Objects: §. 257—261. (469.) Oben Tit. 16. Einleitung, und Präj. 1781. 19. Septbr. 1846. III. Senat, wegen der Feuerversicherungs-Gelder für eine bewegliche Sache.

E. Durch Veräußerung iure creditoris, mit Reviviscenz nach §. 262.

5. Pfandgewerbe: §. 263—270. Pfand- und Leih-Reglement vom 13. März 1787. Sz. S. 59. fg.

III. Hypothekenrecht. (Sz. S. 60.)

1. Gegenstand: Immobilien, die in das Hypothekenbuch eingetragen sind: §. 390—398.

2. Titulus und modus adquirendi (oben I. 2.): §. 399. bis 416.

Auch hier ist wieder — wie II. 2. B. a. — volle Rücksicht genommen auf das persönliche Recht aus dem pignus generale: §. 400., legale: §. 401. 412. 413., conventionale: §. 412. 414. (§. 413. ist bedeutungslos geworden seit Aufhebung der Executionsgrade durch §. 11. der Exec.-Ordn. vom 4. März 1834. Ges.-Samml. S. 34.)

Erforderniß und Bedeutung der s. g. clausula intabulandi: §. 402. 403. (Vergl. §. 112.) Die Hypotheken-Ordn. Tit. 2. §. 165. ff. setzte noch Römisches Recht voraus.

Befugniß des eingetragenen Besitzers zur Bestellung der Hypothek: §. 404—410. (Das im §. 408. ertheilte Recht des früheren Besitzers beschränkt sich auf solche Forderungen, welche sich auf das Veräußerungsgeschäft beziehen: Pl.-Beschl. v. 4. November 1850. J.-M.-Bl. 1851. S. 6—8. Der §. 410.

kommt auch bei den im Wege der Execution eingetragenen Hypotheken zur Anwendung: Pl.=Beschl. 18. December 1837.)

Abhängigkeit des accessorischen Hypothekenrechts von der Gültigkeit der prinzipalen Forderung: §. 415. 416.

3. Protestationen.

A. S. g. protestationes pro conservando iure et loco: in der That vorläufige Eintragungen an sich begründeter, nur noch mit einem äußeren Hinderniß behafteter hypothekarischer Rechte: §. 417—421.

B. S. g. protestationes pro conservandis exceptionibus: die eigentlichen Protestationen, durch Eintragung des vom Schuldner einseitig erklärten Widerspruches, um Dritten gegenüber seine Einwendungen gegen die aus der Eintragung erlangten Rechte des Gläubigers zu bewahren: §. 422—426. (Vergl. oben Tit. 11. Abschn. 7. Nro. IV. 2.)

C. Die s. g. protestationes de non amplius disponendo s. intabulando sind Sicherungsmaßregeln gegen den Schuldner, z. B. §. 442. h. t.

4. Verantwortlichkeit des Hypothekenrichters (Prinzip der Legalität): §. (409.) 427—435. (§. 430. soll auch rechtsverständigen Parteien zu Statten kommen: Sz. S. 60.) §. 450 bis 452. §. 503. Vgl. Th. II. Tit. 10. §. 91.

5. Wirkungen des Hypothekenrechts.

A. Recht des Gläubigers, sich (der Regel nach erst) zur Verfallzeit an die zur Hypothek verhaftete Sache zu halten: also keine iura possessionis auf Seiten des Gläubigers und keine Beschränkung des Schuldners in Einräumung weiterer Hypothekenrechte, sogar mit Unwirksamkeit des s. g. pactum de non amplius oppignerando (Sz. S. 60 fg.): §. 436—442. Umgekehrt ist deshalb auch der Consens des Hypothekengläubigers in die Veräußerung oder weitere Verpfändung der Sache etwas an sich Gleichgültiges: §. 496. (Abweichend vom Römischen Rechte.) Vgl. oben I. 4. A.

B. Umfang des Hypothekenrechts. (Vgl. oben II. 3. E.)

a) Es haftet auf dem ganzen Immobile (mit strenger Festhaltung der causa pignoris indivisa in Ansehung der einzelnen Theile des Immobile selbst, imgleichen bei Verpfändung mehrerer Immobilien für dieselbe Forderung) und auf den Pertinenzstücken (mit einem Unterschiede zwischen den beweglichen und unbeweglichen), so wie auf den Erweiterungen (An= und

Zuwüchsen) des Grundstücks selbst (mit Ausnahme der erst nach der Eintragung „aus fremdem Eigenthum", d. h. mittelbar erworbenen), und auf den Früchten und Nutzungen (sofern diese sich zur Zeit der Executionsvollstreckung noch unabgesondert von der Substanz befinden, doch mit Beschränkung des Schuldners in der im Voraus zu treffenden Verfügung über künftige Früchte und Nutzungen): §. 443—481. Pr.-O. Tit. 50. §. 389. ff.

Im §. 443. gelten die bäuerlichen Dienste und Leistungen als bloße Pertinenzstücke: Pl.-Beschl. 29. April 1839.

Im §. 445. ist ein wirkliches Fortschaffen oder Wegnehmen des Pertinenzstückes gemeint: Pl.-Beschl. 10. Juli 1837.

§. 458 ff.: modifizirt durch die neuere Gesetzgebung wegen der Gemeinheits-Theilungen und gutsherrlichen und bäuerlichen Regulirungen.

In den §§. 480. 481. vom Pächter liegt nur ein Beispiel. Vgl. Pr.-O. Tit. 24. §. 130. vom Miether.

b) Die Hypothek haftet für die Hauptforderung und die davon vorbedungenen Zinsen (auch wenn dieser bei der Eintragung des Capitals nicht ausdrücklich Erwähnung geschieht: Präj. 744. 22. October 1839. III. Senat), dagegen der Regel nach nicht für Zögerungszinsen und Kosten: §. 482. bis 489. (509. 510.)

Bei eintretender Insufficienz (den nachstehenden Gläubigern ist überhaupt besser vorgesehen als nach Römischem Rechte) sind nur zweijährige Zinsrückstände mit der Hauptforderung gleich begünstigt: §. 504. 505. (Wegen dieser Rückstände und wegen der laufenden Zinsen, §. 506., vgl. die Neuerungen der beiden Gesetze v. 4. März 1834: Ex.-Ordn. §. 25. Ges.-Samml. S. 38. und Subh.-Ordn. §. 18. Ges.-Samml. S. 44.)

C. Der Anspruch des Gläubigers auf Befriedigung aus der Sache selbst ist auch gegen jeden dritten Besitzer geltend zu machen: §. 490—495.

D. Rangordnung unter mehreren Hypotheken nach der Zeit der Eintragung, nur mit Hintansetzung älterer Zinsrückstände (oben B. b.): §. 496—510.

E. Abtretbarkeit und Verpfändbarkeit der Hypothek (oben II. 3. C. und Tit. 16. Abschn. 6. Nro. II. 1. C.): §. 511—519. Anh. §. 53. (Conclusum der Gesetz-Commission, 29. April 1788.) Hyp.-Ordn. Tit. 2. §. 212 fg.

6. Aufhebung des Hypothekenrechts.

A. Die Tilgung des Hauptanspruchs wirkt nur wie ein Titel zur Aufhebung der Hypothek: d. h. es muß noch das Umgekehrte der Eintragung, die Löschung, hinzukommen. Der Schuldner ist nun zwar berechtigt, diese Löschung zu fordern: §. 520. 521.; so lange sie aber noch nicht erfolgt ist, steht die Tilgung des Hauptanspruchs dem redlichen Dritten nicht entgegen: §. 522. Nöthigenfalls kann sich der Schuldner vorläufig durch eine Protestation (oben 3. B.) decken: §. 523. Mit der gehörig (d. h. unter Beobachtung der formellen Vorschriften: Präj. 324. 11. August 1837. II. Senat) erfolgten Löschung ist die Hypothek aufgehoben, unabhängig von der Tilgung oder der Fortdauer des Hauptanspruchs: §. 524. 525. Mit einer zur Ungebühr erfolgten Löschung aber geht das Hypothekenrecht an sich nicht zu Grunde; es kann und muß vielmehr auf Verlangen restituirt werden, gewinnt jedoch seine dingliche Wirksamkeit nur wieder gegen die vor, nicht gegen die nach jener Löschung vorgenommenen Acte und Eintragungen: §. 526—531. (Hypoth.-Ordnung Tit. 2. §. 285. ff.) Löschungskosten: §. 532. 533. Anh. §. 54. (Rescr. 27. November 1797.)

B. Gegen eingetragene (ungelöschte) Forderungen keine Verjährung: §. 534. 535. (Oben II. 4. A.)

Von den Pfandbriefen (Koch §. 388. Eichhorn §. 191.) als einer höheren Entwickelung des Prinzips der Hypothek.

Zweiter Abschnitt. Vom Zurückbehaltungsrechte. Koch §. 207. §. 509. Nro. II. 4. Puchta §. 94. Note b. §. 204. Note c. (Exceptio doli.)

I. Begriff und Erfordernisse. Das A. L. R. faßt das s. g. Retentionsrecht zwar nicht als ein dingliches Recht auf, aber doch als eine gelegentliche Folge des Besitzes, als ein Recht auf die Substanz einer fremden Sache, welches dem redlichen Besitzer oder Inhaber einer fremden (körperlichen?) Sache zusteht, bis er wegen seiner conneren, fälligen und bescheinigten Forderung befriedigt wird: §. 536—544. (Tit. 11. §. 222. 974. Tit. 13. §. 83. Tit. 14. §. 77. 165. Tit. 21. §. 396. fg. Th. II. Tit. 5. [jetzt Gesinde-Ordnung] §. 68. Tit 8. §. 526. ff.)

II. Verhältnißmäßiger (objectiver) Umfang des Retentionsrechts: §. 552—554., und im Zusammenhange damit Pflicht zur

Herausgabe der Sache gegen Sicherstellung resp. Befriedigung: §. 555—557.

III. Besitzschutz des Retinenten: §. 545. (gegen den Schuldner selbst), §. 546—551. (gegen einen Dritten wegen nützlicher Verwendung), §. 561. (gegen vitiöse Entsetzung).

IV. Pflichten des Retinenten nach Art eines Pfandinhabers: §. 558. (Oben Abschn. 1. Nro. II. 3. A.)

V. Ende des Retentionsrechts.

1. Mit fehlerfrei verlorenem Besitz, es werde denn bei gerichtlicher Abforderung und Uebertragung des Besitzes gehörig protestirt: §. 559—565.

2. Mit Ausbruch des Concurses: §. 566. (?)

Dritter Abschnitt. Vom Vorkaufs-, Näher- und Wiederkaufsrechte. Koch §. 333—337. §. 612. Nro. I. Puchta §. 360. Note o. Eichhorn §. 99—106. 154. 229. 276.

I. Eigenthümliche Verschmelzung des rein obligatorischen Römischen ius protimiseos mit dem dinglich wirksamen Deutschen Retract-Rechte zu einem Rechte auf die Substanz einer fremden Sache, Behufs Erwerbung des Eigenthums im Vorzuge vor Anderen, unter übrigens gleichen Bedingungen.

1. Natur des Vorkaufsrechts: dinglich, wenn es unmittelbar aus dem Gesetze entspringt (auch ohne Eintragung); persönlich, wenn es durch Vertrag oder letztwillige Verordnung bestellt ist (wo es durch Eintragung in das Hypothekenbuch, also an Mobilien niemals, dinglich werden kann): §. 568. bis 574.

2. Gelegenheit zur Ausübung des Vorkaufsrechts: nur bei einem wirklichen Verkaufe oder was dem gleich zu achten, und bei schätzungsfähigen und übertragbaren Bedingungen: §. 575. bis 586. (Zu §. 584. vgl. Präj. 2203. 30. April 1850. III. Senat. Entsch. Bd. 19. S. 226 ff.)

3. Das berechtigte Subject.

A. Collision mehrerer Vorkaufs-Berechtigten: §. 587—593.

B. Unabtretbarkeit des Rechts: §. 594. 595.

C. Uebergang auf die Erben nach den Regeln vom Wiederkauf (oben Tit. 11. Abschn. 1. Nro. IV. 4. A.): §. 596.

D. Entsagung: §. 597. 598.

E. Beschränkung auf gewisse Zeit: §. 599—601.

F. Leistungen: genau entsprechend den vom erstgemeldeten Käufer übernommenen (oder sonst im Voraus bestimmten) Verpflichtungen in allen Haupt- und Neben-Punkten, und zwar innerhalb gemessener Erklärungs- und Ausübungs-Fristen (Sz. S. 61. zu §. 610. h. t.), nach gehörig erfolgter Bekanntmachung des bevorstehenden Verkaufes (mit ausdrücklicher Aufforderung zur Ausübung des Vorkaufsrechts: Präj. 605. 7. Sept. 1838. II. Senat): §. 602—625.

Zu §. 615. fg.: Subhast.-Ordnung 4. März 1834. §. 9. Ges.-Samml. S. 41. (Uebersendung einer Abschrift des Subhastations-Patents vor dem Bietungstermine.)

Zu §. 616: Präj. 880. 5. Juni 1840. II. Senat. („Bei Verlust seines Rechts" geht nur auf den vorliegenden Veräußerungsfall, wenn das Vorkaufsrecht dinglich ist.)

4. Wirkungen des verletzten Vorkaufsrechts, nach erfolgter Uebergabe der Sache an einen anderen Käufer.

A. Auf Grund eines blos persönlichen Vorkaufsrechts gilt kein Retract gegen den Käufer in gutem Glauben, sondern nur die Forderung der Schadloshaltung gegen den Verkäufer: §. 626—630.

B. Auf Grund eines gesetzlichen oder dinglichen Vorkaufsrechts gilt der Retract gegen den Käufer resp. gegen den dritten Besitzer, unter Erstattung des Kaufpreises und gewisser Kosten: §. 631—638.; mit weiterer Unterscheidung der auf Seiten des Käufers stattgehabten Kenntniß der Existenz des Vorkaufsrechts und der berechtigten Person: §. 639. (Sz. S. 61. 62.), oder blos der Existenz eines Vorkaufsrechtes überhaupt: §. 640—643.

5. Untergang des Retractrechts (4. B.):

A. Durch erfolglose Aufforderung (3. F.) zur Ausübung desselben: §. 644. 645.

B. Durch Extinctiv-Verjährung: nach Maßgabe der §§. 646—648. (Koch §. 334. Nro. III. §. 337. Nro. II. 1.)

II. Die einzelnen Fälle des gesetzlichen Vorkaufsrechts.

1. Bei dem pactum addictionis in diem: oben Tit. 11. Abschn. 1. Nro. IV. 3. (Ein gesetzliches und dennoch blos persönliches Vorkaufsrecht!)

2. Das Vorkaufsrecht der Miteigenthümer (ex iure condominii, Ganerbenrecht): Tit. 17. §. 61. (Tit. 18. §. 304. ff.) Th. II. Tit. 8. §. 1437. ff. Tit. 11. §. (912—) 914. (§. 914.

eigentlich Marklosung, retr. ex iure incolatus: Eichhorn §. 105. Nro. II. Koch §. 333. Note 5.) Tit. 16. §. 282.

3. Das Vorkaufsrecht des Lehnsherrn (retractus feudalis): Tit. 18. §. 209. (Eichhorn §. 229. Koch §. 284. Note 12.) und des Erbzinsherrn: Tit. 18. §. 710. ff. (Tit. 20. §. 574. Retractus iure dominii directi.)

4. Die Erblosung (retractus gentilitius): (Tit. 18. §. 304. ff.) Tit. 20. §. 649. Th. II. Tit. 4. §. 227—250. (Nicht gemeinen Preußischen Rechtens.)

5. Das Nachbarrecht auf anstoßende Grundstücke „wegen der bloßen Nachbarschaft und Lage" (retr. ex iure vicinitatis, Fürnossenrecht): Tit. 20. §. 650. (Nicht gemeinen Preußischen Rechtens.)

6. Das Gespilderecht (Theillosung, retr. ex iure congrui) „auf Güter, die ehemals zusammengehört haben": Tit. 20. §. 650. (Gleichfalls nicht gemeinen Preußischen Rechtens.)

7. Das nachbarliche Vorkaufsrecht auf Enclaven (eine Art des Nachbarrechts überhaupt [Nro. 5.]): Tit. 20. §. 651. bis 656. (Eigenthümliche Frist von 6 Monaten: §. 655.)

8. Das Vorkaufsrecht des Erbverpächters (oben Tit. 18. Abschn. 2. und Zubehör, Nro. IV. 2. B.) ist im A. L. R. nicht erwähnt, aber, so weit es provinzialrechtlich oder statutarisch galt, auch nicht aufgehoben. (Vgl. Conclusum der Gesetz-Commission vom 13. Januar 1784: „daß das Näherrecht auch bei einer Erbpacht, insofern solche mit der Emphyteusis gleich geachtet wird, zuzulassen.")

9. Das Vorkaufsrecht des Staats auf alles von den beliehenen Bergwerkseigenthümern gewonnene Gold und Silber: A. L. R. II. 16. §. 95.

10. Das Vorkaufsrecht der bauenden Gewerke auf Bau- und Kohlenholz, das aus den Forsten des Grundherrn verkauft wird: A. L. R. II. 16. §. 111.

11. Das (Wiederkaufs- und) Vorkaufsrecht des expropriirten Eigenthümers auf sein Grundstück, wenn dieses später zu der Eisenbahn-Anlage entbehrlich wird: Gesetz über die Eisenbahn-Unternehmungen, vom 3. November 1838., §. 16 — 19. (Ges.-Samml. S. 508. 509.)

Das Edict betreffend den erleichterten Besitz und den freien Gebrauch des Grundeigenthums u. s. w., vom 9. October 1807. §. 3. (Ges.-Sammlung S. 171.), hatte die gesetzlichen Vorkaufs- und Näher-Rechte noch bestehen lassen für Lehnsobereigenthümer, Erbzinsherren (oben Nro. 3.), Erbverpächter (so weit Erbverpächter überhaupt dieses Recht hatten [oben Nro. 8.]: Präj. 1115. 11. März 1842. II. Senat), Miteigenthümer (oben Nro. 2.), und bei enclavirten Grundstücken (oben Nro. 7.).

Das Gesetz vom 2. März 1850 aber (oben zu Tit. 18. g. E.) hat ohne Entschädigung aufgehoben:

§. 2. Nro. 6. Die Vorkaufs-, Näher- und Retract-Rechte an Immobilien überhaupt, mit Ausnahme der im

§. 4. in Kraft gelassenen. Dieses sind:

a) Das durch Verträge oder letztwillige Verfügungen begründete Vorkaufsrecht an Immobilien.

b) Das Vorkaufsrecht derjenigen, die eine Sache gemeinschaftlich zu vollem Eigenthum besitzen, an deren Antheilen. (Auch Rheinisches Retractrecht der Miterben.)

c) Das Vorkaufsrecht des zeitigen Eigenthümers eines, durch das zu gemeinnützigen Zwecken vom Staate ausgeübte oder verliehene Expropriationsrecht verkleinerten Grundstückes, wenn in der Folge das expropriirte Grundstück ganz oder theilweise zu dem bestimmten Zwecke nicht weiter nothwendig ist.

A. L. R. Th. I. Tit. 21. Von dem Rechte zum Gebrauche oder Nutzung fremden Eigenthums. (Entw. Th. II. Tit. 20.)

Allgemeine Bestimmungen (oben Tit. 19.): §. 1 — 21. (Selbst der Nießbrauch ist zunächst ein blos persönliches Recht und wird erst durch Besitz oder Eintragung dinglich. Eben dadurch wird aber freilich auch Miethe und Pacht zum dinglichen Rechte. — Bei allen Nutzungsrechten gilt die Präsumtion für Entgeltlichkeit des Genusses. — Kosten und Lasten in Compensation mit dem Genusse. -- Prästation der culpa media als Regel für den Nutzungsberechtigten. — Die s. g. cautio usufructuaria ist nicht beibehalten.)

Erster Abschnitt. Vom Nießbrauche. Koch §. 319—327. Puchta §. 178—182. 186—192.

I. Begriff (wie nach Römischem Rechte): §. 22. 25. 30.

II. Rechte des Nießbrauchers.

1. Grundregel: der Nießbrauch umfaßt als vollständiges Nutzungsrecht (gleich dem nutzbaren Eigenthum) alle gewöhnlichen und ungewöhnlichen Nutzungen, §. 23., und findet seine Schranken nur an der nicht anzutastenden Substanz: §. 24—28. 30.

2. Dem Nießbrauch sind auch unterworfen alle Accessionen der Sache (wenn diese nicht schon in die Kategorie ad 1. gehören, also Eigenthum des Nießbrauchers werden): §. 24. (9. §. 4. de usufructu. VII. 1.) Nicht die bei dem Anfange des Nießbrauches schon abgesonderten fructus naturales, auch nicht die für den Zeitraum vor diesem Anfange zu entrichtenden fructus civiles: §. 29. (Vgl. oben Tit. 7. Abschn. II. Nro. II. 1. B. b.)

3. Die Unantastbarkeit der Substanz leidet zwei wesentliche Modificationen.

A. Zur nothwendigen Unterhaltung der Sache: §. 40.

B. In Ansehung derjenigen Verringerungen, welche sich nach dem Laufe der Natur und Verwaltung von selbst wieder ersetzen: §. 31. Besonders bei Benutzung

a) des Holzes auf dem Waldboden: §. 32—36. (zu §. 33. cf. 12. pr. de usufructu. VII. 1.);

b) der unterirdischen Erzeugnisse, mit Unterschied, je nachdem sie zu den Regalien gehören oder nicht: §. 37—39. (Entsprechend dem, zur Entscheidung früherer Controversen, berücksichtigten natürlichen Unterschiede zwischen den beiden Arten dieser Producte: Sz. S. 62. Vgl. Präj. 1686. 22. Januar 1846. I. Senat.)

Grund der Bestimmungen §. 34(—36.) und §. 37.: weil dem Nießbraucher keine Partikel der Substanz gehört. (Sz. S. 62.)

4. Ganz fremd bleibt dem Nießbraucher ein gefundener Schatz: §. 41. (7. §. 12. sol. matr. XXIV. 3.: in fructum non computabitur.) Vgl. oben Tit. 9. Abschn. 3. §. 94. ff.

5. Der Nießbrauch eines ganzen Vermögens umfaßt auch die Leibrenten: §. 42.

6. Das Nießbrauchsrecht erstreckt sich auf Vermehrungen

und Verbesserungen der Sache (vgl. oben 2. von den Accessionen) durch einen Dritten: §. 43. 44. (Geht besonders auf „Königliche Meliorationes": Sz. S. 62.)

7. Ehrenrechte der Regel nach nicht beim Nießbraucher. §. 45. 46.

III. Pflichten des Nießbrauchers.

1. In Ansehung der Gebäude: §. 47—67 Sz. S. 62. 63. Eigenthümliche Bestimmung wegen der s. g. Hauptreparaturen (§. 52.): Sind die davon betroffenen Gebäude zur Wohnung und Wirthschaft nothwendig, so muß zwar der Nießbraucher den Bauvorschuß leisten, er kann aber den Consens des Eigenthümers erzwingen, und nach beendigtem Nießbrauche Ersatz fordern. Sind sie nicht nothwendig, so kann der Nießbraucher den Consens des Eigenthümers nicht erzwingen.

2. In Ansehung der übrigen Zubehörungen und Rubriken der Sache: §. 68. 69.

3. In Ansehung der Zinsen.

A. Die (laufenden) Zinsen der auf der Sache haftenden Schulden muß der Nießbraucher berichtigen: §. 70. Dies ist aber nur eine Verpflichtung des Nießbrauchers dem Eigenthümer gegenüber; der Gläubiger hat kein unmittelbares und persönliches Recht gegen den Nießbraucher: Pl.-Beschl. 1. März 1847.

B. Der Nießbraucher einer ganzen Verlassenschaft muß auch die persönlichen Schulden des Erblassers verzinsen: §. 71. Die Verzugszinsen treffen ihn aber nicht: Präj. 169. 7. März 1837. I. Senat.

4. Zur Berichtigung aufgekündigter Capitalsposten kann der Nießbraucher, mit dem (erzwingbaren) Consense des Eigenthümers, die Substanz angreifen: §. 75—78. Wirkung der vom Nießbraucher aus eigenen Mitteln geleisteten Zahlung: §. 79. (Oben Tit. 16. Abschn. 2. Nro. III. 2. und der dort allegirte Tit. 14.)

5. Auch persönliche Prästationen an einen Dritten fallen im Zweifel dem Nießbraucher zur Last: §. 80. 81.

6. Die Prozesse muß der Regel nach der Nießbraucher selbst, mit Vorschießung der Kosten, führen, jedoch unter Zuziehung des Eigenthümers: §. 82—86.

7. Lasten und Abgaben trägt der Nießbraucher, mit einer (neuen) Modification wegen ungewöhnlicher, alle Nutzungen absorbirender Fälle: §. 87—89.

8. Bei der Verwaltung von Capitalien haftet der Nießbraucher zwar (den allgemeinen Grundsätzen gemäß) nur für mäßiges Versehen, sofern er keine eigenmächtige Veränderung mit dem Capitale vorgenommen hat; er darf aber das Capital überhaupt nicht ohne Einwilligung des Eigenthümers einziehen oder sonst darüber verfügen: §. 101—109.

IV. Eigenthümliche Bestimmungen wegen der Verjährung, im Zusammenhange mit dem Grundsatze, daß der Nießbraucher dem Eigenthümer wohl Nutzen aber keinen Schaden stiften kann: §. 90. 98.

1. Im Verhältniß des Eigenthümers gegen Dritte gilt der Nießbrauch als ein Hinderniß für den Anfang einer Verjährung gegen den Eigenthümer (oben Tit. 9. Abschn. 9. Nro. I. 3. A.): §. 91—93. Sz. S. 64. (In §. 93. kann die vierjährige Restitutionsfrist aus §. 531. Tit. 9. nicht als ausgeschlossen gelten.)

2. In dem Verhältnisse zwischen dem Eigenthümer und dem Nießbraucher selbst: §. 94—97. (Möglichkeit der Ersitzung des Eigenthums durch den Nachfolger des Nießbrauchers. Vgl. oben Tit. 9. Abschn. 9. Nro. IV. 2. B. C.)

V. Die übrigens ungehinderte Verfügung des Eigenthümers über die Substanz findet ihre Schranke an dem nicht zu schmälernden Nutzungsrechte des Nießbrauchers: §. 99. 100. §. 72. In Verbindung hiermit: Nutzen der Eintragung des Nießbrauchs: §. 73. 74. (Vgl. §. 355. 356. h. t.)

VI. Das Recht des Nießbrauchers ist zwar nicht cessibel, die Ausübung kann aber auch durch Andere (z. B. Pächter) geschehen: §. 110.

VII. Rückgewähr der Sache nach geendigtem Nießbrauche, auf Grundlage eines gleich bei Einräumung des Nießbrauches aufzunehmenden Inventarii, in dessen Ermangelung die Präsumtion gilt, daß der Nießbraucher alles zur vollständigen Benutzung der Sache Erforderliche erhalten habe: §. 111—123. (Singuläre Bestimmungen bei letztwillig bestelltem Nießbrauche: §. 116 bis 118.)

VIII. Meliorationen und Deteriorationen: Sz. S. 97—100. (Nro. I.)

1. In Ansehung der Meliorationen wesentliche Abweichung von der gemeinrechtlichen (weder Römischen noch in sich richtigen) Gleichstellung des Nießbrauchers mit dem bonae fidei possessor:

durch die landrechtliche Unterordnung des Nießbrauchers unter den vorgängigen Consens des Eigenthümers. §. 124—131.

Im §. 124. wird schriftliche Form ohne Unterschied des Objectes erfordert; während in den Fällen der §§. 49. 56. (bei Bauten) der gewöhnliche Unterschied maßgebend ist. (Auch im §. 126. wird abgewichen vom §. 60.)

2. In Ansehung der Deteriorationen keine wesentliche Abweichung vom gemeinen Rechte (Ersatz für Deteriorationen aus mäßigem Versehen u. s. w.): mit Ausnahme der Abschneidung des Einwandes „vernachlässigter Cultur oder sonstiger unwirthschaftlicher Verwaltung": §. 132—142.

Den Gegensatz zu §. 136. bilden die §§. 140. 141., wozu eventuell noch der Anspruch auf Cautionsbestellung kommt: §. 20. 103.

IX. Auseinandersetzung wegen der Nutzungen (nach den Grundsätzen Tit. 7. Abschn. II. Nro. II. 1. B.): §. 143. 144. (172.)

1. Zu den Nutzungen der früheren Jahre, welche dem Nießbraucher verbleiben, gehört insbesondere an Holz, Mauer- und Ziegelsteinen und dergl. Alles, was bereits vom Boden separirt (geschlagen resp. zubereitet) und verkauft oder doch (zur Ablage) abgeführt ist: §. 145—149.

2. Die Nutzungen des letzten Jahres werden verschieden behandelt, nach dem Objecte des Nießbrauches: §. 150.

A. Bei Landgütern (so wie bei städtischen mit Ackerbau und Viehzucht verbundenen Grundstücken — vgl. oben zu Tit. 5. Abschn. II. Nro. III. 1. F. —) wird das Ergebniß — Ertrag oder Schaden (Tit. 7. §. 202. leidet hier keine Anwendung) — desjenigen Wirthschaftsjahres (vom 1. Juli an), in welchem der Nießbrauch sein Ende gefunden hat, zwischen dem Eigenthümer und dem Nießbraucher oder dessen Erben pro rata temporis getheilt (analog der Römischen Dotalrechnung nach Ehejahren): §. 151—169. Sz. S. 100. 101. (Nro. II.)

B. Bei anderen Objecten, d. i. bei Grundstücken, mit welchen keine Landwirthschaft verbunden ist (und dahin gehören auch einzelne Aecker, Wiesen, Gärten u. dgl., bei denen das Kriterium des §. 169. nicht zutrifft), imgleichen bei Gerechtigkeiten und Capitalien, währt das Nutzungsrecht noch bis zum Ende desjenigen Vierteljahres, in welchem der Nießbrauch aufhört (das [alte Rechnungs-] Jahr vom 1. Juni an): §. 170. 171. (Tit. 7.

§. 199.: auch bei nicht-ländlichen Grundstücken das Wirthschaftsjahr vom 1. Juli an.)

X. Quasi ususfructus: §. 173—175. (Abweichend vom Römischen Rechte.)

XI. Ende des Nießbrauchs.

1. Mit dem Tode des Nießbrauchers, es sei denn, was nach A. L. R. zulässig ist, ein erblicher Nießbrauch bestellt: §. 176 bis 178; imgleichen mit dem Untergange der juristischen Person, welcher der Nießbrauch zusteht: §. 179. 180. (Nicht congruent mit Tit. 12. §. 423. 424.: Sz. S. 64. fg.)

2. Durch Entsagung des Nießbrauchers: §. 181—183 (Oben Tit. 19. Nro. VII. 2.)

3. Durch Extinctiv-Verjährung (oben Tit. 19. Nro. VII. 1.), durch Untergang der Sache, durch Consolidation: §. 184.

XII. An Stelle des Römischen usus (resp. der habitatio): §. 185. 186. Puchta §. 180. Koch §. 328. (Oben Tit. 19. Nro. VI.)

(**Zweiter Abschnitt.** Von der Erbpacht. Oben zu Tit. 18. Abschn. 2.)

Dritter Abschnitt. Von dem **eingeschränkten** Gebrauchs- und Nutzungsrechte fremder Sachen.

I. Allgemeine Entstehung und Beschaffenheit des eingeschränkten Nutzungsrechtes (Leihe, Miethe, Pacht), im Gegensatz zum vollständigen Nutzungsrechte (Nießbrauch, Erbpacht): §. 227. 228.

II. Leihvertrag. (Commodat und Precarium zusammengestellt.)

1. Precarium: §. 231—233. (Tit. 7. §. 106. ff. Tit. 5. §. 135. Tit. 10. §. 17.) Koch §. 646. Puchta §. 136. 319.

2. Commodat. Koch §. 644. 645. Puchta §. 319.

A. Wesentliche Momente des Geschäfts.

a) Unentgeltlichkeit: §. 229.

b) Gebrauch der Sache, ohne Fruchtnutzung: §. 229. 238—240.

c) Bestimmte Zeit der Rückgabe: §. 230. 234. Doch gilt

α) Rückforderung vor der bestimmten Zeit:

a) wegen veränderter Umstände (oben Tit. 5. Abschn. III. Nro. III.): §. 235. 236.;

b) wegen Mißbrauchs: §. 237.

β) Rückgabe vor der Zeit, in der Regel nach dem Belieben des Commodatars: §. 245. (Umgekehrt beim Depositum: Tit. 14. §. 54. 55.)

B. Leistungen des Commodatars.

a) Er trägt nur die gewöhnlichen Erhaltungskosten: §. 241., und hat wegen außerordentlicher Verwendungen die Rechte eines negotiorum gestor: §. 242—244.

b) Er muß die Sache im gehörigen Stande zurückgeben, und hat das Retentionsrecht nur nach Art eines Depositars: §. 246. 247. (Oben Tit. 14. Abschn. 1. Nro. VI.)

c) Er vertritt der Regel nach culpa levissima: §. 248 bis 250. (Zu §. 250. [5. §. 4. comm. XIII. 6.] vgl. Tit. 14. §. 20. Sz. S. 65.)

d) Er prästirt den casus (culpae subordinatus) im Falle des Mißbrachs (A. c. α. b.), so wie im Falle der mora: §. 251. Eventuelles Wahlrecht des Commodanten: §. 254—256. (17. §. 5. l. c.)

C. Der Commodant prästirt nur culpa lata: §. 257., und trägt der Regel nach (B. d.) den casus: §. 252. (253.)

III. Mieth- und Pacht-Vertrag. (Locatio conductio rerum. Vgl. §. 398. h. t.) Koch §. 696—705. Puchta §. 365. 366. 369.

1. Miethe und Pacht im Allgemeinen.

A. Begriffe.

a) Der locator gewährt den Gebrauch einer Sache (Miethe) oder die Fruchtnutzung (Pacht): §. 258—261.

b) Der conductor giebt dafür einen bestimmten Preis: §. 258. 259.

α) Besteht dieser Preis in baarem Gelde, so heißt er Mieth- oder Pacht-Zins und wird nach Analogie des Kaufpreises behandelt: §. 262. 263. (Deshalb ist auch der Einwand der s. g. laesio enormis — oben Tit. 11. Abschn. 1. Nro. I. 3. B. — zuzulassen. Vgl. jedoch Präj. 2227. 11. Juni 1850. III. Senat. Entsch. Bd. 19. S. 489.)

β) Statt des Pachtzinses

a) eine bestimmte Quantität von Früchten: ändert Nichts in der Natur des Geschäfts: §. 264.;

b) eine pars quota von Früchten: erzeugt die s. g. colonia partiaria: §. 265. 266.

B. Form.

a) Das Erforderniß der Schriftlichkeit richtet sich nach

dem Betrage des Zinses: §. 267., und zwar auch bei längerer Dauer nach dem Betrage einer Einjährigen Miethe: §. 268. (abweichend von Tit. 5. §. 136.).

b) Ist die (nach a.) erforderliche schriftliche Form versäumt, so gilt der durch Uebergabe vollzogene Vertrag nur auf Ein Jahr: §. 269. (Der Kündigung bedarf es hier so wenig wie in den Fällen der §§. 328. und 402.: Präj. 493. 2. Juli 1838. I. Senat.)

C. Rechte und Pflichten der Contrahenten.

a) Das Gebrauchs- oder Nutzungs-Recht des conductor erstreckt sich der Regel nach nur auf das Gemeingewöhnliche: §. 270. 271.

b) Gewähr der Sache in brauchbarem Zustande: §. 277. 272—274. Ausnahme: §. 275. 276.

Der §. 273. berührt sowohl die Gewährleistung wie den Rücktritt wegen mangelnder Erfüllung. Danach ist die Entschädigungsklage gegen den locator als zulässig anzusehen, auch ohne Klage auf Instandsetzung und ohne Rücktrittserklärung: Präj. 1614. 25. September 1845. I. Senat.

c) Der conductor vertritt culpa levis: §. 278., ausnahmsweise levissima: §. 279. (441.)

d) Für Meliorationen bekommt der conductor Ersatz nach Art des Nießbrauchers (oben Abschn. 1. Nro. VIII. 1.); nur ist der Consens des locator nie erzwingbar: §. 280. 281.

In zwei Fällen rechtlich oder äußerlich zwingender Nothwendigkeit aber gebührt dem Pächter Ersatz auf Grund der Verwendung oder Verbesserung selbst: §. 282—286. Pr.-O. Tit. 50. §. 258. (Das Zeit-Drittel im §. 284. ist kein bloßes Beispiel [wie §. 285.], sondern conditio sine qua non für den Fall des §. 283.)

Wegen eigentlicher Conservationskosten steht der conductor einem neg. gestor gleich: §. 287. (Vgl. oben II. 2. B. a.)

e) Lasten und Abgaben treffen grundsätzlich (Sz. S. 65 bis 67.) vorzugsweise

α) den Vermiether und nicht den Miether: §. 288 bis 291. (Doch ist in den Jahren 1807. 1808 [Spezialverordnungen, die nicht in die Gesetz-Sammlung aufgenommen sind] feindliche Einquartirung als gemeinschaftliche Last behandelt, und im Jahre 1812 [Cab.-Ordre 20. Mai 1812. Ges.-Samml. S. 47.] sind die §§. 289. 290. in Betreff ausländischer Truppen suspendirt worden.

Nach §. 291. muß auch der Hagelschaden an den Fensterscheiben den Vermiether treffen. [Code Napol. art. 1754. §. 5.])

β) Den Pächter und nicht den Verpächter: §. 292 bis 296. (Mit weiterer Unterscheidung, ob in Pausch und Bogen [wie immer in Ermangelung eines Anschlages anzunehmen ist: Präj. 310. 24. Juli 1837. I. Senat], oder nach einem Anschlage gepachtet ist. Vgl. §. 413 414. h. t.)

f) Zahlung des Zinses von Seiten des conductor.

α) Im Zweifel vierteljährige Termine: §. 297.

β) Der Rückstand zweier Termine (R. R. biennii continui: 54. §. 1. und 56. loc. cond. XIX. 2.) berechtigt den locator zu vorzeitiger (nur an die gesetzlichen Fristen §. 342. ff. gebundener: Präj. 1574. 30. Mai 1845. I. Senat) Kündigung: §. 298. (Es ist nicht anzunehmen, daß der conductor einseitig durch das Anbieten baarer Zahlung dieses Kündigungsrecht wieder aufheben könne. Dagegen muß dasselbe als erloschen gelten, so wie der locator nachträglich [auch nur Abschlags-] Zahlung annimmt. Vgl. Präj. 1472. 27. Juli und 3. August 1844. Ferien-Senat.)

γ) Verhältnißmäßiger Erlaß am Zinse ist (nach der Natur der Sache) dem conductor je für den Zeitraum zu gewähren, innerhalb dessen entweder der Gegenstand des Vertrages selbst oder doch der Gebrauch resp. die Nutzung des Gegenstandes dem conductor entzogen war. Doch bleiben nach A. L. R. gewisse Fälle kürzerer Störung unberücksichtigt; nämlich (mit verschiedenen Fristen)

a) bei Gebäudemiethen: §. 299. (geht auch auf einzelne Wohnungen, aber nicht auf andere Objecte der Miethe, insbesondere nicht auf Mobilien) und §. 300. (Mangel an Congruenz in den Fristen dieser beiden Paragraphen);

b) bei Pachtungen von Gerechtigkeiten oder anderen nutzbaren Sachen, mit Ausschluß von Landgütern: §. 301 bis 306.;

c) bei Landgüterpachtungen: §. 307. 308.

In allen diesen Fällen aber (a. b. c.) ist nur ein ununterbrochener Zeitraum der längeren Störung zu berücksichtigen.

g) Sublocation: im Wesentlichen nicht ohne die Einwilligung des locator zulässig (abweichend vom R. R.).

α) Der Miether insbesondere darf ohne die Einwilligung des Vermiethers (deren Form nicht schriftlich zu sein braucht: Präj. 2029. 9. Juni 1848. III. Senat)

a) sein ganzes Miethsrecht weder entgeltlich noch unentgeltlich an einen Anderen abtreten: §. 309.;

b) einen Anderen nicht gegen Entgelt (also wohl unentgeltlich) bei sich aufnehmen: §. 310.;

c) dem Vermiether, der seinen — übrigens unerzwingbaren — Consens ohne ausreichenden Grund versagt, vorzeitig kündigen: §. 311. 312.

β) Der Pächter ist gleichfalls an die Einwilligung des Verpächters gebunden, doch mit einer Modification bei Pachtungen mehrerer Wirthschaftsrubriken oder Vorwerke: §. 313. 314.

γ) Rechtsverhältnisse aus der Sublocation: §. 315 bis 323. (Leitender Gesichtspunkt: dem locator haftet wesentlich der conductor, diesem der Unter-conductor, so daß zunächst zwischen dem locator und dem Unter-conductor kein anderes Rechtsband existirt, als zwischen jedem creditor und dem debitor debitoris.)

D. Endigung der Miethe oder Pacht.

a) Mit dem Ablaufe der im Vertrage bestimmten Zeit: ohne besondere Aufkündigung: §. 324. (Dies interpellat pro homine.)

Die blos thatsächliche Fortsetzung des Besitzes schließt eine rechtliche Verlängerung des Vertrages noch nicht in sich; doch folgt die (tacita) relocatio aus concludenten Handlungen: §. 325. Beispiele solcher Handlungen: §. 326. (absichtlich blos von der Pacht) und §. 327. Dauer der relocatio: §. 328 bis 331. (§. 328. findet nur Anwendung in Ermangelung eines anderen Anhaltpunktes. §. 329. erinnert an eine gewisse Auffassung der Schlußworte in 13. §. 11. loc. cond. XIX. 2.: nisi in scriptis certum tempus conductione comprehensum est.)

Folgen der blos thatsächlichen Fortsetzung des Besitzes: §. 332. 333., mit einer billigen Modification zu Gunsten des im Laufe eines Quartals entsetzten Miethers: §. 334. 335.

Analoge Behandlung der nach einem gewissen Ereignisse oder nach einer Begebenheit bestimmten Dauer des Vertrages: §. 336—339.

b) Bei im Vertrage nicht bestimmter Dauer: nach vorgängiger Aufkündigung. Prinzip: §. 340. Ausnahme (nach der Natur der Sache): §. 346. 347.

Abmessung der Kündigungsfrist: entweder nach den im Vertrage selbst gewährten Anhaltpunkten: §. 341. (vgl. oben §. 329.), oder nach den in subsidium gegebenen gesetzlichen Bestimmungen: §. 342—345., und Verordnung, betr. die Aufkündigungs-Frist bei monatsweise gemietheten Wohnungen, v. 9. Januar 1812. (Ges.-Samml. S. 4.); auch Gesetz über die Termine bei Wohnungs-Miethsverträgen, v. 30. Juni 1834. (Ges.-Samml. S. 92.)

Formlosigkeit der Aufkündigung (vgl. oben Tit. 11. Abschn. 7. Nro. V. 1.): §. 348. 349. Pl.-Beschl. 6. März 1848.

Anwendung der gesetzlichen Kündigungsfristen auch in Fällen vorzeitiger Aufhebung des Vertrages: §. 298. 367. 373. 389. 393. h. t.

c) Aufhebung des Vertrages innerhalb der vertragsmäßigen Zeit: theils mit theils ohne Aufkündigung. (Fehler im L. R. Marginale.)

α) Wegen nothwendiger gerichtlicher Veräußerung der Sache kann dem conductor, aber nicht von dem conductor gekündigt werden: §. 350. 357.

Für diese Kündigung gelten verschiedene Fristen bei der Pacht: §. 351. 352. und bei der Miethe: §. 353. 354. (Pr.-O. Tit. 50. §. 259.)

Nutzen der Eintragung des Contracts für den conductor: §. 355. 356. (Oben Abschn. 1. Nro. V. g. E.)

β) Veränderungen in der Person des locator sind ohne Einfluß auf das Vertragsverhältniß. Also namentlich:

a) Tod des locator: §. 375.

b) Veränderte Umstände in der Person des locator: §. 386.

c) Freiwilliger Verkauf nach einmal erfolgter Uebergabe der Sache: §. 358. (Kauf bricht nicht Miethe: Sz. S. 67. Vgl. oben Tit. 7. Abschn. II. Nro. I. 2. g. E.)

Anders verhält es sich beim Verkaufe vor erfolgter Uebergabe: §. 359—362. (Besonders zu beachten das Recht des conductor zum Rücktritt.)

γ) Veränderungen in der Person des conductor sind von wesentlichem Einfluß.

a) Der Tod des conductor berechtigt dessen Erben und nicht minder den locator zur Aufkündigung (Sz. S. 67. 68.), mit verschiedenen Fristen bei der Pacht: §. 366 bis 370. und bei der Miethe: §. 371—373.

Nach einmal verstrichener Frist hört das Rücktritts- und Kündigungsrecht des locator für immer auf: Pl.-Beschl. 14. Juni 1847.

Der Tod des Einen von mehreren gemeinschaftlichen Conductoren bleibt ohne Einfluß: §. 374.

b) Unfreiwillige Veränderungen in seiner Person oder in seinen Umständen berechtigen den conductor zur Aufkündigung, nach Maßgabe der §§. 376—380. (Sz. S. 68.)

Die §§. 381. 382. beruhen nicht auf dem Prinzipe der solutio, sondern auf der Behandlung der feindlichen Erpressung als einer die Sache und nicht die Person treffenden Last.

δ) Veränderungen in der Sache berechtigen zur Aufhebung des Vertrages, und zwar nach den Umständen ohne vorgängige Aufkündigung:

a) den Vermiether: nothwendige Hauptreparaturen (mit Vorbehalt der etwaigen Entschädigungspflicht): §. 363. bis 365.;

b) den Miether: eintretende Unbrauchbarkeit der Sache: §. 383—385.

ε) Mißbrauch der Sache durch den conductor berechtigt den locator, und zwar nach der Natur der Sache wieder ohne vorgängige Aufkündigung, zur Aufhebung des Vertrages, nach Maßgabe des §. 387. (Vergl. §. 477.)

ζ) Resoluto iure concedentis (oben Tit. 19. Nro. VII. 4.): §. 388—390. (Mit Aufkündigung.)

η) Rücktritt (mit Aufkündigung) wegen der vom anderen Theile verweigerten Erfüllung, nach allgemeinen Grundsätzen (oben Tit. 5. Abschn. III. Nro. V.), jedoch — wenn einmal auf Grund des Contractes die Sache dem conductor übergeben ist — nicht schon nach einem Erkenntniß erster Instanz, sondern erst nach rechtskräftigem Erkenntniß: §. 391—394. (Z. B. §. 273. 298. h. t.)

E. Eigenthümliche Berechtigungen.

a) Retentionsrecht des conductor, wegen der ihm gebührenden Vergütungen, mit verschiedenen Objecten bei der Pacht: §. 396. (Sache selbst) und bei der Miethe: §. 397. (Zins des letzten Termins: Tit. 20. §. 542.)

b) Pfandrecht des locator, wegen seines Zinses oder anderer Forderungen: §. 395. (Pr.-O. Tit. 50. §. 382. a.)

α) Dieses Pfandrecht erstreckt sich nur auf solche (vom

conductor eingebrachte und zur Zeit der Endigung des Contractes in dem Hause oder Gute noch vorhandene) „Sachen und Effecten", welche dem conductor selbst gehören oder welche derselbe ohne Einwilligung des Eigenthümers zu verpfänden befugt ist: Declaration (über die Anwendung des §. 395. h. t.) vom 21. Juli 1846. Ges.-Samml. S. 326. (Vgl. den in gleichem Sinne ergangenen Pl.-Beschl. vom 12. März 1838. Koch §. 365. Note 17.)

Zu den dem Pächter selbst gehörenden „Sachen und Effecten" sind auch die Früchte zu rechnen: Präj. 885. 18. April 1840. III. Senat, unter a. Imgleichen die sonst von der Execution (Koch §. 481.) gesetzlich ausgenommenen Gegenstände. (Pr.-O. Tit. 24. §. 95. fg. Anh. §. 155. 156. 302.)

Zu den ohne Einwilligung des Eigenthümers verpfändbarer Sachen aber gehören hier besonders die inferirten Mobilien der Ehefrau: Präj. 1734. 4. April 1846. III. Senat. (Unten Th. II. Tit. 1. Abschn. 5. Nro. II. 2. E.)

β) Der Charakter dieses Pfandrechts ist besonders dadurch eigenthümlich, daß der Berechtigte sich erst den Besitz des beweglichen Objects (durch erlaubte Selbsthülfe, Quasi-Retention) verschaffen muß.

In dieser eigenthümlichen Gestalt aber entsteht das Pfandrecht schon im Momente der Illation seines Objectes (nicht erst durch die Ausübung des Retentionsrechtes: Entsch. des Geh. Ob.-Trib. Bd. I. Nro. 3.; vgl. Präj. 740. 21. October 1839. III. Senat); weshalb es denn auch schon vor Beendigung des Vertrages wegen der bereits fälligen Forderungen geltend gemacht werden kann: Präj. 885 (oben ad α.), unter b.

γ) Dieses Pfandrecht gebührt auch dem conductor als Unter-locator gegen den Unter-conductor: Präj. 1216. 15. October 1842. III. Senat; aber nicht dem locator als solchem gegen den Unter-conductor: oben C. g. γ.

2. Landgüter-Pacht insbesondere. (§. 399. 400.)

A. Strengere (mindestens schriftliche) Form: §. 401. bis 407. (Sz. S. 68.) Anh. §. 56. (Conclusum der Ges.-Comm. v. 15. December 1794.) §. 57. (Rescript v. 13. Februar 1797.)

Im §. 406. ist vorauszusetzen, daß die Uebergabe bereits stattgefunden hat: Präj. 527. 1. October 1838. I. Senat.

In den Fällen der §§. 405. 406. gilt aus einer bloßen Privatpunctation keine Klage auf gerichtliche Vollziehung oder auf Erfüllung des Vertrages auch nur für Ein Jahr: Präj. 48. Aus dem Jahre 1834. Plenum.

B. Die Rechte des Pächters in Betreff der Nutzungen: §. 408—412., die Pflichten desselben in Betreff der Lasten und Abgaben (oben 1. C. e. β.): §. 413. 414., die Gewährleistung von Seiten des Verpächters: §. 418—432. (unter die nach §. 420. 421. zu vergütenden Schmälerungen gehören auch nach abgeschlossenem Pachtvertrage auferlegte öffentliche Abgaben: Präj. 311. 24. Juli 1837. I. Senat), die gehörige Instandhaltung und Bewirthschaftung des Gutes durch den Pächter: §. 433 bis 477. (zu §. 441.: Sz. S. 68. 69.; zu §. 477: oben 1. D. c. ε.), — alle diese Momente sind theils nach den allgemeinen Grundsätzen weiter ausgeführt, theils mit einigen singulären, durch die Natur des besonderen Verhältnisses eingegebenen Bestimmungen ausgestattet. (§. 415—417.: s. unten bei F.)

C. Eigenthümlich behandelt sind die Remissionen am Pachtzinse. (Sz. motivirte Rechtfertigung: S. 69—71.)

a) Die Scheidung der Remissionen von der Gewährleistung (§. 307. 308.) ist, bei der Verwandtschaft der Verhältnisse, nicht durchweg genau festgehalten. So finden sich mitten in der Lehre von den Remissionen reine Momente der Gewährleistung: §. 524—530. (Untergang von Gebäuden), §. 545. 546. (Stillestand einer Mühle wegen gemeiner Landesangelegenheiten), §. 560. (Kriegsschäden an der Substanz).

b) Lex specialis contractus: §. 509—511.

c) Als gesetzliche Regel gilt General-Remission für ein einzelnes Wirthschaftsjahr, nur als Ausnahme eine oder die andere Partial-Remission.

α) Die Remission wegen allgemeiner Unzulänglichkeit des Jahres-Ertrages in Folge außerordentlicher Unglücksfälle beruhet, nach vorgängiger rechtzeitiger Benachrichtigung des Verpächters (vgl. Pr.-O. Tit. 44. §. 26. ff.), auf dem Resultate einer Administrationsrechnung für das laufende Jahr, wobei der Pächter nachzuweisen hat: daß das Gut in dem laufenden Wirthschaftsjahre, durch alle Rubriken zusammen genommen, nach Abzug der Ausgaben, nicht so viel, als der Pachtzins ausmacht, getragen habe. (Für Saat- und Bestellungs-Kosten und für seinen und seiner Familie Unterhalt darf der Pächter hierbei nichts in Ausgabe stellen.) §. 478

bis 499. (§. 482: „Provinz", vgl. Tit. 9. §. 622.) Im Gegensatze zu dieser Durchschnittsrechnung sind

β) Partial-Remissionen (wegen der in einzelnen Wirthschaftsrubriken den Pächter betreffenden Unglücksfälle), nur zu gewähren in Ansehung des Getreides, wenn von der beschädigten Sorte nicht so viel gewonnen wird oder übrig bleibt, als zur Saat und Wirthschaft bis zur nächsten Ernte erforderlich ist (wozu hier auch der Unterhalt des Pächters und der Frau und der noch unmündigen Kinder desselben gerechnet wird):

a) wegen Mißwachses oder Verlustes an dem noch auf dem Felde befindlichen Getreide: §. 500—508.;

b) wegen unverschuldeten Brandschadens an einer schon eingeernteten Getreidesorte: §. 516—522., und gleichermaßen wegen eines an den schon eingesammelten Früchten durch Ueberschwemmungen und Gewalt des Wassers erlittenen Verlustes: §. 523.

d) Remission wegen Viehsterbens nur bei Viehpachtungen als solchen: §. 514. 515. (Keine Partial-Remission bei der Landgüterpacht: §. 512. 513.)

e) Remission bei der besonderen Pachtung eines Fischteiches: §. 531. 532.

f) Remissionen bei Mühlenpachtungen: §. 533—552.

Verhältnißmäßige Remission wegen unverschuldeten Stillestandes nur bei einer mehr als vierzehntägigen Dauer des Hindernisses.

Analogie der mit anderen Rubriken an Aeckern, Wiesen u. dergl. verbundenen Mühlenpacht mit der Pachtung eines Landgutes.

D. Einfluß eines während der Pachtjahre ausbrechenden Krieges. (Sz. S. 71. 72.)

a) Befugniß beider Theile zur Aufkündigung des Vertrages: §. 553—558.

b) Gesetzliche (mehr zum Vortheil des Pächters als des Verpächters abgemessene) Bestimmungen wegen der Tragung resp. Vergütung der Kriegs-Schäden und Lasten, bei fortgesetzter (nicht gekündigter) Pacht: §. (559.) 560 — 594. (Jahresrechnung [oben C. c. α.] insbesondere: §. 585. ff. 592. fg.)

E. Allgemeine Bestimmung über die Berechtigung des

Pächters zu Abzügen von dem fälligen Pachtzinse: §. 595. 596. (Pr.-O. Tit. 44. §. 15—35. Tit. 19. §. 1—8.)

Die hier geltend zu machenden Ansprüche des Pächters sind verschiedenartig: entweder reine Remissionsforderungen, welche durch eine ohne Vorbehalt geleistete Zahlung des Pachtzinses verloren gehen (Tit. 16. §. 165.), oder wirkliche Gegenforderungen, wegen nützlicher Verwendung, auch wegen Gewährleistung, welche trotz der geleisteten Zahlung des Pachtzinses bestehen bleiben (Tit. 16. §. 376.).

F. Rückgewähr des Gutes mit dem Zubehör nach geendigter Pacht, auf Grund des gleich beim Beginn der Pacht aufzunehmenden Inventarii: §. 415—417. 597—622. (Weiter kommt es darauf an: ob das Inventarium nach einer Taxe oder ohne Taxe übergeben worden ist. [§. 601. ff. Pr.-O. Tit. 44. §. 52. Tit. 50. §. 311.])

G. Anzeige der von dem Pächter wahrgenommenen Gewährsmängel noch vor Ablauf des (Pacht-) Jahres, in welchem dieselben sich hervorgethan haben, mit eigenthümlichen Folgen der Beobachtung wie der Unterlassung dieser Anzeige: §. 623—625. (Bedenklich im Zusammenhange mit Tit. 5. §. 343. und Tit. 6. §. 54. Nach dem Pl.-Beschl. vom 28. Mai 1844 hat die Unterlassung der Anzeige wenigstens **nicht** den gänzlichen Verlust des Rechts auf Entschädigung für den Pächter zur unmittelbaren Folge.)

(**Vierter Abschnitt.** Von den zur Cultur ausgesetzten Gütern und Grundstücken. Oben zu Tit. 18. Abschn. 2.)

A. L. R. Th. I. Tit. 22. Von Gerechtigkeiten der Grundstücke gegen einander. (Entw. Th. II. Tit. 21.) Koch §. 338—350. 601. Puchta §. 174. 175. 178. 183—192. Eichhorn §. 178—183. 283.

Den Gegenstand dieses Titels bilden lediglich die Grundgerechtigkeiten (Real-Servituten), d. h. subjectiv-dingliche Rechte auf Dulden oder Nichtthun, entsprechend den Römischen iura praediorum (§. 11. 12. h. t.; vgl. oben Tit. 7. Abschn. I. Nro. II. 1. C. b. β. und γ.).

I. Allgemeine Grundsätze und Bestimmungen.

1. Begriffe.

A. Nicht zu verwechseln mit den s. g. Legalservituten: §. 1. 2. (oben Tit. 8. Abschn. II.) ist die Abstraction der s. g. servitutes necessariae: §. 3—10. (12. pr. de relig. XI. 7. Puchta §. 145. Note h. Koch §. 601.)

B. Die Römische Gränze für jede Servitut, fundo utilis sein zu müssen, ist scheinbar wiederzufinden in §. 11. 12. 25. (Befugniß, die „einem Grundstücke gegen das andere" zukommt; Einschränkungen des Eigenthums „zum Vortheile eines anderen Grundstückes"), in der That aber nicht festgehalten: §. 96. fg. 203. ff. Eine wesentliche Schranke ist die: daß durch eine Servitut „die eigentliche Bestimmung" des damit belasteten Grundstückes nicht gehindert werden soll. (Edict zur Beförderung der Land-Cultur vom 14. September 1811. §. 27. Ges.-Samml. S. 307.)

2. Erwerbung der Grundgerechtigkeiten.

A. Durch titulus (rechtsgültige Willenserklärung): §. 13., und modus adquirendi (Besitz oder Eintragung: Tit. 2. §. 135. Tit. 21. §. 4.). Allein schon nach §. 16. 17. waren die s. g. servitutes apparentes und die nicht mit Schmälerung des Nutzungsertrages verbundenen Grundgerechtigkeiten von dem Bedürfniß der Eintragung ausgenommen. Und die §§. 18—23., welche die Eintragung für solche Grundgerechtigkeiten forderten, die den Nutzungsertrag des belasteten Grundstücks schmälern (Sz. S. 73. 74.), sind durch den Anh. §. 58. hinfällig geworden. (Oben Publ.-Pat. von 1794. Nro. IV. 2. B. b. ς.)

B. Durch Ersitzung: (§. 13.) §. 14. (der keine Abweichungen von den allgemeinen gesetzlichen Bestimmungen enthalten soll und deshalb auch auf die dreißigjährige Verjährung Anwendung findet: Pl.-Beschl. 27. August 1838), §. 15. (der sich lediglich auf §. 14. bezieht: Präj. 1400. 12. Januar 1844. II. Senat), §. 24. (der durch den Anh. §. 58. — vgl. oben ad A. — gleichfalls aufgehoben ist: Präj. 904. 7. August 1840. II. Senat), §. 28.

3. Umfang der Grundgerechtgkeiten: §. 26—29.

4. Facere auf Seiten des dominus fundi servientis (in abstracter Verallgemeinerung der Römischen Grundsätze bei der servitus oneris ferendi): §. 30—36.

In engem Zusammenhange damit stehen die Folgen der durch casus oder vis maior eingetretenen Unmöglichkeit der ferneren Ausübung einer Grundgerechtigkeit (Auffassung nach

Art eines auflöslichen obligatorischen Verhältnisses): §. 37. bis 42.

5. Aufhebung der Grundgerechtigkeiten.

A. Durch stillschweigende Einwilligung (in die völlige Vereitelung oder in die Beschränkung des Rechts): §. 43—45.

B. Durch Extinctiv-Verjährung: §. 49—51. (Noch practisch, trotz des Anh. §. 58.)

C. Durch Confusion (?) §. 52—54. (Oben Tit. 16. Abschn. 10. Nro. II. 4. A.)

D. Zum allgemeinen Besten: §. 46—48.

II. Einzelne Arten der Grundgerechtigkeiten.

1. Städtische.

A. Oneris ferendi und tigni immittendi: §. 55—58.

B. Stillicidii, fluminis, cloacae: §. 59—61.

C. Ne prospectui officiatur: §. 62. (Vergl. Tit. 8. §. 145.)

2. Ländliche.

A. Wegegerechtigkeiten: itineris, actus, viae: §. 63—79. (Recht zu gehen, zu fahren, Vieh zu treiben, Recht der Durchfahrt.)

B. Mehr Deutschrechtlicher Natur (auch zum Theil den persönlichen Bedürfnissen angepaßt) sind die auf Hütung und Holzung bezüglichen Servituten: §. 80—239. (zu §. 119—124: Sz. S. 74 fg.; zu §. 146 ff.: Sz. S. 75.; zu §. 238 fg.: Sz. S. 75.); mit wesentlichen Aenderungen durch die neuere agrarische Gesetzgebung (besonders Cultur-Edict vom 14. September 1811 und Gemeinheits-Theilungs-Ordnung vom 7. Juni 1821).

Plenar-Beschlüsse:

a) Zu Tit. 22. §. 155.: vom 14. März 1842 (Präj. 1110.); zu §. 212.: vom 31. Januar 1848 (Präj. 1982.); zu §. 213.: vom 22. Januar 1844 (Präj. 1393.).

b) Zur Gem.-Theil.-Ordn. §. 32—34.: vom 23. November 1840 (Präj. 936.); zu §. 41. c.: vom 4. September 1843 (Präj. 1325.); zu §. 164.: vom 9. December 1839 (Präj. 757.).

C. In Anschluß an verschiedene ländliche Servituten, wie calcis coquendae, arenae fodiendae und dergl.: §. 240—242. tritt ohne technische Benennung auf die superficies: §. 243 bis 246. (Vgl. Tit. 9. §. 98.)

Von den Reallasten (Deutschrechtlichen Ursprunges, auf positive Leistungen gerichtet: oben Tit. 7. Abschn. I. Nro. II. 1. C. b. α.) ist nicht im Tit. 22. (dessen §§. 247. 248. nur Hinweisungen enthalten), sondern an ganz verschiedenen Stellen des Gesetzbuches die Rede, namentlich Th. I. Tit. 18. Th. II. Tit. 7. 11. 17. Es gehören dazu vor allen die Zehnten und die bäuerlichen Lasten. Koch §. 351—362. Eichhorn §. 161—167. 245. 248—254.

Die Verfassungs-Urkunde vom 31. Januar 1850 hat im Art. 42. (vgl. oben zu Tit. 18. am Ende) die Ablösbarkeit der Grundlasten gewährleistet. Und das die Ablösung der Reallasten und die Regulirung der gutsherrlichen und bäuerlichen Verhältnisse betreffende Gesetz vom 2. März 1850 (Ges.-Samml. S. 77. ff.) hat gewisse Leistungen und Abgaben, ohne Entschädigung der Berechtigten, theils ausdrücklich aufgehoben, theils factisch beseitigt. (Vergl. Just.-Minist.-Blatt 1850 S. 431 fg.)

Wegen Ablösung der Reallasten auf Mühlengrundstücken: Gesetz vom 11. März 1850. Ges.-Samml. S. 146—148.

A. L. R. Th. I. Tit. 23. Von Zwangs- und Banngerechtigkeiten. (Entw. Th. II. Tit. 22.) Koch §. 389. 390. 395—398. Eichhorn §. 161. Nro. IV. §. 185. bis 187. 393. 395.

Der Titel 23. beruhet auf Deutschrechtlichen Grundsätzen, im Zusammenhange einerseits mit den Reallasten überhaupt (Eichhorn §. 161. Nro. IV.), andererseits und ganz besonders mit dem ehemaligen privilegiirten Gewerbswesen. Die Haltung des ganzen Titels ist um so abstracter, als derselbe eigentlich fast nur zur Direction für die Verfasser der Provinzial-Gesetzbücher entworfen wurde: Sz. S. 75. 76.

I. Allgemeine Bestimmungen: §. 1—22. (Zwangsgerechtigkeit in abstracto: §. 1.; in concreto: §. 2. Bannrecht: §. 4.)

II. Einzelne Rechte.

1. Mühlenzwang: §. 23—52.

2. Brauzwang und was damit zusammenhängt: §. 53. bis 89. (Braugerechtigkeit §. 53. und Schenkgerechtigkeit §. 54. schließen an sich ein Zwangsrecht noch nicht in sich: §. 57. 65 fg. Dasselbe gilt von dem Ausschank oder der Krugnahrung: §. 55.

71. 72. 88. Der Krugverlag dagegen ist wesentlich ein Zwangsrecht: §. 56. 58.)

3. Branntweinzwang: §. 90—92.

III. Gegenberechtigung zum Haustrunke oder zur Kesselbrauerei: §. 61—64. 93—95.

Mühlen-, Brau- und Branntwein-Zwang wurden aufgehoben durch §. 1. des Edicts v. 28. Octbr. 1810. (Ges.-Samml. S. 95.) Verlagsrecht oder Krugverlag blieb gültig und konnte auch ferner durch Vertrag errichtet werden. Das gedachte Edict erlangte aber in den nachher wieder- oder neu-erworbenen Provinzen keine Gesetzeskraft.

Die Allg. Gewerbeordnung vom 17. Januar 1845 (Ges.-Samml. S. 41 ff.) hat für den ganzen Umfang der Monarchie die ausschließlichen Gewerbeberechtigungen („das Recht, Anderen den Betrieb eines Gewerbes zu untersagen oder sie darin zu beschränken") aufgehoben, imgleichen den Mahlzwang, Branntweinzwang und Brauzwang aufgehoben, die nicht aufgehobenen Zwangs- und Bann-Rechte aber für ablösbar erklärt. Dazu ist unter demselben Tage ergangen: Entschädigungs-Gesetz zur Allg. Gew.-Ordn. (Ges.-Samml. S. 79. ff.)

Durch den Art. 42. der Verf.-Urk. (vgl. oben zu Tit. 22.) sind endlich auch von den publicistischen Gerechtigkeiten (Koch §. 391. Eichhorn §. 184.), ohne Entschädigung, jedoch auch mit Wegfall der Gegenleistungen und Lasten, aufgehoben:

1. die Gerichtsherrlichkeit, die gutsherrliche Polizei und obrigkeitliche Gewalt, so wie die gewissen Grundstücken zustehenden Hoheitsrechte und Privilegien;

2. die aus diesen Befugnissen, aus der Schutzherrlichkeit, der früheren Erbunterthänigkeit, der früheren Steuer- und Gewerbeverfassung herstammenden Verpflichtungen.

Vgl. dazu das mehrerwähnte Gesetz vom 2. März 1850.

Familien-Recht. (Koch §. 743.)

A. L. R. Th. II. Tit. 1. Von der Ehe. (Entw. Th. I. Abth. I. Tit. 1.)

Das landrechtliche Eherecht ist ein allgemeines, für die verschiedenen Religions-Bekenntnisse, doch mit gewissen Rücksichten auf die Unterschiede. (Z. B. §. 11. 12. 36. 108. 137. 715. 734. 735. 939. h. t.) Koch §. 744.

§. 1. 2.: Keine Definition, sondern bloße Kriterien der Ehe.

Erster Abschnitt. Von den Erfordernissen einer gültigen Ehe. Koch §. 745. 746. (Puchta §. 411. g. E. Eichhorn §. 291—293.)

Die s. g. impedimenta sind im A. L. R. sämmtlich diriment, mit Ausnahme der beiden blos impedienten Hindernisse in §. 997. (46.) und in §. 1006. h. t.

Sie sind ihren inneren Beziehungen nach entweder absolut oder relativ. (Eine Unterscheidung, welche keinesweges coincidirt mit der landrechtlichen Unterscheidung zwischen [absolut] nichtigen und [relativ] ungültigen Ehen.)

I. Absolute Hindernisse.

1. Eine bereits bestehende Ehe: §. 16.

Die s. g. successive Polygamie ist nur beschränkt:

A. durch die Rücksicht auf die Abfindung der Kinder aus früheren Ehen: §. 17. 18. (§. 1001. ff. h. t. u. II. 18. §. 103.);

B. durch die Verhütung der turbatio sanguinis: §. 19. bis 23. Sz. S. 104. 105. Anh. §. 64. (Rescript v. 24. November 1800.) Vgl. §. 1006. fg. h. t. und Tit. 2. §. 22—25.

C. Durch eine Rücksicht auf den Anstand, in Betreff des Wittwers: §. 24. h. t.

2. Mangel der pubertas plena: §. 37. Sz. S. 107. Anh. §. 66. (Rescr. v. 15. August 1796. [!])

3. Mangel des gehörigen Consenses.

A. Von Seiten der Heirathenden selbst. (Vertragsnatur der Ehe.)

a) Im Allgemeinen: §. 38. 39. (In §. 39. ist statt „nichtig" zu lesen: „ungültig".)

b) Error, dolus, metus insbesondere: §. 40 — 44. (Unter den arbiträr gefaßten §. 40. fällt auch Irrthum über die Jungfrauschaft — Sim. und v. Str. Rechtssprüche Bd. I. Nro. 11. —, über die Potenz u. dgl. m. An sich ist Zeugungsunfähigkeit kein Ehehinderniß: §. 2. h. t.)

B. Von Seiten der Vorgesetzten.

a) Im Familienverhältniß. (Vergl. II. 1. §. 119. 120. 250.)

α) Personen, deren Consens erforderlich ist (mit besonderer Prärogative des Vaters): §. 45—57. (In §. 46. ist zu lesen: „vier und zwanzig Jahre".) Sz. S. 107. — Präj. 1632. 6. November 1845. I. Senat. Präj. 428. 13. März 1838. I. Senat.

β) Gründe zur Versagung des Consenses: §. (58.) 59—67. (Zu §. 67. vgl. das ad α. angeführte Präj. 428.)

γ) Ergänzung des Consenses durch den Richter: §. 68—72.

b) Im Staatsverhältniß.

α) Höherer Consens zu den Ehen der Militärpersonen: §. 34. 35. Anh. §. 65.

β) Consens der Vorgesetzten zu den Ehen der „Königlichen Civilofficianten": Anh. §. 70. (Rescr. 11. December 1800. — Ohne Androhung von Ungültigkeit oder Nichtigkeit der Ehe.)

[c) Antiquirt ist das Erforderniß des Consenses der Gutsherrschaften: §. 73. h. t. II. 7. §. 161 — 170. (§. 168.: impedimentum impediens.)]

[4. Andere Hindernisse, welche hierher gehören würden, wie Gelübde der Keuschheit, geschlossene Zeiten, richterliche Verbote (Thibaut Pandekten §. 388—390), gelten nicht mehr nach L. R. Vgl. I. 4. §. 12.; 5. §. 5.; II. 11. §. 98. 102. 1171. ff.; II. 1. §. 158—166.]

II. Relative Hindernisse.

1. Zu nahe Verwandtschaft oder Schwägerschaft: §. 3. bis 12. Sz. S. 103. 104. Anh. §. 62. (Cab.-Ordre vom 17. Januar 1803.) Anh. §. 63. (Rescript v. 13. Februar 1797.)

Ehen unter Verwandten in gerader Linie und unter Geschwistern aller Art (II. 3. §. 4—8.) sind verboten. Imgleichen zwischen Stief- oder Schwieger-Aeltern und Stief- oder Schwieger-Kindern, — auch wenn dieses Verhältniß auf unehelicher Zeugung beruhet: Cab.-Ordre v. 22. December 1843. (Ges.-Samml. 1844. S. 47.) Dispensation ist, nach Aufhebung des Anh. §. 62. durch die eben angeführte C.-O. (vgl. C.-O. vom 17. Januar 1838. in v. Kamptz Jahrb. Bd. 51. S. 140. fg.), in keinem der hierher gehörenden Fälle zulässig.

Der s. g. respectus parentelae findet nur eine eingeschränkte Beachtung: §. 8. 9. (948.) h. t. (Dispensirende Behörde ist nach der Praxis das Consistorium: J.-M.-Bl. 1846. S. 99.)

2. Bestehendes Adoptiv- oder Vormundschafts-Verhältniß: §. 13—15. (968. 969. 977. ff. 985. ff.)

3. Ehebruch oder Ehestörung, der Regel nach (mit Ausnahme der insidiae vitae structae), nur wenn daraus auf Ehescheidung erkannt war; auch mit Zulassung von Dispensation: §. 25—29. (736. 737. 937.) Sz. S. 105. 106. Cab.-Ordre v. 15. März 1803 und v. 4. October 1810. Pl.-Beschl. v. 17. August 1840. Präj. 95. 990. 1306. (856. 1378.)

4. Standesungleichheit: §. 30—33. (Edict vom 8. Mai 1739 „wieder die allzuungleiche und zum Theil schändliche Heyrathen derer von Adel in den Königlichen Landen".) Sz. S. 106. 107. Verfassungs-Urkunde vom 31. Januar 1850. Art. 4. 50.

5. Religionsverschiedenheit: §. 36. (715. 939.) Edict betreffend die bürgerlichen Verhältnisse der Juden in dem Preuß. Staate, vom 11. März 1812., §. 17—19. (Ges.-Samml. S. 19.) Verf.-Urk. Art. 12. 14. 19.

Zweiter Abschnitt. Von Ehegelöbnissen. Koch §. 747.

I. Begriff: §. 75. 81.

II. Erfordernisse — ohne Ausnahme dieselben, wie zu einer gültigen Ehe —: §. 76—80. Sz. S. 108.

III. Form: entweder ein (mindestens) notarieller Vertrag oder das (wenn auch erst einmal erfolgte) Aufgebot. §. 82—94.

Sz. S. 108. 109. Anh. §. 67. (Concl. der Gesetz-Commission v. 29. September 1795.) Präj. 179. 1021.

IV. Bedingungen: zulässig, aber nicht von gleicher Wirksamkeit wie bei gewöhnlichen Verträgen. §. 95. und (dies incertus) §. 96.

Eigenthümliche Auffassung der ganz unerwähnt gelassenen oder „nach Möglichkeit oder Gelegenheit" verabredeten oder ausdrücklich der Willkür überlassenen Zeit zur Vollziehung der Ehe: §. 97. (128—130). §. 98. h. t. (I. 5. §. 236—238.)

V. Rücktritt: §. 99—127.

Leitender Gesichtspunkt: die Festigkeit der Ehegelöbnisse nicht allzustark zu machen. (Sz. S. 108. zu §. 76. g. E.) Daher besonders §. 101. (vgl. Präj. 1106.) und §. 107.

§. 110: gegen die frühere Praxis. Sz. S. 109.

Strafen unbegründeten Rücktrittes (Koch §. 478. Nro. 2.), im Wesentlichen pecuniärer Natur: Kostenersatz, Conventionalstrafe, $\frac{1}{4}$ der verschriebenen lucra nuptialia (§. 112. ff.). In subsidium Geld- oder Gefängnißstrafe (§. 118. 119.).

Beschränkter Uebergang der Entschädigungs-Klage auf die Erben. (§. 124. ff.)

VI. Verjährung der Rechte aus Ehegelöbnissen: §. 128—132. (97. 98.)

Der §. 130. soll den Gegensatz des im §. 129. ausgedrückten Falles der unbestimmten Zeit, also den Fall einer bestimmten Zeit, bezeichnen.

VII. Concurrenz mehrerer Ehegelöbnisse: §. 133—135.

Dritter Abschnitt. Von der Vollziehung einer gültigen Ehe. Koch §. 748. (Eichhorn §. 295.)

I. Vollziehung der Ehe (nicht erst durch die copula carnalis, sondern schon) durch die Trauung: §. 136. 173. (Ob zur Trauung auch die benedictio sacerdotalis nöthig sei, bleibt jeder Kirche überlassen.)

Berücksichtigung der Gebräuche geduldeter Religionen: §. 137.

II. Der Trauung muß wesentlich vorangehen: das Aufgebot (bannus nuptialis): §. 138—157. (Zu §. 145.: Sz. S. 109. 110.) Anh. §. 68. (Circulare v. 27. November 1800.) Anh. §. 69. (Rescr. 11. Juli 1796.) Anh. §. 70.: oben Abschn. 1.

Nro. I. 3. B. b. β. — Anh. §. 71. (Rescr. 19. Januar 1796.) Anh. §. 72. (Publicandum v. 14. März 1797.)

§. 142. h. t. aufgehoben durch die Verordnung wegen des öffentlichen Aufgebots des Gesindes, v. 16. März 1818. Ges.-Samml. S. 20. (Berichtigung eines Druckfehlers in dieser Verordnung: Ges.-Samml. 1841. [30. Novbr.] S. 406.)

§. 143. ff.: Verordnung wegen der in den Königlich Preußischen Staaten erfolgenden Trauungen von Ausländern mit Inländerinnen, v. 28. April 1841. Ges.-Samml. S. 121.

Nicht-geistliche Natur des Aufgebots überhaupt: Circulare v. 10. December 1796.

Es hat zur Absicht, „verheimlichte Ehehindernisse zu entdecken, und diejenigen, deren Rechte durch die einzuschreitende Ehe verletzt werden könnten, zu deren Wahrnehmung aufzufordern.“ Damit hängt zusammen: §. 158—166. h. t. Anh. §. 73. (Rescr. 13. März 1799.)

III. Trauung: §. 167—170. (Koch §. 571. Note 1.)

IV. Kosten und Hochzeitsgeschenke: §. 171. 172.

Vierter Abschnitt. Von den Rechten und Pflichten der Eheleute, in Beziehung auf ihre Personen. Koch §. 749. (Puchta §. 412.)

I. Dieser Abschnitt enthält manche abstracte, der richterlichen Entscheidung unzugängliche Vorschriften, die höchstens als Motive für die Zulässigkeit einer Ehescheidung von Bedeutung sind: §. 174—184. 194.

II. Practische Bedeutung haben die Bestimmungen

1. über die Verpflichtung des Mannes zur Gewährung des Unterhalts und zur Bezahlung der Gerichtskosten für die Frau: §. 185—191. (Crim.-Ordnung §. 611. 612.);

2. über die Fähigkeit der Frau, Verpflichtungen gegen Dritte zu übernehmen: §. 195—197.;

3. über die Form von Rechtsgeschäften der Frau mit dem Manne oder zu Gunsten desselben: §. 198—201. (Sz. S. 110.);

4. über die Befugniß der Frau zur Vertretung des Mannes in Fällen der Abwesenheit desselben oder der Gefahr im Verzuge: §. 202—204.

Fünfter Abschnitt. Von den Rechten und Pflichten der Eheleute, in Beziehung auf ihr Vermögen. Koch §. 572. Nro. II. 2. §. 750—756. 761. Puchta §. 413—429. Eichhorn §. 295—303. Sz. S. 110—112.

Landrechtliche Verschmelzung der Prinzipien des Römischen Dotalrechts und des Deutschen Güterrechts der Ehegatten, mit überwiegendem dotalem Prinzip.

I. Umfang der beiden Arten des Vermögens der Ehefrau.

1. Vorbehaltenes Vermögen.

A. Gesetzlich vorbehaltenes Vermögen.

a) Die ihrer Natur nach zum (alleinigen) Gebrauche der Frau gewidmeten Sachen: §. 206. (213. 249.)

b) Die (bei Schließung der Ehe versprochene) Morgengabe: §. 207. (269.)

B. Vertragsmäßig vorbehaltenes Vermögen: §. 208. 209. (441.)

2. Eingebrachtes Vermögen — negativ zu fassen: Alles was nicht vorbehalten ist. §. 210. (Volle Vertragsfreiheit: §. 215. 251—253. Unten II. 3.)

A. Zum Eingebrachten gehört auch (mit geringen Modificationen) Alles was die Frau in stehender Ehe durch Erbschaften, Geschenke oder Glücksfälle erwirbt: §. 212—214.

B. Der eigentliche Erwerb der Ehefrau (gewerblicher Natur: Präj. 702. 1765.) gelangt an den Mann als dessen ausschließliches Eigenthum: §. 211., wenn nicht die in den §§. 219. 220. vorgeschriebenen Maßregeln befolgt sind. (Die Frau hat das Recht, die Befolgung dieser Maßregeln zu fordern.)

C. Der im A. L. R. nicht besonders erwähnte gemeinschaftliche Erwerb beider Eheleute gelangt unbedingt an den Mann allein.

D. Zur Verwandelung von Eingebrachtem in Vorbehaltenes müssen Grundstücke oder Capitalien auf den Namen der Frau (als Vorbehalt) geschrieben werden: §. 216.

E. Ersparnisse von den Einkünften des vorbehaltenen Vermögens müssen auf den Namen der Frau geschrieben oder im Spezialbesitz derselben geblieben sein, wenn sie den Charakter des Vorbehalts behalten sollen (widrigenfalls sie volles Eigenthum des Mannes werden): §. 217. 218.

Gemeinschaftliche Tendenz der §§. 216. 218. 219. (223.

240. 247. 250. 319.): zur Verhütung von Gefährdungen dritter Personen die Qualität der eingebrachten und der vorbehaltenen Vermögensobjecte durch äußerliche Merkmale erkennbar zu machen. Sz. S. 112. 113.

II. Rechte der Ehegatten.

1. Am vorbehaltenen Vermögen.

A. Ausschließliches Eigenthum und selbstständige Disposition der Frau: §. 221. 222., mit einer (im Interesse Dritter, zur Verhütung von Collusionen getroffenen) Modification in Betreff der blos zur Pracht bestimmten Sachen: §. 223. (Nicht zu verwirren mit §. 316.)

B. Eigenthümliche Unterschiede zwischen dem gesetzlichen und dem vertragsmäßigen Vorbehalt, in der Behandlung

a) der verschwenderischen Ehefrau: §. 224. 225—227.;

b) der Lasten und Kosten: §. 228. 229., und, im Zusammenhange damit, der Prozeßführung: §. 230. (187.);

c) der Mobilien: §. 248—250.

2. Am eingebrachten Vermögen.

A. Bedeutender Umfang der Verwaltung und des Nießbrauchs des Ehemannes, nach Deutschrechtlichen Grundbegriffen: §. 205. 231. (Dieser Nießbrauch, in dem doch schon eine Beschränkung der nach Deutschem Rechte noch größeren Macht des Ehemannes liegt, erhebt sich in den wichtigsten Beziehungen weit über den gewöhnlichen Nießbrauch.)

Von den Pflichten und der Verantwortlichkeit des verwaltenden Ehemannes (culpa u. s. w.): unten im Erbrecht. (Absonderung des eigenthümlichen Vermögens des überlebenden Ehegatten, bei Gelegenheit der Ausmittelung des Nachlasses: §. 543—620. h. t.)

B. Trotz seiner Macht über das Eingebrachte soll aber der Ehemann die Substanz desselben, so viel möglich, conserviren. Deshalb ist er in dieser Beziehung bei wichtigen Verfügungen an den (allenfalls durch die Obervormundschaft [Sz. S. 113.] zu ergänzenden) Consens der Frau gebunden. (§. 239.) Also namentlich:

a) Bei Veräußerung, Verpfändung, dinglicher Belastung von eingebrachten Immobilien (Grundstücken und Gerechtigkeiten): §. 232. 234. (Zur Verpachtung bedarf der Ehemann nicht des Consenses der Frau: Präj. 1796. 1. October 1846. I. Senat.)

b) Bei Einziehung, Verpfändung, Veräußerung (auch Kündigung: Präj. 1095. 22. Januar 1842. III. Senat) von eingebrachten Capitalien: §. 233—238. (§. 238. geht absichtlich nur auf §. 235—237., nicht auf §. 234.)

c) Bei Betreibung gerichtlicher Angelegenheiten, welche die Substanz des Eingebrachten treffen: §. 245. 246.

C. Wegen der aus dem Eingebrachten angeschafften Immobilien oder ausgethanen Capitalien wird die Frau nur Gläubigerin des Mannes, wenn solche nicht auf ihren Namen geschrieben werden: §. 240—242. (Pr.-O. Tit. 50. §. 322—325. 406. ff.)

D. Wegen der zur Ungebühr eingezogenen Capitalien haftet zunächst der Mann, subsidiarisch der Schuldner: §. 243. 244.

E. Ueber die eingebrachten Mobilien hat der Mann freie Verfügung: §. 247.

Die Controverse, ob seine Gläubiger dieses Recht aus seiner Person ausüben dürfen, ist durch die Verordnung „über die Rechte der Ehefrau auf ihre eingebrachten Mobilien gegen die Gläubiger des Mannes," v. 7. April 1838 (Ges.-Samml. S. 255. fg.), verneinend entschieden worden. (Vgl. Präj. 132. 29. October 1836. III. Senat. Oben Th. I. Tit. 21. Abschn. 3. Nro. III. 1. E. b. α. zu Ende.)

3. Abänderung der Eigenschaft des Eingebrachten oder Vorbehaltenen durch Verträge: §. 251—253. (Oben I. 2.)

III. Besondere Vorrechte der Ehefrau.

1. In Ansehung des Eingebrachten.

A. Vorrecht der vierten Classe im Concurse: §. 242. (Oben II. 2. C.)

B. (Gesetzliches) Pfandrecht an den Grundstücken des Mannes: §. 254. (Oben Th. I. Tit. 20. Abschn. 1. Nro. I. 2. A. und III. 2.)

C. Sicherstellung wegen drohender Gefahr des Verlustes: §. 255.

D. Zurückforderung (24. pr. sol. matr. XXIV. 3.; 29. C. de iure dot. V. 12.) erst wegen nicht mehr gewährten (vgl. Präj. 75. 9. Septbr. 1834. I. Senat) Unterhaltes: §. 256 bis 258. (Unabhängig von förmlicher Concurseröffnung: Präj. 2089. 4. Januar 1849. IV. Senat: Entsch. Bd. 17. S. 293. ff. 507.)

E. Im Falle des Concurses (§. 259. 260.) erlangt die

Frau an dem von ihr geretteten Eingebrachten die Verwaltung und Nutzung, wobei sich das sonstige Verhältniß (oben II. 2.) umkehrt: §. 261—265.

Doch modifizirt sich dieses Recht der Frau, zur Sicherstellung des Erbrechts des Ehemannes (gegen den Satz: viventis nulla hereditas), nach §. 266—268.

Im Falle des §. 267. (Pr.-O. Tit. 50. §. 407.) ist bei Berechnung der in der Masse zurückbleibenden Summe das Eingebrachte nur so weit es zur Perception kommt, zu Grunde zu legen, und die Zurückbehaltung nur auf die dem Manne nicht zu entziehende Erbportion zu erstrecken.

2. In Ansehung der (versprochenen, aber noch nicht ausgezahlten) Morgengabe (oben I. 1. A. b.): §. 269. (Gleich dem Eingebrachten!)

3. In Ansehung des Vorbehaltenen: §. 270. 271. h. t. Pr.-O. Tit. 50. §. 433. (Receptitien in Classe V. [Unzinsbare Darlehen sonst nur in Cl. VI.: Pr.-O. a. a. O. §. 457.])

4. Aller ihrer Vorrechte und Sicherungsrechte geht die uxor prodiga verlustig: §. 274. 275. h. t. Pr.-O. Tit. 50. §. 480. (A. L. R. II. 20. §. 1486.)

5. Uebrigens kann die Frau nur durch gerichtliche Entsagung sich ihrer Vorrechte begeben: §. 272. 273. 343. h. t.

IV. Erbschatz: gedacht als ein Fideicommiß zu Gunsten der ehelichen Societät und der Kinder: §. 276—309. Sz. S. 113. 114.

V. Schenkungen unter Eheleuten: erlaubt, nur nicht in fraudem creditorum. §. 310—317. Sz. S. 114. fg. Anh. §. 74. (Bei der Redaction des Anhanges entstanden, zur Beseitigung einer Antinomie.)

Das Recht der Gläubiger zum Widerrufe gilt jetzt auch außer dem Concurse: oben Th. I. Tit. 11. Abschn. 9. Nro. V. 6. (Gesetz v. 26. April 1835. §. 1.)

VI. Schulden der Eheleute.

1. Das vorbehaltene Vermögen kann die Frau selbstständig mit Schulden belasten: §. 318., jedoch mit der (ungerechtfertigten) Maßgabe des §. 319.

Vorausgesetzt ist übrigens im §. 319.: ein einseitig — d. h. ohne Bewilligung des Mannes — gegebener Credit. Vgl. §. 619. h. t. Präj. 342. 18. September 1837. I. Senat.

2. Das eingebrachte Vermögen kann die Frau nicht einseitig belasten: §. 320. Ihre hier „nichtig" genannten Schulden sind nicht einmal soluto matrimonio klagbar. Vgl. §. 334. 618. fg. h. t. Pr.-O. Tit. 29. §. 11. Präj. 67. aus d. J. 1834. II. Senat.

3. Ausnahmefälle, in denen für die von der Frau gemachten Schulden auch der Mann haftet (§. 328.), der sich nach Umständen aus dem Eingebrachten erholen kann (§. 322. 333.).

A. Borg für die Haushaltung: §. 321., jedoch mit den nothwendigen Modificationen §. 322. 323.

B. Nützliche Verwendung: §. 324.

C. Gewerbsbetrieb oder Haushaltung in Abwesenheit des Mannes: §. 325—327. (Oben Abschn. 4. Nro. II. 4.)

D. Ausdrückliche Einwilligung des Mannes: §. 329. (Präj. 1366. 25. November 1843. III. Senat), mit Ausnahme

a) der ausdrücklichen Verwahrung gegen die Selbsthaftung: §. 330. 331.;

b) der Bestellung eines Pfandrechts in dem Vermögen der Frau: §. 332.

Zu §. 320. 329. Die Einwilligung des Mannes bedarf, auch bei Gegenständen über 50 Thlr., nicht unbedingt der schriftlichen Form: Pl.-Beschl. 1. März 1847.

4. Selbstständige Geltung derjenigen Schulden, welche die Frau schon vor der Ehe gehabt, oder während der Ehe bei eigenem Gewerbsbetriebe gemacht hat: §. 335—340. 620.

5. Intercessionen der Ehefrauen: §. 341—344. mit dem Anh. §. 75.: oben Th. I. Tit. 14. Abschn. 3. Nro. II. 4. B.

Sechster Abschnitt. Von der Gemeinschaft der Güter unter Eheleuten. Koch §. 757—760. Eichhorn §. 307—313. Sz. S. 115—117.

Das A. L. R. hat die Gütergemeinschaft nicht zum ius commune erhoben, sondern nur particularrechtlich bestehen gelassen.

Es gedenkt übrigens nur der allgemeinen Gütergemeinschaft und der Erwerbsgemeinschaft (Errungenschaft, acquaestus coniugalis), ohne auf andere Formen der s. g. particulären Gütergemeinschaft (z. B. an der eingebrachten Fahrniß) einzugehen.

Die Tendenz der positiven Bestimmungen des A. L. R. ist dahin gerichtet: einerseits den Eheleuten selbst in Beziehung auf ihre künftigen Successionsrechte freie Hand zu lassen, andererseits Dritten gegenüber die Abweichungen vom Gesetz möglichst einzuschränken oder doch mit einem hinlänglichen Grade von Publicität zu versehen.

Den rein provinziellen oder statutarischen Charakter der Gütergemeinschaft bezeichnen die §§. 345. 346. 360. Daran sind zugleich geknüpft die möglichen Collisionsfälle bei doppelter persönlicher Gerichtsbarkeit: §. 347—349.

In den Provinzen zwischen Weser und Rhein sind zwar auch nach aufgehobener Herrschaft des Französischen Rechts die Provinzialrechte im Allgemeinen aufgehoben geblieben. Doch ist durch die Verordnung „in Betreff der ehelichen Gütergemeinschaft in den Westphälischen Provinzen und in dem Herzogthum Cleve," vom 8. Januar 1816 (Ges.-Samml. S. 97.), die früher bestandene particuläre Gütergemeinschaft wiederhergestellt worden.

In Posen und Westpreußen aber gilt jetzt die Landrechtliche Gütergemeinschaft (nicht mehr blos in subsidium, sondern) als Prinzipalrecht. (P.-P. 9. November 1816 [beide] §. 12.)

I. Entstehung der Gütergemeinschaft.

1. Durch Provinzialgesetze oder Statuten: §. 350—353. (§. 369.)

2. Durch gerichtlichen Vertrag vor der Heirath: §. 354 bis 359. Anh. §. 76. (Rescr. 20. Juli 1795.) Gesetz über die Errichtung und Bekanntmachung der Verträge wegen Einführung oder Ausschließung der ehelichen Gütergemeinschaft, v. 20. März 1837: Ges.-Samml. S. 63. 64. (Nach §. 5. dieses Gesetzes bedürfen Verträge über die Einführung der G.-G. keiner Bekanntmachung.)

II. Die beiden Arten der Gütergemeinschaft.

1. Gemeinschaft aller Güter.

Diese Gemeinschaft schließt weder ein Römisches condominium in sich (Gutachtlicher Bericht des Geh. Ob.-Trib. vom 24. August 1840: J.-M.-Bl. S. 370—379.), noch die doctrinäre Auffassung der Ehegatten als Einer juristischen Person. Sie beruhet vielmehr auf der practischen Deutschen Rechtsansicht von Einer Vermögensmasse unter der Vormundschaft des Mannes. Doch ist sie eigenthümlich gestaltet durch die Landrechtliche Tendenz, die Frau gegen einseitige Verfügungen des Mannes über die Substanz zu schützen. (Vgl. oben Abschn. 5. Nro. II. 2. B.)

A. Anfang der allgemeinen Gütergemeinschaft: §. 361. 362.

B. Umfang derselben: §. 363—376.

C. Rechte der Ehegatten: §. 377—395.

Der Mann ist zwar Herr der Verwaltung. Doch wird hier gerade in Beziehung auf Immobilien (Grundstücke und Gerechtigkeiten) und Capitalien, in Gemäßheit des conservativen Prinzips des Landrechtlichen Dotalrechts, der Consens der Frau zu wichtigen Verfügungen erfordert. (Wesentliche Abweichung vom gemeinen Deutschen Rechte.)

Erforderniß der schriftlichen Form für den Consens der Frau: Pl.-Beschl. 22. März 1847. (Vgl. Präj. 1891. 29. Juni 1847. III. Senat.)

Haftung der Immobilien auch für einseitige Schulden des Mannes: §. 380. 386. Vgl. den vorher angeführten Bericht des G. Ob.-Trib. aus dem J. 1840. Auch Präj. 803. 23. December 1839. II. Senat.

Anrechnung einseitiger Schenkungen, Geldstrafen und Untersuchungskosten: §. 381. ff. 390.

Eigenthümliche Behandlung des Widerspruchs der Frau in §. 387. (der von solchen Fällen zu verstehen ist, in denen es eigentlich des Consenses der Frau nicht bedarf).

Separationsrecht des Einen Ehegatten wegen Ueberschuldung des Anderen: §. 391—395. Präj. 1957. 19. November 1847. IV. Senat. Präj. 1163. 18. Juni 1842. III. Senat.

2. Gemeinschaft des (gesammten) Erwerbes: §. 396.

A. Verzeichniß des Sondergutes: §. 397—401.

B. (Weiter) Umfang des Erwerbes: §. 402—405.

C. Rechte der Ehegatten: nach Analogie von 1. C., aber mit den Modificationen, welche aus der Existenz eines Sondergutes herfließen: §. 406—411.

Separationsrecht schon wegen bloßer Armuth des anderen Theiles: §. 410. (Anders §. 392.)

Im §. 411. soll das Allegat (§. 378—388.) mit §. 377. beginnen.

III. Ausschließung oder Aufhebung der Gütergemeinschaft.

1. Unbedingte Zulässigkeit der Ausschließung durch Vertrag vor der Heirath: §. 412.

2. Während der Ehe ist vertragsmäßige Aufhebung

A. an sich unzulässig, wenn die Gemeinschaft auf Provinzialgesetze oder Statuten sich gründet (eine dem A. L. R. eigenthümliche Vorschrift): §. 413—415. (II. 18. §. 780. ff. nicht auf weibliche Curanden beschränkt);

B. zulässig:

a) absolut:

α) wenn die Gemeinschaft selbst nur durch Vertrag entstanden war: §. 419.;

β) in Beziehung auf die Erbfolgerechte der Ehegatten selbst: §. 418.;

b) relativ: beim Domicil-Wechsel: §. 416. 417.

3. Auf einseitigen Antrag erfolgt (außer dem Separationsrechte oben II. 1. C. und 2. C.: §. 420.) die Aufhebung der Gemeinschaft für die Zukunft, wenn der andere Ehegatte in Concurs versunken ist: §. 421.

4. Förmlichkeiten zur Veröffentlichung der Ausschließung oder Aufhebung der G.-G.: §. 422—430. Gesetz v. 20. März 1837 (oben I. 2.), besonders im §. 4. Vgl. Präj. 1950. 28. Octbr. 1847. IV. Senat.

5. Wirkungen der Aufhebung: §. 431—433.

(**Siebenter Abschnitt.** Von Trennung der Ehe durch den Tod. §. 434—667. Unten im Erbrecht.)

Achter Abschnitt. Von Trennung der Ehe durch richterlichen Ausspruch. (Im Wesentlichen aus dem Ehescheidungs-Edicte vom 17. November 1782 entnommen: Sz. S. 125. 156—159.) Koch §. 762. 763. Vgl. Darstellung der in den Preußischen Gesetzen über die Ehescheidung unternommenen Reform. Berlin 1844.

I. („Sehr erhebliche") Ursachen zur Ehescheidung: §. 668. 669. 727. 747. 748. 785. 786.

1. Gewichtigere Ursachen: mit „unmittelbarer Verletzung" der Ehe in ihrem innersten Wesen. („Grobe Vergehungen.")

A. Ehebruch: §. 670—673.

Auslegung des §. 671.: Wenn beide Theile die Ehe gebrochen haben, so kann nur der Mann, nicht die Frau auf Scheidung klagen. Präj. 430. 26. Febr. 1838. I. Senat.

B. Bösliche Verlassung.

a) Bei jeder Weigerung des Einen Ehegatten, mit dem Anderen in Gemeinschaft zu leben, kann die Scheidungsklage erst nach fruchtloser richterlicher Mahnung (mandatum de revertendo resp. de recipiendo) angestellt werden: §. 677

bis 687. Verordnung über das Verfahren in Ehesachen, v. 28. Juni 1844 (Ges.=Samml. S. 184. ff.), §. 61—67.

b) Anders verhält es sich im Falle der Abwesenheit und des unbekannten oder außerhalb Landes entlegenen Aufenthalts eines (entwichenen) Ehegatten: §. 688—693. Anh. §. 80. (aus dem Publicandum vom 14. März 1797 ad 7.). Hier tritt das Edictalverfahren ein, nach resp. 1, 2, 10 Jahren. Vgl. Verordnung vom 28. Juni 1844. §. 68. 69.

C. (Halsstarrige und fortdauernde) Versagung der ehelichen Pflicht: §. 694. 695. h. t. (Nicht bloße Nichtleistung: Präj. 156. 28. Februar 1837. I. Senat. Kein gerichtliches Mandat: Präj. 1465. 21. Juni 1844. I. Senat.)

D. Selbstverschuldetes Unvermögen oder Gebrechen: §. 696. 697. (748. 760.) Präj. 935. 16. November 1840. I. S.

E. Nachstellungen nach Leben, Gesundheit, Freiheit oder Ehre (Insidien, Sävitien, grobe Kränkungen): §. 699. 700. (Präj. 1012. 1376. 810.)

F. Falsche Beschuldigung begangener grober Verbrechen, Gefährdung des Lebens, der Ehre oder des Amtes: §. 705. 706.

2. Leichtere („minder wichtige") Ursachen: mit „nur mittelbarer" Verletzung der Ehe. („Minder schwere Vergehungen.")

A. Fortgesetzter verdächtiger Umgang: §. 674—676. (727.)

B. Unverschuldetes Unvermögen oder Gebrechen. (Oben 1. D.)

C. Raserei oder Wahnsinn: §. 698. 759. (Nicht Blödsinn: Präj. 138. 20. December 1836. I. Senat. Vorgängige Erklärung der Raserei oder des Wahnsinns durch Urtel und Recht: Präj. 1304. 8. Mai 1843. I. Senat.)

D. Geringere, aber muthwillige und wiederholte Thätlichkeiten oder Beschimpfungen: §. 701. 702. (Präj. 810. 163. 908.)

E. Unverträglichkeit und Zanksucht: §. 703. (727.)

F. Grobe Verbrechen gegen Andere: §. 704. (Präj. 372. 925. 1728.)

G. Gefährdung des Gewerbes (oben 1. F.): §. 706. (748. g. E.) Präj. 552. 553. (Beide vom 1. October 1838. I. Senat.)

H. Ergreifung eines schimpflichen Gewerbes: §. 707.

I. Unordentliche Lebensart (Trunkenheit, Verschwendung, unordentliche Wirthschaft), nach fruchtlosem Einschreiten des Richters: §. 708—710. (Präj. 1417. 522.; gedr. Samml. S. 650.)

K. Selbstverschuldete Nahrungslosigkeit des Mannes: §. 711. (727.)

L. Versagung des Unterhalts der Frau, nach fruchtlosem Einschreiten des Richters: §. 712. 713.

M. Religions-Veränderung: §. 715. (Oben Abschn. 1. Nro. II. 5.)

N. Gegenseitige Einwilligung (bona gratia) bei (ganz) kinderlosen Ehen: §. 716. (Präj. 338. 934.)

O. Eingewurzelter Widerwille (unüberwindliche Abneigung): §. (717.) 718. a. b. (Selbstständigkeit dieses Scheidungsgrundes: Pl.-Beschl. 16. December 1839 und 17. Juni 1844; Präj. 1572. 23. Mai 1845. I. Senat.)

II. Compensation (?) und Remission der Scheidungsgründe.

1. Derjenige Ehegatte, welcher durch sein unsittliches Betragen die Schuld des Anderen selbst veranlaßt hat, kann aus dieser Schuld einen Scheidungsgrund nicht herleiten: §. 719. (Selbst wenn der Andere gleichfalls auf Ehescheidung dringt: Präj. 2053. 25. September 1848. I. Senat.)

2. Eine (vor Anstellung des Scheidungsprozesses) einmal verziehene Schuld kann nicht weiter als Scheidungsgrund geltend gemacht werden, mag die Verzeihung eine ausdrückliche sein: §. 720., oder nur eine stillschweigende: §. 721. 722. (Präj. 492. 1090. 1210. 1776. 499. 230. [908. 925.])

III. Interimisticum: §. 723—730. Pr.-O. Tit. 40. §. 45. ff. Verordnung vom 28. Juni 1844. §. 55—60. 70. 71.

IV. Wirkungen der Ehescheidung.

1. Solutio quoad vinculum: §. 731—742. Anh. §. 81. (Rescr. v. 29. März 1800: donec animi eorundem exacerbati reconciliati non fuerint.)

Zu §. 736.: Präj. 856. 1378. (Oben Abschn. 1. Nro. II. 3.)

Zu §. 738. ff.: Präj. 98. (Nachträgliche Klage des Mannes gegen die geschiedene Frau: auf Ablegung seines Namens und Standes.)

2. Vermögens-Auseinandersetzung, unter besonderer Berücksichtigung des Unterschiedes der gewichtigeren und leichteren Scheidungs-Ursachen (oben I. 1. und 2.): §. 743—750.

Abhängige Natur der Erklärung eines Ehegatten für den schuldigen Theil: Präj. 1471. 2. August 1844. I. Senat.

Incompensabilität der Ehescheidungsstrafen und der aus der

Vernichtung einer Ehe für den Schuldigen erwachsenden Nachtheile: Präj. 1522. 3. Januar 1845. I. Sen. (Vgl. §. 963. ff. h. t.)

A. Einfache Vermögens-Auseinandersetzung, wenn in dem Scheidungsurtel kein Ehegatte für den (überwiegend) schuldigen Theil erklärt worden ist: §. 751—765.

B. Wenn der eine Ehegatte für den schuldigen Theil erklärt wird, so hat der Unschuldige

a) außer dem Falle der Gütergemeinschaft:

α) Anspruch auf wesentliche Begünstigungen und Vortheile bei der Vermögens-Auseinandersetzung als solcher: §. 766—782.; und, nach erfolgter Absonderung des beiderseitigen Vermögens,

β) Anspruch auf Abfindung aus dem Vermögen des Schuldigen („wegen der künftigen Erbfolge"), wie wenn der Schuldige am Tage (der Insinuation) des rechtskräftig gewordenen Scheidungsurtels (resp. mit Zurückrechnung zum Nachtheil des Schuldigen: §. 784. 770. 771. Verordnung wegen Einführung eines gleichmäßigen Verfahrens bei der Insinuation der richterlichen Erkenntnisse 2c., vom 5. Mai 1838, Ges.-Samml. S. 273.) gestorben wäre: §. 783—810. (Charakter einer Privatstrafe: A. L. R. II. 20. §. 1061. Koch §. 478. Nro. 2.)

Die gesetzliche Abfindung besteht, je nach der gewichtigeren oder leichteren Beschaffenheit der Scheidungs-Ursache, in dem Vierten oder in dem Sechsten Theile von dem Vermögen des Schuldigen. (Verhältniß zur vertragsmäßigen Abfindung: §. 792. ff.)

Die Frau kann, statt der Abfindung, standesmäßige Verpflegung fordern: §. 798. (auch wenn schon auf Abfindung erkannt ist: Präj. 687. 7. Juni 1839. I. Sen.); jedoch unter Anrechnung der Einkünfte ihres zurückgenommenen eigenthümlichen Vermögens: §. 801. (wozu aber hier das vorbehaltene nicht zu rechnen ist: Präj. 1168. 29. Juni 1842. I. S.). Von der einmal gewählten Verpflegung kann sie nur ausnahmsweise wieder abgehen: §. 804. 806.

Der Mann kann, statt der Abfindung, standesmäßige Verpflegung nur bei unverschuldeter Nahrungslosigkeit wählen: §. 809. fg.

b) Im Falle der Gütergemeinschaft hat der unschuldige Theil

α) bei allgemeiner Gütergemeinschaft: die Wahl zwischen der Hälfte des gemeinschaftlichen Vermögens oder der Abfindung aus dem (zuvor abzusondernden) Vermögen des schuldigen Theiles: §. 811—820. Anh. 82. (Entsch. der Ges.-Comm. v. 26. Juni 1794);

β) bei bloßer Erwerbsgemeinschaft: den Anspruch auf Abfindung aus dem eigenthümlichen Vermögen des schuldigen Theiles, nach Beirechnung der Hälfte des gemeinschaftlichen Erwerbes: §. 821. 822.

C. Verträge über die Abfindung.

a) Die Entsagung bedarf der gerichtlichen Form: §. 824.

b) Zur Fixirung der Abfindung genügen die gewöhnlichen Formen: §. 825. 826.

3. Subsidiarische Strafen gegen den unvermögenden schuldigen Theil: §. 823. Vergl. A. L. R. II. 20. §. 1061. bis 1065.

V. Rechte der Erben des beleidigten Ehegatten. (Koch §. 851. Nro. III. g. E.)

1. Selbstständigkeit derselben in Beziehung auf die Auseinandersetzung des Vermögens: §. 827—829. (Präj. 87. 27. April 1835. I. Sen.)

2. Anspruch auf Abfindung nur in Folge eines noch bei Lebzeiten des unschuldigen Theiles ergangenen Erkenntnisses: §. 830—832. (Präj. 2085. 18. December 1848. I. Senat.)

VI. Der schuldige Theil darf nicht den Unschuldigen durch letztwillige Verordnungen verkürzen: §. 833.

Neunter Abschnitt. Von der Ehe zur linken Hand. Sz. S. 125. 159—163. Koch §. 764—766. Eichhorn §. 294.

Mangelnde dignitas uxoris: §. 835. h. t.

Landesherrliche Gnadensache: §. 836. ff. 909. ff.

Gerichtlicher Ehe-Contract: §. 846. ff. und kirchliche Form der Vollziehung einer Ehe z. l. H.: §. 860.

Geringere persönliche Stellung einer Frau z. l. H.: §. 863. ff.

Unabhängigkeit ihres Vermögens von dem Manne: §. 873. ff.

Ehescheidung: §. 919. ff. (wieder mit ungünstigerer Stellung der Frau).

Zehnter Abschnitt. Von den rechtlichen Folgen gesetzwidrig geschlossener Ehen. (In engem Zusammenhange mit dem Ersten Abschnitte d. T. Vgl. §. 74.)

I. Grundsätzlicher (nicht consequent durchgeführter) Unterschied zwischen nichtigen und ungültigen Ehen:

Eine nichtige Ehe soll von Amtswegen getrennt, und, nach etwa gehobenem Hinderniß, nochmals vollzogen werden: §. 933. 950. 951. 941. 946. 947. (Anomalien: unten II. 1. B.)

Eine ungültige Ehe darf nur von gewissen Interessenten in bestimmten Fristen angefochten werden, und convalescirt vollständig, wenn diese Anfechtung unterbleibt: §. 934. 973—976. (Ungenaue Bezeichnung blos ungültiger Ehen als „nichtig": §. [39.] 42. 973. fg. 979. 987. Auch Tit. 2. §. 57.)

Vergl. Verordnung vom 28. Juni 1844. (oben Abschn. 8. Nro. I. 1. B.) §. 4. 5. 16. 54.

II. Die einzelnen Arten der Nichtigkeit und der Ungültigkeit.

1. Nichtigkeit.

A. Sechs Fälle der Nichtigkeit: §. 935—940.

B. Anomale Behandlung

a) der Bigamie, im Falle eines error excusabilis: §. 942—945.;

b) der Verheirathung eines Mannes mit seiner (an Jahren älteren) Tante: §. 948.

C. Folgen einer nichtigen Ehe: §. 952—967. (Wesentlicher Einfluß der Schuld oder Unschuld des einen oder anderen Ehegatten.)

Zu §. 966. (früher 978.) vgl. Sz. S. 126.

2. Ungültigkeit.

A. Fünf Fälle.

a) Ohne Erlaubniß des vormundschaftlichen Gerichts geschlossene Ehe des Vormundes, oder der Kinder desselben, mit den Pflegebefohlenen: §. 968. 977—984.

b) Ehe zwischen dem Adoptirenden und dem Adoptivkinde: §. 969. 985 — 989. (Ist das Adoptivkind noch minderjährig, so gilt die Analogie von a.)

c) Mit einer noch unmannbaren Person geschlossene Ehe: §. 970. 990—992.

d) Mangel der freien Einwilligung eines Ehegatten: §. 971. 993. (Oben Abschn. 1. Nro. I. 3. A.)

e) Mangel des älterlichen Consenses (oben Abschn. 1. Nro. I. 3. B. a. α.): §. 972. 994—1000. (Das halbe Enterbungsrecht des Vaters ist unabhängig von der Anfechtung der Ehe durch denselben. Nach des Vaters Tode gebührt der Obervormundschaft die definitive Entscheidung; die Mutter aber hat noch eventuell das halbe Enterbungsrecht.)

B. Folgen einer siegreich angefochtenen ungültigen Ehe, gleich denen einer nichtigen Ehe (oben 1. C.): §. 973. 974. (Convalescenz in Ermangelung der Anfechtung: oben I.)

III. Nachtheile und Strafen wegen zu früher Eingehung einer zweiten Ehe, so wie wegen anderweitiger Uebertretung von Ehegesetzen: §. (949.) 1001—1014.

Eilfter Abschnitt. Von den rechtlichen Folgen des unehelichen Beischlafes. Koch §. 767.

I. Im §. 1015. ist das Prinzip der gemeinrechtlichen Praxis wiedergegeben, welche das canonische: duc et dota in ein milderes: duc aut dota (Puchta §. 317. Note a.) verwandelt und die Alimentationspflicht des Vaters gegen jede Art von außerehelichen Kindern anerkannt hatte.

Anh. §. 83.: aus dem Publicandum v. 14. März 1797 ad 8.

II. Die dem A. L. R. eigenthümlichen Bestimmungen in diesem Abschnitte sind von dem leitenden Gesichtspunkte eingegeben: der Geschwächten zu Hülfe zu kommen und dem Kindermorde vorzubeugen.

III. Nach richtiger Scheidung (in die Marginalien hat sich einige Verwirrung eingeschlichen) giebt es drei Stufen der Entschädigung.

1. Die geringste, d. i. die s. g. erste Art der Entschädigung, welche nur in ganz odiosen Ausnahmen wegfällt, besteht in dem Ersatze der Niederkunfts-, Tauf- und Sechswochen- resp. auch Begräbniß-Kosten (Koch §. 599. Note 4. 5.): §. 1016—1028. Anh. §. 84. (Gutachten der Gesetz-Commission vom 15. Septbr. 1801.) Begnügen müssen sich mit dieser Entschädigung die §. 1029—1031. bezeichneten Personen.

2. Die höchste, d. i. die s. g. zweite Art der Entschädigung, welche nur unbescholtenen (Präj. 88.), unter dem Versprechen der Ehe geschwängerten (Präj. 892. 1003. 1551. 1744.) Personen gewährt wird, besteht in vollständiger Genugthuung, eventuell durch Beilegung der Rechte einer geschiedenen unschul-

digen Ehefrau und durch Zusprechung der gesetzlichen Ehescheidungs-Strafen ($\frac{1}{4}$ oder $\frac{1}{6}$) aus dem Vermögen des Schwängerers; jedoch mit gewissen Modificationen bei obwaltenden Ehehindernissen: §. 1032—1059. (Zu §. 1035. ff. [1047. ff.]: Sz. S. 126 fg. Zu §. 1041 ff. [1055. ff.]: Sz. S. 127—132.) Dem Eheversprechen gleich wirkt hier Nothzucht: §. 1115. 1116.

3. Die gewöhnliche, d. i. die s. g. dritte Art der Entschädigung, welche besonders in Ermangelung eines Eheversprechens als genügend gilt, besteht in der bloßen Abfindung oder Ausstattung: §. 1060—1076.

IV. Eigenthümliche Conceptions-Zeit (Präj. 772. 23. Nov. 1839. I. Senat) für uneheliche Kinder: §. 1077. 1078. (1022.) Vgl. unten Tit. 2. Abschn. 1. Nro. I. 1. C.

V. Einschränkung der Entschädigungs-Ansprüche einer Geschwächten.

1. Als Folge gewisser Handlungen der Geschwächten: §. 1079—1082. (Präj. 1743. 30. April 1846. I. Sen. Präj. 479. 28. Mai 1838. I. Sen.)

2. Als Folge der (zweijährigen) Klage-Verjährung: §. 1083—1086.

Zum §. 1087. (Sz. S. 132. [§. 1099.]: „gleichsam das Forum contractus oder delicti commissi") vgl. Cab.-Ordre v. 30. Septbr. 1835, betreffend die Ausschließung der Anwendbarkeit dieses Paragraphen auf Schwängerungsklagen gegen im Auslande Wohnende (Ges.-Samml. S. 216.), und Präj. 2231. 13. Septbr. 1850. I. Senat, Entsch. Bd. 19. S. 490. (der „vorige" Gerichtsstand ist derjenige, welchen der Schwängerer zur Zeit des erfolgten befruchtenden Beischlafs hatte); auch Präj. 2164. 28. December 1849. I. Sen., Entsch. Bd. 19. S. 240 ff.

3. Als Folge der Concurrenz mehrerer Geschwächten: §. 1090. 1091.

VI. Rechtsverhältnisse der Erben: §. 1088. 1089. (Präj. 1827. 1. Februar 1847. I. Sen.)

VII. Indicien-Theorie: §. 1092—1114. (Präj. 454. 1277. 1256. 1295.)

VIII. Folgen der heimlichen Entweichung eines wegen Schwängerung belangten Mannes: §. 1117—1119. Anh. §. 85. (Aus dem Publ. v. 14. März 1797 ad 9.)

A. L. R. Th. II. Tit. 2. Von den wechselseitigen Rechten und Pflichten der Aeltern und Kinder. (Entw. Th. I. Abth. I. Tit. 2.)

Erster Abschnitt. Von ehelichen Kindern. Koch §. 770. Puchta §. 430.

I. Legitimität der Kinder.

1. Der während der Ehe erzeugten oder geborenen Kinder.

A. Das „erzeugt oder geboren" im §. 1. (§. 6.) ist wörtlich aufzufassen: Pl.-Beschluß v. 5. Septbr. 1842 ad a.

Uebrigens enthält der §. 1. eine praesumtio iuris et de iure, welche nur ausnahmsweise (§. 2. 17.) angefochten werden kann. Das Kind selbst ist also nicht zum Beweise des Gegentheils zu verstatten: Präj. 302. 26 Juni 1837. I. Senat.

Beschränkte Anwendung dieser Präsumtion, bei nichtigen Ehen: Präj. 1232. 28. November 1842. I. Senat.

Nicht-Beseitigung derselben durch Ehebruch oder durch Zeugniß der Mutter: §. 5. 6.

B. Gegenbeweis von Seiten des Ehemannes: §. 2., nicht blos auf Grund des Zeugungs-Unvermögens: §. 3., oder der Abwesenheit: §. 4., sondern auch auf Grund einer hinreichenden „alia causa" (6. de his qui sui vel alieni iuris sunt. I. 6.) zulässig: Sz. S. 133. Pl.-Beschl. 5. Septbr. 1842. ad b.

Durch die erforderte Vollständigkeit dieses Gegenbeweises ist zwar die Auferlegung eines nothwendigen Eides ausgeschlossen: Präj. 1125. 11. April 1842. I. Senat, aber nicht das Beweismittel der Eidesdelation: Präj. 1320. 14. August 1843. I. Sen., Pl.-Beschl. 19. Juni 1844.

C. Die Conceptions-Zeit (§. 2. 19. 40.) ist absichtlich weiter als bei unehelichen Geburten (oben Tit. 1. Abschn. 11. Nro. IV.) gefaßt: Sz. S. 132.

D. Die Anfechtung der Rechtmäßigkeit eines während der Ehe geborenen Kindes ist

a) von Seiten des Ehemannes (d. i. des präsumtiven Vaters)

α) an die Jahresfrist nach §. 7. 8. gebunden. Sein Stillschweigen gilt als Anerkenntniß: §. 16. (In der Jahresfrist des §. 7. ist also eine eigentliche Klageverjährung nicht zu finden: Pl.-Beschl. 22. Januar 1844 in den Gründen.)

β) Das Verfahren wird ausgemacht zwischen dem anfechtenden Ehemanne und dem Curator des Kindes: §. 9. 10. (Mit Wegfall des edictum Carbonianum. D. XXXVII. 10. Puchta §. 330. unter 2.)

γ) Wirkung der Illegitimitäts-Erklärung: §. 11—13.

b) Die Verwandten des Ehemannes haben nach seinem Tode das Anfechtungsrecht nur aus seiner Person: §. 14—16.

c) Das Anfechtungsrecht der Lehns- oder Fideicommiß-Anwarter dagegen ist selbstständig: §. 17. 18.

d) Dem Curator des abwesenden Ehemannes ist das Anfechtungsrecht nicht einzuräumen: Präj. 1204. 26. Februar 1842. I. Senat.

2. Der nach dem Tode des Ehemannes geborenen Kinder.

A. Aeußerster Termin (oben 1. C.): §. 19. 20., mit Modificationen bei Frühgeburten: §. 21., und bei einer turbatio sanguinis: §. 22—25. (Oben Tit. 1. Abschn. 1. Nro. I. 1. B.)

B. §. 26—39: Rechte der Erben des Mannes de inspiciendo ventre etc.

3. Der nach geschiedener Ehe geborenen Kinder: §. 40—49.

II. Rechtsverhältnisse der Kinder aus nichtigen und aus ungültigen Ehen: §. 50—57. Sz. S. 134. (Milderung des Römischen und Canonischen Rechts.)

Der Unterschied zwischen putativen und nicht-putativen Ehen ist außer Anwendung gesetzt. Im §. 54. soll der dolose Theil der älterlichen Rechte entbehren.

Zweiter Abschnitt. Von den Rechten und Pflichten der Aeltern und der aus einer Ehe zur rechten Hand erzeugten Kinder, so lange die letzteren unter väterlicher Gewalt stehen. Koch §. 572. Nro. II. 1. §. 768. 769. 774. Puchta §. 274. Nro. 2. §. 277. §. 431. 432. 439. Eichhorn §. 314. 315.

I. Namen und Stand der Kinder, und Gerichtsbarkeit, unter welcher dieselben stehen, kommen vom Vater: §. 58—60.

II. Aelterliche Rechte, aber vorzüglich väterliche Gewalt: §. 61—63.

III. Aelterliche Pflicht zur Verpflegung der Kinder: §. 64 bis 73. (Wegen des hier und im Folgenden dem vormundschaftlichen Gerichte gewährten Einflusses: Sz. S. 134.)

IV. Aelterliche (hauptsächlich väterliche) Rechte und Pflichten zur Erziehung der Kinder: §. 64. 74—85. Sz. S. 134. fg.

Der §. 76. ist durch die Declaration v. 21. November 1803, „wegen des den Kindern aus Ehen zwischen Personen von verschiedenem Glaubensbekenntnisse zu ertheilenden Religionsunterrichts," dahin geändert worden: daß eheliche Kinder, ohne Unterschied des Geschlechts, in der Religion des Vaters unterrichtet werden sollen, mit Unverbindlichkeit entgegenstehender Verträge, jedoch mit Vorbehalt der nach §. 78. freien Uebereinkunft der Aeltern. Diese Declaration ist durch Cab.-Ordre v. 17. August 1825 (Ges.-Samml. S. 221.) auch in den westlichen Provinzen (Rheinprovinz und Westphalen) geltend gemacht worden.

Zu §. 85. vgl. Präj. 1793. 29. October 1846. I. Senat.

V. Unterstützung und Controle der älterlichen Zucht durch das vormundschaftliche Gericht: §. 86—91.

VI. Modification der älterlichen Erziehungs-Rechte und Pflichten, nach erfolgter Ehescheidung: §. 92—107. (Der „Richter" [§. 96. 99. 102.] ist auch hier der vormundschaftliche: Präj. 404. 15. Januar 1838. I. Senat.)

VII. Versuch zur Vereinigung der väterlichen Autorität mit dem „natürlichen Menschenrechte" des Sohnes, seinen Lebensberuf frei zu wählen: §. 108—118. Sz. S. 135.

VIII. Fähigkeit der noch unter väterlicher Gewalt stehenden Kinder

1. zu selbstständigem Erwerbe, außerhalb der Mitwirkung in der Wirthschaft oder dem Gewerbe der Aeltern: §. 121—124. (Präj. 556. 13. October 1838. III. Senat);

2. zur Uebernahme von Verbindlichkeiten, im Wesentlichen nicht ohne besondere Genehmigung des Vaters: §. 125—138. (Sz. S. 135.: Ausdehnung des S. C. Macedonianum [Puchta §. 306. Koch §. 453. Nro. II. 1.] auf alle von einem filiusfamilias gemachte Schulden; Einschränkung der exceptio versionis in rem [§. 129. h. t.: Präj. 792. 20. Januar 1840. III. Sen. und Präj. 2136. 20. August 1849. IV. Senat, Entsch. Bd. 17. S. 521. fg.]; Erschwerung des Einwandes einer subsequens ratihabitio [§. 137. h. t.].)

IX. Für die Verpflichtungen der Kinder aus unerlaubten

Handlungen (Th. I. Tit. 6.) haften die Aeltern nur nach Maßgabe eigener Verschuldung: §. 139—146.

Dritter Abschnitt. Von dem eigenthümlichen Vermögen der Kinder. Koch §. 775. Puchta §. 433 bis 438. Sz. S. 136.

Unter Aufhebung der Römischrechtlichen Eintheilungen der Peculien, wird nach A. L. R. das eigenthümliche Vermögen der Kinder eingetheilt in freies und nicht-freies Vermögen. (Analog dem vorbehaltenen und eingebrachten Vermögen der Ehefrauen: §. 277. h. t.)

I. Umfang der beiden Arten des eigenthümlichen Vermögens der Kinder.

1. Nur das freie Vermögen derselben läßt sich positiv, und zwar hauptsächlich durch die eigene Erwerbsthätigkeit der Kinder, charakterisiren: §. 148—155.

2. Das nicht-freie Vermögen ist hiernach negativ zu fassen. Die §§. 156. 157. enthalten nur Beispiele. (Unter Anderem ist auch die Abfindung einer geschwängerten Haustochter zum nicht-freien Vermögen zu rechnen.)

II. Rechte des Vaters an den beiden Arten des Kinder-Vermögens.

1. Das freie Vermögen ist nicht dem Nießbrauche des Vaters unterworfen, steht aber der Regel nach unter der vormundschaftlichen Verwaltung desselben, so lange die Kinder noch minderjährig sind: §. 147. 158—167. (203.)

Zu §. 166. vgl. Tit. 1. §. 319.

2. Das nicht-freie Vermögen ist

A. so lange die väterliche Gewalt dauert, ausschließlich der Verwaltung und dem Nießbrauche des Vaters unterworfen: §. 168. 201—205.; mit besonderer Selbstständigkeit des Vaters in der Verfügung über die Substanz der Capitalien: §. 169. (Pl.-Beschl. 11. Decbr. 1846); jedoch unter Controle des Vormundschafts-Gerichts in Betreff anderweitiger substanzieller Verfügungen, besonders über Immobilien: §. 170—175.

B. Die Verwaltung und der Nießbrauch des Vaters (A.) geht verloren, wenn derselbe in Concurs verfällt, oder sonst die Kinder standesmäßig zu ernähren und zu erziehen unvermögend wird: §. 206—209. 268. (Oben Tit. 1. Abschn. 5. Nro. III. 1. D.)

Vgl. aber zu §. 201.: Präj. 1641. 30. October 1845. I. Senat, und zu §. 206.: Präj. 1740. 23. April 1846. I. Sen.

III. Sicherung des Kinder-Vermögens.

1. Gesetzliche Vorrechte.

A. Von der Mutter her (oben Tit. 1. Abschn. 5. Nro. III. 1.): §. 176. (Der Nachdruck liegt auf dem Worte „behalten.")

B. Eigenes Vorrecht der Vierten Classe: §. 177. (Koch a. a. O. Note 13.)

2. Besondere Sicherstellung ihres Vermögens können die Kinder vom Vater nur in bestimmten Ausnahme-Fällen und in beschränktem Umfange fordern: §. 178—200. Anh. §. 86. (Rescr. 22. Septbr. 1794.) §. 87. (Rescr. 9. October 1797.) §. 88. (Rescr. 23. Juni 1800.) §. 89. (Rescr. 9. October 1797.)

Vierter Abschnitt. Von Aufhebung der väterlichen Gewalt. Koch §. 776. 600. Puchta §. 445. 317. Eichhorn §. 316.

Die hier neu gebildete Theorie beruhet im Wesentlichen darauf, daß die Emancipation der Söhne mehr als die der Töchter, und die der volljährigen Söhne mehr als die der minderjährigen begünstigt ist: Sz. S. 136—138.

I. Töchter gehen nur durch Verheirathung, oder (selbst wenn sie großjährig, aber noch unverheirathet sind) durch ausdrückliche Erklärung des Vaters aus der Gewalt desselben: §. 228—230. (Zu §. 229.: Präj. 1977. 12. Februar 1848. I. Senat.)

II. Söhne sollen

1. wenn sie großjährig sind, ohne Weiteres frei werden von der väterlichen Gewalt: durch abgesonderte Wirthschaft, durch eigenes Gewerbe, durch ein öffentliches Amt: §. 210—213. (Nicht durch die bloße Erwerbung des Bürgerrechts: Präj. 1053. 23. October 1841. III. Senat.) Anh. §. 90. (Aus dem Publ. v. 14. März 1797 ad 10.)

2. Wenn sie noch minderjährig sind (§. 224.), so werden sie nur frei von der Gewalt (jedoch immer noch mit beschränkter Dispositionsfähigkeit in Ansehung der Immobilien: §. 226. 227.):

A. Durch ausdrückliche Erklärung des Vaters: §. 214 bis 217. (Incongruenz mit §. 715. fg. A. L. R. II. 18.) Anh. §. 91. (Rescr. 14. März 1796.)

B. Durch den vom Vater genehmigten Beginn eines besonderen Gewerbes für eigene Rechnung (also auch durch die

Uebernahme einer Ackerwirthschaft: Präj. 1661. 6. Decbr. 1845. III. Senat), aber weder durch Amt noch durch abgesonderte Wirthschaft als solche: §. 218—225.

III. Folgen der Aufhebung der väterlichen Gewalt.

1. Herausgabe des eigenthümlichen Vermögens der Kinder: §. 231.

2. Ausstattung der Kinder: §. 232—248. Sz. S. 138 fg. (Die Römischrechtliche Dotations-Pflicht war in der That etwas ganz Anderes!)

Zu §. 234.: Präj. 2217. 7. Juni 1850. I. Senat. (Entsch. Bd. 19. S. 486.)

IV. Rechte der Aeltern nach aufgehobener Gewalt.

1. Anspruch auf Reverenz: §. 249. 250.

2. (Wechselseitige) Unterstützungspflicht: §. 251—254. (Unten Tit. 3. Nro. II. 2.)

V. Schmälerung der väterlichen Gewalt, außerhalb der Emancipation (oben I. II.):

1. Gänzliche Aufhebung der väterlichen Gewalt, zur Strafe: §. 255—259.

2. Bloßes Ruhen derselben: §. 260—265.

3. Einschränkung derselben in Ansehung der Erziehung oder der Vermögensverwaltung oder auch des Nießbrauches: §. 266—268.

Die väterlichen Pflichten hören aber ad 1. 2. 3. nicht auf: §. 269.

VI. Ende der Rechte und der Pflichten der väterlichen Gewalt durch den bürgerlichen (?) oder natürlichen Tod des Vaters: §. 270. (Koch §. 43. Note 2.)

(**Fünfter Abschnitt.** Von der Erbfolge der Kinder und anderer Verwandten in absteigender Linie. §. 271—488.

Sechster Abschnitt. Von der Erbfolge der Aeltern und anderer Verwandten in aufsteigender Linie. §. 489—520.

Siebenter Abschnitt. Von der Pupillar-Substitution. §. 521—554.

Unten im Erbrecht.)

Achter Abschnitt. Von den Kindern aus einer Ehe zur linken Hand. Koch §. 777. Sz. S. 143. fg.

Stand und Erziehung nur nach der Mutter. Persönliche

väterliche Gewalt. Am Vermögen aber kein Nießbrauch, sondern nur eine vormundschaftliche Verwaltung des Vaters: §. 555 bis 569. h. t. (§. 570. ff. unten im Erbrecht.)

Auch ohne die Existenz einer Ehe zur linken Hand können diese Bestimmungen zur practischen Anwendung gelangen in den Fällen des §. 56. h. t.

Neunter Abschnitt. Von den aus unehelichem Beischlafe erzeugten Kindern. Koch §. 772. 778. 595. fg. Puchta §. 440. (316. Note i.)

I. Legitimation der unehelichen Kinder (abgesehen von der früheren s. g. unvollkommenen Legitimation, zur Tilgung des Fleckens der unehelichen Geburt, und von dem was in §. 662 bis 665. h. t. — vgl. Anh. §. 94. — an deren Stelle getreten ist: Eichhorn §. 89. Note i.):

1. Per sententiam (wider den Willen des Vaters, so jedoch, daß das Recht des Kindes nicht selbstständig, sondern nur ein accessorium des mütterlichen Rechts ist): §. 592—595. (Sz. S. 144.) 599. Anh. §. 94. (Circular-Verordnung vom 1. Septbr. 1798, [das Heurathen der Offiziere und] die Legitimation der unehelichen Kinder betreffend. Desgl. Cab.-Ordre v. 4. desselben Monats.)

2. Per subsequens matrimonium: §. 596. 598. 600. (Sz. S. 144.)

3. Durch gerichtliche Erklärung des Vaters, zu Gunsten der nati ex sponsa: §. 597. fg. Sz. S. 144.

Der förmlichen Verlobung gleich wirkt auch hier das Aufgebot (oben Tit. 1. Abschn. 2. Nro. III.): Präj. 419. 30. Januar 1838. I. Senat.

Immer aber setzt der §. 597. voraus, daß das zu legitimirende Kind nicht vor dem Verlöbnißvertrage oder dem Aufgebote geboren ist: Präj. 2209. 30. April 1850. III. Senat. (Entsch. Bd. 19. S. 484.)

4. Per rescriptum Principis: §. 601—611. A. G.-O. Th. II. Tit. 1. §. 8. Cab.-Ordre v. 6. Novbr. 1827, wegen der Legitimation in den Rheinprovinzen: Ges.-Samml. 1828. S. 1. Cab.-Ordre v. 16. Januar 1840 ad II.: Ges.-Samml. S. 17. (Gerichtliche Instruction. Ertheilung der Legitimation durch den Justiz-Minister.)

II. Rechte der nicht-legitimirten unehelichen Kinder.

1. Selbstständiges (von den Ansprüchen der Mutter unabhängiges) Recht derselben, unter vormundschaftlichem Schutze Unterhalt und Erziehung (der Regel nach nur bis zum zurückgelegten vierzehnten Lebensjahre) von dem Vater (d. i. dem Stuprator [„Zuhalter"] als solchem) zu fordern. Subsidiarisch haften eben dafür die väterlichen Großältern („zu möglicher Verhütung des Kindermordes": Sz. S. 145.). Erst nach diesen die Mutter (Ausnahme: §. 630.) und die mütterlichen Großältern: §. 612—638.

Zu §. 612.: Präj. 1296. 16. Mai 1843. I. Senat, von dem Falle einer Schwängerung an einem Orte Französischen Rechts. Vgl. Pl.-Beschl. 21. Novbr. 1849. (Entsch. Bd. 18. S. 39. ff.)

Zu §. 615. (644.) und Anh. §. 95. (Rescr. 16. Decbr. 1800): Präj. 97. 10. Novbr. 1835. I. Senat, nebst den dazu allegirten Rescripten, und Rescr. 25. Januar 1841. (J.-M.-Bl. S. 59.)

Zu §. 619. 620.: Präj. 1342. 10. Octbr. 1843. I. Senat, von dem Falle, wenn einer der mehreren Zuhalter (Constupratoren) die Geschwächte heirathet, und Ergänzung durch das Präj. 2233. 20. Septbr. 1850. I. Senat. (Entsch. Bd. 19. S. 491.)

Das vollendete vierte Lebensjahr des Kindes (vgl. §. 70. 94. fg. h. t. von ehelichen Kindern) als eigenthümlicher Wendepunkt, §. 621. ff.: Präj. 249. 282. 1162.

Zu §. 626. 627.: Sz. S. 144. fg. (Rücksicht auf die Localität.) Präj. 1224. 29. Novbr. 1842. I. Senat. (Entscheidung nach dem Wohnsitz der Geschwächten zur Zeit der Anstellung der Alimenten-Klage.)

Zu §. 628.: Pl.-Beschl. 8. April 1850, J.-M.-Bl. S. 175. fg., Entsch. Bd. 19. S. 39. ff. (Gegen die analogische Anwendung des §. 298. A. L. R. I. 14., welche das Präj. 237. aus dem Jahre 1837 zuließ.) Präj. 334. 31. Juli 1837. I. Senat und Pl.-Beschl. 14. Octbr. 1839. (Sofortige subsidiarische Verpflichtung der Aeltern des Schwängerers, welcher Unteroffizier oder gemeiner Soldat ist, aber nicht über dessen gesetzliche Schuldigkeit [Anh. §. 83.] hinaus.) Präj. 1118. 21. März 1842. I. Senat. (Zulässige Cumulation der Klagen.) Präj. 1526. 10. Januar 1845. I. Senat. (Die Verpflichtung liegt nur ehelichen Aeltern eines Schwängeres ob.) Präj. 1872. 3. Mai 1847. I. Senat. (Wegfall der großälterlichen Verpflichtung, bei Existenz von mehreren Zuhaltern.) Präj. 2040. 12. August 1848.

I. Senat. (Nicht-Uebergang der Verpflichtung auf die Erben der Großältern als solche.) Präj. 634. 23. März 1839. I. Senat. (Verhältniß zwischen den väterlichen Großältern und der unehelichen Mutter [§. 630. h. t.].)

2. Familien- und Standes-Rechte fehlen den unehelichen Kindern insofern gänzlich, als sie nicht einmal in die Familie der Mutter treten: §. 639—646. (Anh. §. 96. ist antiquirt.)

§. 647—661.: unten im Erbrecht.

Zehnter Abschnitt. Von der Annahme an Kindesstatt. Koch §. 771. Puchta §. 441—444. Sz. S. 145.

Die Heiligkeit des Verhältnisses und die imitatio naturae ist fallen gelassen.

I. Form: Schriftlicher Vertrag, unter Prüfung und Bestätigung des Obergerichts: §. 666. 667., jetzt des ordentlichen persönlichen Gerichts: §. 14. der Verordnung über die Aufhebung der Privatgerichtsbarkeit und des eximirten Gerichtsstandes u. s. w., v. 2. Januar 1849 (Ges.-Samml. S. 5.); und mit Königlicher Entscheidung, wenn es sich dabei um Adels-Verhältnisse handelt: Anh. §. 100. (aus einem Rescript v. 12. Novbr. 1801, in welchem es unter Nro. 2. deutlicher hieß: „Führung eines anderen adelichen Namens ꝛc.") vgl. mit §. 684. 689. h. t. und Anh. §. 102. (aus der Declaration v. 24. Septbr. 1798 ad IV.).

II. Adoptiren können Personen beider Geschlechter, wenn sie Fünfzig Jahr alt sind und keine ehelichen Descendenten am Leben haben; jüngere Personen nur unter Landesherrlicher (jetzt vom Justiz-Minister zu ertheilender) Dispensation: §. 668—676. (Cab.-Ordre v. 16. Juli 1805 [im Rescr. vom 22. ej. m.]; Cabinets-Ordres v. 18. Juli 1836 und 13. November 1838 in v. Kamptz Jahrb. Bd. 52. S. 471. fg.)

III. Adoptirt werden kann jeder relativ Jüngere („den Jahren nach": der Unterschied der plena pubertas wird nicht mehr erfordert); vorausgesetzt, daß er selbst, wenn er schon mündig ist, und resp. auch sein Vater oder das vormundschaftliche Gericht einwilligt: §. 677—680.

IV. Wirkungen der Adoption.

1. Persönliche Rechtsverhältnisse, wie zwischen ehelichen Aeltern und Kindern: §. 681—690.

2. Vermögens-**Rechte,** sowohl unter Lebenden als von Todeswegen, ausschließlich auf Seiten des Adoptirten. Es

giebt keine besondere Art der Adoption, durch welche auch der Adoptirende dergleichen Rechte an dem Vermögen des Adoptirten erlangen könnte. (Vertragsmäßige Ausnahme: unten V.) §. 691—702. (Unter den „natürlichen" Aeltern sind hier die eheleiblichen verstanden.) Anh. §. 101. (Rescr. 7. Septbr. 1801.)

3. Keine Familien-Verbindung zwischen dem Adoptirten und der weiteren Familie des Adoptirenden: §. 707—713.

V. Vertragsmäßige Aenderungen der persönlichen und vermögensrechtlichen Verhältnisse ad IV. 1. 2.: §. 703—706. (Anh. §. 102.: oben I.)

Zu §. 706. vgl. auch §. 484. h. t.

VI. Wiederaufhebung der Adoption (unter gerichtlicher Bestätigung): §. 714. 715.

VII. Ende der väterlichen Gewalt des Adoptirenden: §. 716.

(**Eilfter Abschnitt.** Von der Einkindschaft: §. 717 bis 752. Unten im Erbrecht.)

Zwölfter Abschnitt. Von Pflegekindern. Koch §. 779. Puchta §. 444. Note a. Sz. S. 146.

Es handelt sich hier um die Uebernahme eines fremden hülflosen Kindes zur Verpflegung und Erziehung, wodurch die Pflegeältern persönliche älterliche Rechte (keine Vermögens-Rechte) und (nach Umständen) den Anspruch auf dereinstigen unentgeltlichen (Gesinde-) Dienst erlangen: §. 753—771. Anh. §. 104. (Rescr. v. 25. Februar 1799 und Circ.-Verordnung v. 19. Decbr. 1799 ad I.)

Etwas ganz Anderes ist das contractliche Verhältniß nach §. 772. 773. h. t.

A. L. R. Th. II. Tit. 3. Von den Rechten und Pflichten der übrigen Mitglieder einer Familie. (Entw. Th. I. Abth. I. Tit. 3.)

I. Umfang der Familien-Verbindung im Allgemeinen: §. 1—3., und Verhältniß der (vollbürtigen und Halb-) Geschwister insbesondere: §. 4—8. (Koch §. 47.)

Zu §. 6.: Präj. 907. 3. August 1840. I. Senat. (Auch uneheliche Kinder derselben Mutter von verschiedenen Vätern sind als Halbgeschwister zu behandeln.)

II. Rechtsverhältnisse (unter Lebenden).

1. Allgemeine Familien-Fürsorge: §. 9—12.

(Zu §. 13. h. t. und Tit. 1. §. 436. 437. mit dem Anh. §. 77.: Cab.-Ordre v. 28. Novbr. 1845: Ges.-Samml. S. 830.)

2. Alimentationspflicht insbesondere (Koch §. 593—598. Puchta §. 316.): unter Ascendenten und Descendenten ohne Unterschied des Grades, und unter Geschwistern ersten Grades: §. 14—22. h. t. Tit. 2. §. 63. 251. ff. 630.

Declaration „der die Alimentationspflicht der Verwandten betreffenden §§. 63. und 251. Tit. 2. und §§. 14. 15. Tit. 3. Th. II. des A. L. R." v. 21. Juli 1843 (Ges.-Samml. S. 296.): Nicht dem Kläger liegt der Nachweis der Leistungsfähigkeit des Beklagten ob; der Beklagte mag die dem Anspruche entgegenstehenden Gründe als Einwendungen geltend machen. Vergl. Präj. 161. 27. Febr. 1837. I. Senat und Präj. 1198. 10. October 1842. I. Senat. (Ein Einwand dieser Art ist nicht zur Execution zu verweisen.)

Präj. 1202. 10. October 1842. I. Senat: Alimentations-Ansprüche gegen mehrere gleich nahe verpflichtete Verwandte sind in Einem Verfahren geltend zu machen.

Das zu allgemein gefaßte Präj. 174. 13. März 1837. I. Senat ist beseitigt durch den Pl.-Beschl. v. 4. Novbr. 1850 (J.-M.-Bl. 1851. S. 11. fg.): Berücksichtigung der Arbeitskraft bei der Frage nach dem Vermögen oder Unvermögen des Alimentationspflichtigen. (Tit. 2. §. 630. Tit. 3. §. 19.)

Tit. 3. §. 23. ff. §. 31. ff.: unten im Erbrecht.

Anhang: Präjudizien, welche, in Beziehung auf die Suspension der Titel 1. 2. 3., das Märkische Familienrecht betreffen.

Präj. 1327. 28. August 1843. I. Senat: Anwendbarkeit des §. 41. Tit. 1.

Präj. 1387. 27. Novbr. 1843. I. Sen.: Suspension des §. 1. Tit. 2., so weit danach auf den Zeitpunkt der Erzeugung Nichts ankommt.

Pl.-Beschl. 22. Jan. 1844: Suspension des §. 7. Tit 2.

Präj. 834. 14. März 1840. II. Senat: Suspension der über die Darlehnsgeschäfte hinausgehenden Beschränkungen des großjährigen filius-familias (§. 125. 131. 201. Tit. 2.).

Präj. 952. 23. Novbr. 1840. I. Senat: Uneheliche Kinder treten in die Familie der Mutter und werden als Blutsverwandte der mütterlichen Verwandten angesehen. (Abweichend von Tit. 2. §. 639. Tit. 3. §. 7. 8.)

A. L. R. Th. II. Tit. 4. Von gemeinschaftlichen Familienrechten. (Entw. Th. I. Abth. I. Tit. 4.) Unten im Erbrecht.

A. L. R. Th. II. Tit. 5. Von den Rechten und Pflichten der Herrschaften und des Gesindes. (Entw. Th. I. Abth. I. Tit. 5.) Sz. S. 148 fg.

An die Stelle der §§. 1—176. h. t. ist getreten: die (allgemeine) Gesinde-Ordnung v. 8. Novbr. 1810. (Ges.-Samml. S. 101 ff.)

Vgl. Koch §. 780—789. Eichhorn §. 328.

A. L. R. Th. II. Tit 18. Von Vormundschaften und Curatelen. (Entw. Th. I. Abth. III. Tit. 6. Von den Rechten und Pflichten des Staates, in Ansehung der Vormundschaften und Curatelen.) Sz. S. 184—188. 192 bis 195. Koch §. 790—809. Puchta §. 330. 331—357. Eichhorn §. 318—327.

Staatsrechtliche Grundlage dieser Lehre im A. L. R. (Deutsche Obervormundschaft.)

Vormünder: §. 3. §. 6 ff. h. t. Curatoren: §. 4. §. 28 ff.

Die Tutel ist nach Preußischem Rechte wesentlich eine dativa: §. 172 ff.

Die Hauptseite unseres Vormundschaftswesens, in welchem der Vormund als „ein Bevollmächtigter oder Beamter des Staates" (Sz.) angesehen wird, ist die Verwaltung. Daher das große administrative Detail dieses Titels.

Leitender Grundsatz ist: Conservation des Mündelgutes. Der Vormund ist systematisch beschränkt durch die §§. 422 bis 678.; wogegen jedoch dem Erblasser, welcher dem Pflegebefohlenen mehr als einen Pflichttheil zuwendet, die Befreiung des Vormundes von diesen Einschränkungen zusteht: §. 681 ff.

Die besonders einengenden Vorschriften in Betreff der Immobilien (zumal §. 586.) sind in neuerer Zeit allmälig erweitert worden, so daß jetzt zur subhastationsfreien Veräußerung unbeweglicher Güter der Pflegebefohlenen der Beschluß des competenten collegialischen Gerichtes genügt. (§. 14. der Verordnung über die Aufhebung der Privatgerichtsbarkeit ꝛc., vom 2. Januar 1849: Ges.-Samml. S. 5.)

Die restitutio in integrum ex capite aetatis ist im A. L. R. „nicht beibehalten, sondern vielmehr stillschweigend abgeschafft worden." (Sz.)

Erbrecht. (Koch §. 810—813.)

Das Erbrecht ist fast durch das ganze System des A. L. R. zerstreut. Dem Sachenrechte sind vorzugsweise diejenigen Theile des Erbrechtes einverleibt, welche sich auf den unmittelbaren und mittelbaren Erwerb der Erbschaft, dem Personenrechte diejenigen, welche sich auf die Delation der Erbschaft aus gesetzlichen (besonders Familien-) Prinzipien beziehen.

A. L. R. Theil I. Tit. 9. Abschn. 8. Erwerbung der Erbschaften. Tit. 11. Abschn. 4. Erbschaftskauf. Tit. 12. Verordnungen von Todeswegen. (Testamente und Codicille. Erbverträge.) Tit. 17. Abschn. 2. Gemeinschaftliches Eigenthum der Miterben. (Tit. 18. Abschn. 1. [§. 358. ff.] Lehnssuccession. Tit. 21. Abschn. 4. [§. 634. ff.] Lassiten-Erbrecht.)

A. L. R. Theil II. Tit. 1. Abschn. 7. Ehegatten-Erbrecht. Abschn. 9. [§. 893 ff.] Erbrecht (?) aus einer Ehe zur linken Hand. Tit. 2. Abschn. 5. Erbrecht der Descendenten. Abschn. 6. Erbrecht der Ascendenten. Abschn. 7. Pupillar-Substitution. In den Abschnitten 8—12. wird immer gelegentlich in einzelnen Paragraphen das Erbrecht oder Nicht-Erbrecht solcher Descendenten und Ascendenten berührt, deren Verhältniß durch andere Momente als durch eheliche Zeugung begründet ist. Tit. 3. [§. 23 ff. §. 31 ff.] Erbrecht der Collateralen. Tit. 4. Abschn. 3—5. Familien-Fideicommiß. Tit. 16. (Entw. Th. I. Abth. III. Tit. 4.) Abschn. 2. Fiscalisches Erbrecht. Tit. 19. (Entw. Th. I Abth. III Tit. 7.) Erbrecht der pia corpora. [§. 50 ff.]

Abschnitt I. Intestat-Erbrecht. (Koch §. 844.)

Capitel I. Erbrecht der Verwandten. (Koch §. 845 fg.)

§. I. Intestat-Erbrecht und Notherbenrecht der ehelichen Verwandten.

I. Erbfolge-Ordnung. Koch §. 847—850. Puchta §. 453. 457. 458. 460. 505. Eichhorn §. 329—331. (333.) 334. 335.

Das A. L. R. verschmilzt hier Römisches und Deutsches Recht auf eigenthümliche Weise, in Fünf Classen. Vgl. Sz. S. 166—168. 146—148.

1. In der Ersten Classe succediren die Kinder in capita: A. L. R. II. 2. §. 300—302.; die weiteren Descendenten — und zwar iure proprio (nicht blos iure repraesentationis) — in stirpes: §. 348—358. h. t.

2. In der Zweiten Classe erben ausschließlich die leiblichen Aeltern, nach reinem Schoosfallsrechte: §. 489—491. h. t.

3. In der Dritten Classe erben die vollbürtigen Geschwister in capita und vorverstorbener vollbürtiger Geschwister Descendenten (ohne Grades-Beschränkung) in stirpes: §. 492. h. t. und Tit. 3. §. 31. 34—40.

4. In der Vierten Classe erben die über die leiblichen Aeltern (oben 2.) hinausgehenden Ascendenten — und zwar so, daß der dem Grade nach nähere jeden entfernteren ausschließt gleich nahe aber, durchweg ohne Sonderung der väterlichen und mütterlichen Linie, in capita theilen — zur Einen Hälfte; die halbbürtigen Geschwister und vorverstorbener halbbürtiger Geschwister Descendenten (nach Maßgabe 3.) zur anderen Hälfte (ohne Geltung des Satzes: paterna paternis, materna maternis); in Ermangelung von halbbürtigen Geschwistern resp. deren Descendenten succediren die Ascendenten, in Ermangelung von Ascendenten die halbbürtigen Geschwister resp. deren Descendenten in den ganzen Nachlaß: II. 2. §. 493—499.; 3. §. 41—45.

5. In der Fünften Classe gelangen die übrigen Collateralen (in infinitum) zur Erbfolge, unbedingt nach der Nähe des Grades, ohne weitere Linealtheilung und ohne Rücksicht auf volle oder halbe Geburt: Tit. 3. §. 46—53.

Berücksichtigung der s. g. cognatio duplex in Classe 1. 3. 4. (Koch §. 848.) Accrescenzrecht als Regel nur bei der Succession in capita, nicht bei der in stirpes. (Koch §. 849.)

II. Collation. (In wesentlichem Zusammenhange mit der Succession in Cl. 1.) Sz. S. 139—142. Koch §. 880. 881. Puchta §. 512—514.

1. Descendenten, welche einen Ascendenten beerben, sollen unter einander dasjenige, was sie von dem Erblasser bei dessen Lebenszeit als Ausstattung im weiteren Sinne, A. L. R. II. 2. §. 303—305., oder an Immobilien (Grundstücken, Gerechtigkeiten) oder ausstehenden Capitalien (dazu gehören auch die Staatspapiere au porteur: Präj. 1317. a. 19. Juni 1843. I. Senat.) als Schenkung erhalten haben, §. 327. 328. (auch in der Mark nicht suspendirt: Präj. 1317. b.), bei der Erbtheilung nicht sowohl zur Einwerfung, als vielmehr lediglich zur Ausgleichung bringen: §. 306—312. 329. 330. (In §. 329. lies: „und den vorgeschriebenen Schenkungen".) Vergl. auch Präj. 1468. a. b. 28. Juni 1844. I. Senat.

2. Herauszugeben haben sie von der selbst erhaltenen Ausstattung nur im äußersten Nothfalle ein Drittheil, behufs (dereinstiger) nothdürftiger Ausstattung der unversorgt gebliebenen Geschwister: §. 313—322.

3. Diese Ausgleichung berührt aber nur die Descendenten in ihrem gegenseitigen Verhältnisse, nicht den miterbenden überlebenden Ehegatten: §. 323—325., mit Ausnahme der Modification im §. 326. (womit Tit. 1. §. 381. nicht vollständig harmonirt).

4. Zur Vermeidung von Weiterungen bei Ausmittelung des Werthes der Zuwendungen sollen dienen die §§. 331—347. (Im §. 338. muß es aber heißen: „um mehr als das Doppelte." Beabsichtigt ist Einschränkung der querela inofficiosae dotis, in Gemäßheit der Bestimmungen der §§. 1113. ff. A. L. R. I. 11.: Sz. a. a. O.)

5. Grundsätze für die Ausgleichung unter Enkeln und weiteren Descendenten, in stirpes: §. 359—365.

III. Notherbenrecht. Sz. S. 163—166. Koch §. (812.) 856—858. 861—863. Puchta §. 480. 485—494.

1. Notherbenrecht der Descendenten.

A. Umfang und Berechnung des Pflichttheils.

a) Dreifach abgestufte Quote des Pflichttheils, nach der Anzahl der concurrirenden Kinder: §. 392. A. L. R. II. 2.

b) Gleichmäßige Pflichttheilsberechtigung der Enkel und weiteren Descendenten: §. 391. 437. (354.) Präj. 2057. 30. Octbr. 1848. I. Senat.

c) Durchgreifender Charakter des Pflichttheils als einer portio portionis ab intestato. (Zur Beseitigung unnöthiger Controversen.)

d) Der Pflichttheil darf weder geschmälert noch belastet werden: §. 394. 398. Es kommt aber dabei nur auf materielle Vollständigkeit an, nicht auf die Benennung der Zuwendung (als Erbeinsetzung u. s. w.): §. 396. Unter der Anrechnung der Ausstattung versteht auch §. 393. nichts Anderes als die gewöhnliche Ausgleichung (oben II. 1. ff.). Der §. 395. ist theoretisch nicht haltbar. Im §. 397. ist das Wort „überhaupt" nicht correct.

B. Enterbung. (Gränznachbarschaft zwischen Pflichttheil und Enterbung [vgl. z. B. §. 411. und 418. mit §. 398. h. t.]: Heydemann's Elemente der Joachimischen Constitution, Berlin 1841, S. 368. 372. fg.)

a) Neun bestimmte, strict auszulegende Enterbungsgründe, zur Strafe für persönliche Beleidigungen gegen die Aeltern oder für hohe moralische Verderbtheit (weitere Enterbungsgründe sind aus der Nov. 115. absichtlich nicht aufgenommen, namentlich nicht Abfall vom Christenthum u. s. w.): §. 399 bis 411. 418. (Zu §. 406. vgl. oben Tit. 1. Abschn. 8. Nro. I. 2. F.)

b) Enterbung bis auf die Hälfte des Pflichttheils, wegen Heirath ohne älterlichen Consens (oben Tit. 1. Abschn. 10. Nro. II. 2. A. e.): §. 412., oder was dem gleichsteht: §. 413. (Tit. 1. §. 67.) Diese halbe Enterbung ist altprotestantisch: Sächs. Kirchenordnung von 1580.; Brandenb. Renovirte Constitution von Verlöbniß und Ehe-Sachen, vom 15. December 1694., §. 14 fg.

Fortdauer der einmal im Testamente ausgesprochenen Enterbung bis zur förmlichen Wiederaufhebung derselben: §. 414 bis 416.

Mitzählung des rechtmäßig enterbten Kindes bei Berechnung des Pflichttheils der übrigen: §. 417. (Vgl. §. 488. 607.)

c) Exheredatio bona mente facta.

Wegen Ueberschuldung oder Verschwendung oder Geisteskrankheit kann dem Kinde die Verfügung über den Pflichttheil gänzlich entzogen werden, jedoch unter Belassung des Nießbrauches, von welchem ihm jedenfalls die Competenz bleibt: §. 419—429. (Pr.-O. Tit. 49. §. 27 ff.)

Verwandt damit ist die Entziehung der Wahl des Pflichttheils, wenn dem Kinde sein volles Erbtheil hinterlassen, dieses aber zur Erhaltung für die Enkel bestimmt wird: §. 430. (Hier bedarf es nicht, wie im §. 422., der Angabe einer causa.)

d) Erforderniß der Testaments-Form zur Entziehung, Schmälerung oder Belastung des Pflichttheils: §. 431. (379 fg.) Präj. 1650. 20. Novbr. 1845. I. Senat.

e) Folgen einer ungerechten Enterbung oder Uebergehung.

α) Regel: Kein Bruch des Testamentes, sondern immer nur Klage auf Entrichtung (resp. Ergänzung oder Entlastung) des Pflichttheils (ad supplendam legitimam), wozu aber nicht blos die eingesetzten Erben, sondern auch die Legatarien proratarisch beitragen müssen: §. 433—436. (Anders nach Märkischem Rechte: Präj. 1656. 4. December 1845. I. Senat.)

β) Ausnahme: Bruch des Testamentes in den besonderen Fällen der §§. 450. 454. 456.

γ) Begründung der Klage (α.): §. 432. 441 bis 443.

Auch nach Preuß. Rechte hat nicht der Enterbte die Negative, sondern der eingesetzte Erbe die Richtigkeit der angegebenen Enterbungsursache zu beweisen. Ist keine genügende oder ist überhaupt keine Ursache angegeben, so ist die Enterbung ungültig und der eingesetzte Erbe kann nicht zum Beweise darüber verstattet werden, daß die Enterbung oder Uebergehung an sich wohl verdient sei.

Zwischen dem §. 443. h. t. und A. L. R. I. 12. §. 531. waltet ein Widerspruch nicht ob.

δ) Uebergehung insbesondere: §. 444—455. h. t. (Vgl. oben β.)

Der §. 444. ist so auszulegen, daß der Antheil des Uebergangenen dem des am mindesten Begünstigten nach dem Abzuge gleich wird. (Vgl. §. 448. h. t. und I. 12. §. 269.)

ε) Ausschließung der Klage (α.):

a) durch Anerkenntniß (der Rechtsgültigkeit) des

Testamentes: §. 438. 439. (§. 439. steht nicht im Widerspruch mit I. 12. §. 612.);

b) durch zweijährige Verjährung (zu rechnen von dem Tage des rite publicirten Testamentes): §. 440. Präj. 251. 29. Mai 1837. I. Senat.

C. Pflichttheil für Kinder aus geschiedenen Ehen, bei Lebzeiten (!) der Aeltern: §. 457—480. Wesentlich beschränkt durch Anh. §. 92. (Circ.-Verordn. v. 30. Decbr. 1798. Abschn. 3.) Anh. §. 93. (Rescr. 4. Februar 1799. und 10. November 1800.) Koch §. 763. Nro. V.

2. Notherbenrecht der Ascendenten: §. 500—518. A. L. R. II. 2. (Der gleichfalls nur aus ganz bestimmten Enterbungsgründen zu entziehende Pflichttheil beträgt hier immer die Hälfte der Intestatportion. Uebrigens gelten analoge Bestimmungen wie in 1.)

Den Geschwistern gewährt das A. L. R. keinen Pflichttheil: II. 3. §. 32. 33. Sz. S. 146.

§. II. Intestat-Erbrecht der nicht-ehelichen Verwandten. Koch §. 852. 853. Puchta §. 454. 455.

I. Aus einer Ehe zur linken Hand (oben Tit. 1. Abschn. 9. Tit. 2. Abschn. 8.) succediren

1. die Kinder

A. der Mutter und den mütterlichen Verwandten, wie Kinder aus einer Ehe zur rechten Hand: §. 586. 587. A. L. R. II. 2. (Auch die mütterliche Abfindung geht auf sie über: Tit. 1. §. 897 fg.)

B. Vom Vater erben sie,

a) wenn eheliche Descendenten vorhanden sind: nur Verpflegung (Erziehung) und Ausstattung. §. 570—575. 579. h. t.

b) In Ermangelung ehelicher Descendenten haben sie zwar keinen Pflichttheil, aber ein wahres Intestat-Erbrecht, und zwar auf Höhe von einem Drittheil resp. von der Hälfte der Erbschaft, in Concurrenz mit einer Ehefrau oder mit nahen Verwandten (bis zum sechsten Grade einschließlich); auf das Ganze, in Ermangelung solcher Concurrenten: §. 576—578. 585. 580 bis 584.

2. Von den Aeltern haben an dem Nachlaß der Kinder:

A. die Mutter und deren Verwandten: gleiches Erbrecht, wie an dem Nachlaß von Kindern aus einer Ehe zur rechten Hand: §. 589.;

B. der Vater und dessen Verwandten: kein gesetzliches Erbrecht: §. 588.

3 Bei Ehescheidungen erfolgt die Aussetzung des Pflichttheils resp. der Ausstattung für die Kinder, nach Analogie von §. I. Nro. III. 1. C.: §. 590. 591.

II. Aus unehelicher Zeugung (oben Tit. 2. Abschn. 9.) succediren

1. die nicht-legitimirten Kinder

A. der Mutter, aber nicht den Verwandten der Mutter: §. 656. 657 660. 661. (639.) Anh. §. 99. (Gutachten der Gesetz-Commission vom 5. Febr. 1802.)

Nach Märkischem Rechte beerbt das uneheliche Kind auch die Verwandten der Mutter: Präj. 952. (oben im Anh. zu Tit. 3. g. E.; hier in Anwendung auf das Erbrecht der Halbgeschwister) und Präj. 1297. 24. April 1843. I. Senat. (Selbst die incestuosi haben dieses Erbrecht gegen die Mutter und deren Verwandten.)

B. Vom Vater erben sie,

a) wenn eheliche Descendenten vorhanden sind: nur Erziehung. §. 647—651. (Auf ihr Verhältniß zu den Erben ohne Vorbehalt geht Präj. 825. 24. Febr. 1840. I. Senat.)

b) In Ermangelung von Descendenten aus einer Ehe zur rechten oder zur linken Hand haben sie zwar keinen Anspruch auf einen Pflichttheil, erben aber (ohne Concurrenz der Concubine) den sextans, wenn sie entweder ein freiwilliges Anerkenntniß des Vaters (Präj. 16. aus dem Jahre 1833 und Präj. 149. 30. Januar 1837. I. Senat.) oder ein Erkenntniß, durch welches ihnen dieses Erbrecht ausdrücklich vorbehalten wird (Pl.-Beschl. 2. April 1849: J.-M.-Bl. S. 252 fg. Entsch. Bd. 18. S. 52 ff.), für sich haben (weil hier die s. g. exceptio plurium concumbentium von Einfluß ist): §. 652—654. Anh. §. 97. (Gutachten der Gesetz-Commission vom 14. und Rescr. vom 31. März 1794.) Anh. §. 98. (Gutachten der Ges.-Comm. vom 11. Novbr. 1800.)

C. Ihren unmittelbaren Aeltern gegenüber, und unter einander als Geschwister, haben auch die Kinder aus nichtigen Ehen (selbst die adulterini und incestuosi) ein volles gesetzliches Erbrecht, nach den Grundsätzen der §§. 50 ff. h. t. (Oben Tit. 2. Abschn. 1. Nro. II.)

2. An dem Nachlaß der nicht-legitimirten unehelichen Kin-

der hat nur die Mutter, nicht der Vater, ein gesetzliches Erbrecht: §. 658. 659. h. t.

3. In Folge eingetretener Legitimation erlangen Kinder und Aeltern volles gegenseitiges Erbrecht. Bei der bloßen legitimatio per rescriptum Principis aber erlangen die Kinder ein Erbrecht gegen die weiteren älterlichen Verwandten nur dann, wenn diese in die Legitimation eingewilligt haben; nur zu den ehelichen Kindern des Legitimirenden treten die Legitimirten auch erbrechtlich jedenfalls in das Verhältniß von ehelichen Halbgeschwistern: §. 603 ff. h. t. (Koch §. 772. Nro. 4.)

Die per subsequens matrimonium legitimirten Kinder haben übrigens nach gemeinem Preußischem Rechte selbst die Lehnfolgefähigkeit: A. L. R. I. 18. §. 361. Declaration, die Succession der Mantelkinder im Lehn betreffend, vom 30. Septbr. 1820. (Ges.-Samml. S. 201 fg.)

III. Aus der Adoption entsteht ein Erbrecht nur von Seiten des Adoptirten gegen den Adoptirenden, und zwar gegen den Adoptirenden selbst, nicht gegen dessen Verwandten: §. 691 bis 694. 701. 702. 708. 709. h. t. (Oben Tit. 2. Abschn. 10. Nro. IV. 2. 3.)

IV. Die bloße Pflegeälternschaft (oben Tit. 2. Abschn. 12.) erzeugt auf keiner Seite ein Erbrecht: §. 761. ff. h. t.

Capitel II. Erbrecht der Ehegatten. (A. L. R. II. 1. §. 438.) Koch §. 851. 859. 879. 754. 760. Puchta §. 456. Eichhorn §. 297. fg. 309. fg. 313. 330. 336. 338.

I. Erbrecht der Ehegatten nach Particularrecht.

1. Norm des letzten persönlichen Gerichtsstandes des Erblassers: A. L. R. II. 1. §. 495. mit dem Anh. §. 78. (oben P.-P. und Einl. z. A. L. R. Nro. V. 1. B. b.; Präj. 1492. 4. October 1844. I. Senat); jedoch mit dem Wahlrechte des überlebenden Ehegatten nach §. 496. h. t. Sz. S. 118. 119. (Dieses Wahlrecht ist auch in der Mark nicht suspendirt: Präj. 1347. 9. October 1843. I. Senat. Es findet aber überhaupt keine Anwendung, wenn nach den Gesetzen des ersten Wohnortes Gütergemeinschaft unter den Eheleuten galt: Präj. 120. 29. August 1836. I. Senat.)

2. Pflichttheils-Charakter der ganzen portio statutaria: §. 497—499. h. t.

II. Erbrecht der Ehegatten nach gemeinem (Preußischem) Rechte.

1. Constituirung des Nachlasses, durch Aussonderung aller derjenigen Vermögens-Elemente, welche nicht zum eigenthümlichen Vermögen des Erblassers selbst gehören, also namentlich aller Objecte einer Singular-Succession, wie Lehn und Fideicommiß, Gerade, Niftel und Heergeräthe, ferner des eigenthümlichen Vermögens der Kinder, des Erbschatzes und des eigenthümlichen Vermögens des überlebenden Ehegatten: A. L. R. II. 1. §. 500—620.; 2. §. 271—299.

Insbesondere:

A. Gerade, Niftel und Heergeräthe: II. 1. §. 502—539. (Zur Direction für die Provinzialrechte: Sz. S. 120.) Die eventuellen Erbrechte des Fiscus ad §. 520. sind aufgehoben durch die Verordnung v. 21. Juni 1805.

B. Eingebrachtes Vermögen der Ehefrau. (Oben Tit. 1. Abschn. 5. Nr. II. 2. A. g. E.)

a) Baares Geld ist baar zurückzuzahlen: §. 548. ff.

b) Wegen Ausleihung und Verwaltung der Capitalien prästirt der Ehemann levis culpa, doch mit Schonung der beobachteten diligentia quam suis: §. 553. ff.

c) In Ansehung der Mobilien (im Gegensatze zu a. und b.) prästirt der Ehemann (abweichend vom Römischen Rechte) nur culpa lata; in Ansehung der zu einem bestimmten Werthe angeschlagenen Mobilien gilt der Unterschied, ob venditionis causa (das Kaufgeld wird dotal) oder taxationis causa (die Frau hat die Wahl zwischen den Mobilien und dem angeschlagenen Werthe): §. 559. ff.

d) In Ansehung der Immobilien ist eine neue, von Sz. S. 120—124. ausführlich motivirte Theorie (abweichend von der Behandlung des Römischen fundus dotalis) aufgestellt: §. 570. ff.

Danach hat der überlebende Ehemann die Wahl, entweder das Grundstück in Natur zum Nachlaß zurückzugeben, oder dasselbe zu behalten und dafür den (bei der Einbringung angeschlagenen, oder, in Ermangelung eines solchen Anschlages, den von den Erben nach freiem Belieben zu bestimmenden) Werth zur Masse einzuwerfen. Die überlebende Ehefrau dagegen muß sich mit der Zurücknahme des ohne Anschlag eingebrachten Grundstückes begnügen. (Auch in der Mark gilt dieses Recht: Präj. 1512. 13. December 1844. I. Senat.)

In Ansehung der Meliorationen und Deteriorationen des Grundstückes gelten die allgemeinen Grundsätze vom Nießbrauch, so daß namentlich der Ehemann in dieser Beziehung levis culpa zu prästiren hat, ohne Schonung der diligentia quam suis: §. 586. ff. Sz. S. 124.

e) Die Endigung des maritalischen Nießbrauches überhaupt geschieht gleichfalls nach allgemeinen Grundsätzen: §. 614. 615., jedoch mit der Erweiterung des §. 616. in Ansehung der Verzinsung der Capitalsschulden der Frau, so wie des §. 617. in Ansehung des Wohnungsrechts des überlebenden Ehegatten.

2. Der überlebende Ehegatte erbt, den Deutschen Rechtsgrundsätzen gemäß (Sz. S. 124. 125.), auch neben den nächsten Blutsverwandten des Erblassers: A. L. R. II. 1. §. 621.

A. Seine Intestat-Portion beträgt

a) in Concurrenz mit nahen Verwandten (bis zum sechsten Grade einschließlich), §. 622.:

α) neben Descendenten: Kindestheil, aber nie mehr als ein Viertheil des Nachlasses: §. 623. 624.;

β) neben Ascendenten, Geschwistern oder Geschwisterkindern ersten Grades (!): ein Drittheil, §. 625.;

γ) neben nahen Verwandten in entfernteren Graden: die Hälfte, §. 626.

δ) In Concurrenz mit Geschwistern und Geschwister-Enkeln ist dem überlebenden Ehegatten eine aus β. und γ. gemischte Erbportion anzuweisen.

b) In Ermangelung naher Verwandten erbt der überlebende Ehegatte den ganzen Nachlaß (mit Ausschluß des Fiscus): §. 627.

c) In Concurrenz mit Ascendenten und Collateralen erhält der überlebende Ehegatte immer noch das Bett- und Tisch-Zeug nebst Möbeln und Hausrath als Voraus: §. 628—630.

B. Die halbe Intestat-Portion ist Pflichttheil: §. 631 bis 633. Präj. 944. 16. Novbr. 1840. I. Senat. Vgl. oben Tit. 1. Abschn. 8. Nro. VI.

In den Fällen des §. 632. und 499. h. t. braucht nicht factisch auf Scheidung geklagt zu sein, wenn nur die Klage an sich noch zulässig ist. (In dem Falle des §. 191. h. t. dagegen

— oben Tit. 1. Abschn. 4. Nro. II. 1. — ist die wirkliche Scheidung vorauszusetzen.)

III. Erbrecht der Ehegatten bei bestandener Gütergemeinschaft. A. L. R. II. 1. §. 634—664. (Eine Theorie „aus freier Hand": Sz. S. 125.) In Verbindung damit: Erbrecht der Descendenten bei G.-G. II. 2. §. 366—377. (Hauptsächlich nach Lübischem Rechte: Sz. S. 142.)

1. Die unter der Vormundschaft des Mannes vereinigt gewesene Masse des beiderseitigen Vermögens (oben Tit. 1. Abschn. 6. Nro. II. 1.) zerfällt in zwei gleiche Theile. Die Eine dieser beiden Hälften nimmt der überlebende Ehegatte als sein Eigenthum an sich. (Nicht erbrechtlich: vgl. auch die Verordnung wegen des in Neu-Vorpommern von den statutarischen Erbportionen der Ehegatten zu entrichtenden Erbschaftsstempels, v. 16. Septbr. 1837, Ges.-Samml. S. 145. fg.) Die andere Hälfte gilt als der Nachlaß des zuerst verstorbenen Ehegatten. (Tit. 1. §. 634—638.)

2. An diesem Nachlaß hat der überlebende Ehegatte kein Erbrecht, sobald unabgefundene Kinder vorhanden sind. (Tit. 1. §. 639.)

3. Sind aber keine unabgefundene Kinder (d. h. sind entweder abgefundene Kinder — in Betreff deren §. 644. Tit. 1. und §. 373. Tit. 2. nicht recht harmoniren —, oder sind blos Verwandte in der aufsteigenden [Tit. 2. §. 519. 520.] oder in der Seiten-Linie) vorhanden, so wird der Nachlaß zwischen dem überlebenden Ehegatten und den (nahen) Verwandten nach den Landrechtlichen Regeln (oben II. 2. A. a.) getheilt, so jedoch, daß der überlebende Ehegatte den lebenslänglichen Nießbrauch an dem Erbtheile der Verwandten behält. (Tit. 1. §. 642. 644—646. Verhältniß zu dem im Testamente eingesetzten Pflichttheils-Erben: Präj. 1253. 5. Januar 1843. I. Senat.) In Ermangelung naher Verwandten ist der überlebende Ehegatte (wie in II. 2. A. b.) alleiniger Erbe: §. 647.

4. Voraus:

A. des überlebenden Ehegatten:

a) in Concurrenz mit unabgefundenen Kindern: §. 640.

b) in Concurrenz mit anderen Verwandten: §. 643. (vgl. oben II. 2. A. c.);

B. der unabgefundenen Kinder: §. 641.

5. Vortheilhafte Wahlrechte des überlebenden Ehegatten:

A. In Ansehung der Immobilien (oben II. 1. B. d.): §. 648. Anh. §. 79. (Rescr. 1. April 1799.) Präj. 941. 9. November 1840. I. Senat. Präj. 1532. 27. Febr. 1845. I. Senat. Präj. 1575. 24. Mai 1845. I. Senat. Präj. 2218. 21. Juni 1850. I. Senat. (Entsch. Bd. 19. S. 486.)

B. In Ansehung der Mobilien: §. 649—652.

6. In den §§. 653—657. liegt eine fortgesetzte Gemeinschaft im Römischen Sinne (A. L. R. Th. I. Tit. 17.), nicht eine communio prorogata im Sinne des Deutschen Rechtes (wie z. B. in einem statutarrechtlichen Falle: Präj. 560. 29. September 1838. II. Senat). Im Zusammenhange damit stehen die §§. 658—660.

7. Anwendung der allgemeinen Bestimmungen über die Erbfolge der Ehegatten auf die bloße Erwerbs-Gemeinschaft: §. 662—664.

IV. Erbrechtliche und andere an die Todeserklärung eines Ehegatten geknüpfte Folgen: §. 665—667. h. t. II. 18. §. 835. Pr.-O. Tit. 37. §. 11. fg.

V. Erbrecht (?) der Ehegatten zur linken Hand: §. 895—908. h. t.

Capitel III. Außerordentliche Erbfolge.

I. Des Verpflegers des von seinen Verwandten hülflos gelassenen Erblassers: A. L. R. II. 2. §. 762. 763.; 3. §. 23—30. Koch §. 854. Nro. I. II. Puchta §. 560. Nr. 4.

II. Juristischer Personen.

1. Des Fiscus: A. L. R. Th. II. Tit. 16. Abschn. 2. Von den Rechten des Staats auf erblose Verlassenschaften. §. 16—29. Koch §. 855. 871. Puchta §. 563—565. Eichhorn §. 339.

A. Entreißung einer Erbschaft durch den Fiscus, wegen Incapacität oder Indignität (Puchta §. 558—561.), ist dem Preußischen Rechte fremd. Auch die Confiscation des Vermögens (resp. Nachlasses) eines Verbrechers (§. 19. h. t.) ist abgeschafft durch Art. 10. Verf.-Urk. 31. Januar 1850.

B. Der Rechtsgrund für das fiscalische Erbrecht ist auch nach Preuß. Rechte das ius occupationis; das fiscalische Erbrecht selbst aber hat den Charakter einer successio per universitatem: §. 16. 17. 25. fg. h. t. Der Fiscus kann auch der Erbschaft entsagen: Präj. 1025. 26. Juni 1841. III. Senat.

C. Zu §. 20.: Präj. 468. 1727. (Particularrechtliches.)

D. Socius liberalitatis imperialis (un. C. si lib. imp. X. 14.): §. 23. h. t.

2. Der pia corpora: A. L. R. Th. II. Tit. 19. (Von Armenanstalten und andern milden Stiftungen.) §. 50—75. Koch §. 854. Nro. III. IV. §. 860. Puchta §. 564. Note b.

A. Das gesetzliche Erbrecht der öffentlichen Armenanstalten gilt mit Ausschluß der Ascendenten, der Collateralen und des Ehemannes der in die Anstalt aufgenommenen und in derselben verstorbenen Person; wogegen den (erbfähigen) Descendenten und der Ehefrau der Pflichttheil bleibt. (Wegen der Entsagung dieses Erbrechts vgl. Präj. 1638. 1. Novbr. 1845. III. Sen.)

Das Erbrecht der für Rechnung der Staatscasse verwalteten und unterhaltenen Zuchthäuser und Corrections-Anstalten auf den Nachlaß der in denselben verstorbenen Sträflinge oder Corrigenden ist aufgehoben durch die Cab.-Ordre vom 8. Januar 1844.: Ges.-Samml. S. 59.

B. Das Erbrecht der Waisenhäuser erstreckt sich nur auf das von der Waise mitgebrachte oder derselben noch vor dem Austritte zugefallene Vermögen, ist aber auch noch nach dem Austritte gültig, sofern die Waise vor zurückgelegtem Vierundzwanzigsten Lebensjahre stirbt, es sei denn, daß eine Waise weiblichen Geschlechtes sich inzwischen verheirathet habe.

Wegen des Erbrechts der Militair-Waisenhaus-Anstalten zu Potsdam und Pretzsch vgl. die Verf. v. 20. Decbr. 1850. J.-M.-Bl. S. 434.

Abschnitt II. Erbrecht aus Verordnungen von Todeswegen. (Koch §. 812. A. L. R. I. 12. §. 1. 2.)

Capitel I. Erbrecht aus (einseitigen) letztwilligen Verfügungen. (Römischrechtlichen Ursprunges.)

A. L. R. Th. I. Tit. 12. (Von den Titeln zur Erwerbung des Eigenthums, welche aus Verordnungen von Todeswegen entstehen.) Erster Abschnitt. Von Testamenten und Codicillen. Sz. S. 50. (Testirfreiheit der Hagestolzen.) S. 76—84. (Abweichungen der testamentarischen Rechtsverhältnisse vom Römischen Rechte.) Koch §. 814 bis 836. 869. 870. 873—875. 884. 885. Puchta §. 448. 449. 452. 461—477. 482—484. 505. 515—520. 522—557. Eichhorn §. 350. (333. Nro. V.)

A. L. R. Th. II. Tit. 1. §. 481—494. (Wechselseitige Testamente der Ehegatten.) Sz. S. 118. Koch §. 831. Puchta §. 481.

A. L. R. Th. II. Tit. 2. Siebenter Abschnitt. Von der Pupillar-Substitution. Sz. S. 142. 143. Koch §. 822. Puchta §. 478. 479.

A. L. R. Th. II. Tit. 4. (Von gemeinschaftlichen Familienrechten.) Zweiter Abschnitt. Von Familien-Stiftungen. Dritter Abschnitt. Von beständigen Familien-Fideicommissen. Vierter Abschnitt. Von der Successions-Ordnung in Familien-Fideicommisse. Fünfter Abschnitt. Von der Auseinandersetzung zwischen dem Fideicommiß-Folger und den Erben des letzten Besitzers. Sz. S. 168—171. S. 148. Koch §. 300 bis 308. Puchta §. 527. Eichhorn §. 367—371.

I. Grundbegriffe von letztwilligen Verfügungen.

1. Erbeseinsetzung als wesentliches Kriterium eines Testamentes.

Ein Testament muß eine bestimmte Willenserklärung enthalten, durch welche Einem oder mehreren Erben die ganze Verlassenschaft oder eine Quote derselben zugewendet wird: A. L. R. I. 12. §. 3. 4. 8. 44—49. 256. ff. (Vgl. II. 1. §. 455.) Damit ist zugleich aufgehoben das: nemo pro parte testatus pro parte intestatus decedere potest (wenn auch mit Beibehaltung des ius accrescendi).

2. Legat oder Vermächtniß als Kriterium eines Codicilles: §. 5—7. 46. 257. h. t.

II. Testamentifactio.

1. Die (active) Fähigkeit zur Errichtung letztwilliger Verfügungen ist

A. im Allgemeinen identisch mit der sonstigen Dispositionsfähigkeit: §. 9. (10. [?]) h. t.

B. Eigenthümlichkeiten.

a) In der Beurtheilung der Gültigkeit einer letztwilligen Verfügung überhaupt.

α) Entscheidender Zeitpunkt der Errichtung: §. 11. (Vgl. unten 2. D.)

β) Erfolg der Hebung des anfänglichen Mangels der Fähigkeit.

A. Keine Convalescenz, wenn der Mangel ein natürlicher war: §. 12.

B. Convalescenz, wenn der Mangel blos positiver Natur war: §. 13. (Danach sind z. B. mit der Einführung des A. L. R. Testamente convalescirt, welche vorher von Hauskindern als solchen oder von Personen weiblichen Geschlechts ohne ihren Curator errichtet und sonach ungültig waren. [Unten b. γ.] Eben darauf gründet sich §. 30. h. t. Auch II. 20. §. 465., mit der Ausnahme im §. 466.)

b) In besonderen Beschränkungen oder Erweiterungen der Verfügungsfähigkeit selbst.

α) Intestabilität als Strafe für Verbrechen (?): §. 14. 15. h. t. (Vgl. oben Abschn. I. Cap. III. Nro. II. ad 1.)

β) Formelle Beschränkung der Testaments-Mündigen unter achtzehn Jahren: §. 16. 17.

γ) Selbstständige Testirfähigkeit der Hauskinder als solcher und der Personen weiblichen Geschlechts: §. 18. 19. (Vgl. oben ad a. β. B.)

δ) Unfähigkeit der Geisteskranken: §. 20—22. (Zum Theil abweichend von den allgemeinen Bestimmungen: oben Th. I. Tit. 4. Nro. I. 1. B. c.) Vgl. Präj. 1998. 27. März 1848. I. Senat.

ε) Einfluß von vis, dolus, error u. dgl.: §. 23 bis 25. (Auch §. 23. ist, wie §. 24., von gerichtlich an- oder aufgenommenen Verfügungen zu verstehen.)

ζ) Fähigkeit der Tauben oder Stummen: §. 26. (123.) Analphabeten Personen dieser Art ist die Errichtung von Testamenten vermittelst der Zeichensprache gestattet: (A. G.-O. II. 3. §. 7.) Rescr. 24. Juni 1802. 10. Mai 1806.

η) Dem Verschwender ist die Testirfähigkeit nicht ganz entzogen und nicht ganz frei gegeben: §. 27—34. h. t. (Er darf seinen Ehegatten und seine nahen Verwandten nicht um mehr als die Hälfte ihrer Intestat-Portion verkürzen.)

ϑ) Relative Unfähigkeit, zur Strafe für Ehebruch (A. L. R. II. 1. §. 25. ff.) oder Blutschande (II. 20. §. 1040. 1035. steht nicht im Widerspruch damit): §. 35. h. t. (Convalescenz durch die nachher gestattete Verheirathung der Ehebrecher: Cab.-Ordre v. 28. Februar 1811. Ges.-Samml. S. 156.)

ι) Volle Fähigkeit der aus den säcularisirten Klöstern entlassenen Ordens-Geistlichen: Cab.-Ordre v. 10. April 1806.

2. Die (passive) Fähigkeit zum Erwerbe aus letztwilligen Verfügungen, §. 36., unterliegt

A. gewissen Einschränkungen iuris publici: §. 37—39. Gesetz vom 13. Mai 1839 (oben Th. I. Tit. 11. Abschn. 9. Nro. III. 2.);

B. den Grundsätzen der Retorsion: §. 40. h. t. (oben P.-P. und Einl. Nro. V. 2.);

C. den nur noch in geringem Umfange anwendbaren Einschränkungen der privaten Besitzfähigkeit: §. 41. 42. (453.) Edict v. 9. October 1807.

D. Entscheidender Zeitpunkt des Erbanfalls: §. 43. (Nicht mehr die tria tempora: §. 4. J. de her. qual. II. 19. [49. §. 1. de her. inst. XXVIII. 5.])

III. Form der Testamente und Codicille.

1. Gerichtliche Form als Regel. (Es sind die „Testamenta privata solennia coram septem testibus abgeschafft; die Codicilli ab intestato in Ansehung der äußeren Solennitäten den eigentlichen Testamenten völlig gleich gesetzt": Sz.)

A. Diese Form besteht im Wesentlichen darin, daß ein gehörig besetztes Gericht, innerhalb seines Gerichtssprengels, sei es an ordentlicher Gerichtsstelle oder in der Behausung des Testators, die letztwillige Verordnung aufnimmt oder auch blos annimmt (abnimmt): §. 66—91. h. t. (I. 12.) Anh. §. 29. (Rescr. 9. März 1795.) Anh. §. 30. (Rescr. 30. October 1797.) Verordnung über die Aufhebung der Privatgerichtsbarkeit ꝛc., v. 2. Januar 1849., §. 22. ad 7. (Ges.-Samml. S. 8.)

Zu §. 84.: Präj. 18. 9. April 1833. I. Senat. (Die Schöppen brauchen nicht gerade gerichtlich vereidigt zu sein.)

§. 92. ist, mit der Civiljurisdiction der Militairgerichte, längst antiquirt: Rescr. 22. November 1809. Eine Ausnahme findet nur Statt bei den mobilgemachten Truppen: Cab.-Ordre v. 24. April 1812. (Ges.-Samml. S. 129.) Bekanntmachung v. 27. August 1812. (Ges.-Samml. S. 174.)

B. Verfahren bei der bloßen Annahme einer letztwilligen Verfügung: §. 100—103. 107—110. h. t.

C. Verfahren bei der förmlichen Aufnahme: §. 104—107. 111.

D. Deposition und Recognitionsschein: §. 112.

E. Besondere Förmlichkeiten.

a) Bei den letztwilligen Verfügungen der Blinden, der Analphabeten, der durch physische Gründe am Schreiben Verhinderten, der Tauben oder Stummen, der der Sprache des

Richters Unkundigen (Zuziehung von zwei Testamentszeugen resp. Dolmetschern): §. 113—132. (A. G.-O. I. 10. §. 227 ff. III. 7. §. 63.) Anh. §. 31. 32. (Rescr. vom 12. Novbr. 1798. Vergl. wegen der Testamente der Wenden: Rescr. vom 25. September 1795.) Präj. 491. 25. Juni 1838. I. Senat. (Ziehung der Handzeichen des Testators in Gegenwart der Zeugen, bei Strafe der Ungültigkeit des Testaments.) Präj. 2083. 21. December 1848. I. Senat. (Der Vormund des eingesetzten Erben als zulässiger Zeuge.)

b) Bei Zuwendungen an den Richter oder an eine der übrigen mitwirkenden Personen: §. 133—138.

F. Aus der Verabsäumung der formellen Vorschriften ad A—E. folgt der Regel nach Nullität der letztwilligen Verfügung: §. 139. 140.

Diese Regel ist jedoch erheblichen Ausnahmen unterworfen: Anh. §. 33. (Entsch. der Ges.-Comm. vom 13. und Rescr. v. 26. Februar 1798.) Rescr. vom 9. August 1802. (Betreffend die unterlassene gerichtliche Attestirung des Anerkenntnisses eines von dem Testator offen dem Gericht übergebenen Testaments.) Cab.-Ordre vom 24. März 1839, betreffend die Declaration der Vorschriften der §§. 88. 89. und 139. A. L. R. I. 12. über die Ernennung des vereideten Protokollführers bei Deputationen zur Auf- oder Annahme eines Testaments ꝛc. (Ges.-Samml. S. 155.) Vgl. auch Präj. 213. aus dem Jahre 1836. I. Senat. (Wesentlichkeit der Vorschrift des §. 102.) Präj. 1586. 13. Juni 1845. I. Sen. (Keine Nullität aus der blos bei den gerichtlichen Acten erfolgten Aufbewahrung des unversiegelt gebliebenen Testaments oder Codicills.) Präj. 1779. 10. Septbr. 1846. I. Senat. (Keine Nullität aus der nicht ununterbrochenen Anwesenheit eines Gerichtsschöppen oder aus der Niederschreibung des Protokolles durch einen Schöppen.)

G. Anderweitige Vorschriften für den Richter, theils formeller theils materieller Natur, zur Feststellung der Identität und des dispositionsfähigen Zustandes des letztwillig Verfügenden, zur Vermeidung künftiger Prozesse u. dgl. m.: §. 141—160. h. t.

H. Zu den gerichtlichen Testamenten, welche insbesondere den Nullitäts-Vorschriften (F.) unterworfen sind, also nicht zu den privilegiirten Testamenten (unten 2. B.), gehören auch die nur bei obwaltender Gefahr im Verzuge („im Nothfall", wenn „ein von einer tödtlichen Krankheit plötzlich übereilter Mensch nicht mehr Zeit hätte, sich an ein ordentlich besetztes Gericht zu wenden": Sz.), dann aber nicht blos für Landleute zulässigen (nicht mit dem Römischen testamentum ruri conditum [Puchta §. 467.] zu verwechselnden) Testamente vor Dorfgerichten oder vor den Magisträten kleiner Städte: §. 93—99. h. t. Cab.-Ordre vom 21. Januar 1833, betreffend die Errichtung von Testamenten vor den Magisträten. (Ges.-Samml. S. 13.) Cab.-Ordre vom 6. November 1834, betreffend das Verfahren bei Auf- und Annahme letztwilliger Verordnungen, im Großherzogthum Posen (für diejenigen Städte, welchen die Städteordnung v. J. 1831 noch nicht verliehen ist): Ges.-Samml. S. 181.

Nach der Declaration des §. 95. h. t. (in Verbindung mit §. 139. h. t. und Anh. §. 33.) vom 10. Juli 1846 (Gesetz-Samml. S. 263.) gilt die Rechtsbeständigkeit des Testaments oder Codicills nicht mehr als abhängig von der persönlichen Einhändigung desselben an den Gerichtshalter. (Anders nach der früheren Praxis: Präj. 273. 29. Mai 1837. I. Senat. Präj. 442. 13. März 1838. I. Senat. [Entsch. Bd. 4. S. 80 ff.])

Auch durch den bloßen Mangel der Unterschrift der (analphabeten) Schöppen unter dem Protokoll, wird ein dorfgerichtliches Testament nicht ungültig: Pl.-Beschl. 14. Juni 1847.

2. Außergerichtliche Form als Ausnahme.

A. Letztwillige Verfügungen ohne Erbeseinsetzung. („Die Codicilli testamento confirmati sind sehr eingeschränkt": Sz.)

a) Ueber den zwanzigsten Theil des Nachlasses: §. 161 bis 168. h. t. (I. 12.) Anh. §. 34. (Rescr. v. 16. Febr. 1801.)

Materiell (nur nicht bis zur Zulassung einer formellen Erbeseinsetzung: Präj. 1201. 17. October 1842. I. Senat.) ist hier das Landrechtliche System wesentlich alterirt worden, durch Wiedereinführung der testamentarischen Codicille: Anh. §. 35. (Entsch. der Ges.-Comm. vom 23. October und Rescript vom 3. November 1800.)

b) Wegen des Begräbnisses, wegen Bevormundung der Kinder (vgl. jedoch II. 18. §. 682.) u. dgl. m.: §. 169. h. t. (Auch Ernennung eines Testamentsvollziehers: §. 557 ff. h. t. Verbot der gerichtlichen Inventur oder Siegelung des Nachlasses: II. 18. §. 395—397. Vergl. auch II. 18. §. 458.)

c) Ueber die Art und die Grundsätze der Theilung:

α) unter gesetzlichen Erben in absteigender Linie: §. 170. h. t. II. 2. §. (378. 379.) 380—390. (Kein testamentum [privilegiatum] parentum inter liberos, sondern eine bloße divisio p. i. l. [Puchta §. 468.])

β) Theilungsvorschriften in anderen Fällen: §.171. h. t.

d) S. g. legatum heredi praesenti iniunctum (Koch §. 817. Note 4. Puchta §. 523. Note d.): §. 172—174. (Bindet auch den Intestat-Erben: Präj. 1584. 6. Juni 1845. I. Senat.)

B. Privilegiirte Testamente.

a) Testamentum Principi oblatum (Puchta §. 469.): §. 175. 176. h. t.

b) Testamentum militare (Puchta §. 466.): §. 177 bis 197. h. t.; modifizirt durch Anh. §. 36—38. (Aus dem Publicandum vom 14. März 1797 ad 4. a. b.)

aa) Danach gelten folgende verschiedene Formen für militairische Testamente.

α) Schriftliche, im Feldnachlasse des Testators vorgefundene (oder in der Feld-Kriegscasse deponirte: Cab.-Ordre vom 11. Juli 1833, über [die Glaubwürdigkeit der von Lazareth-Administrationen ausgestellten Todtenscheine und] die Aufbewahrung der von Militairpersonen im Felde errichteten Testamente: Ges.-Samml. S. 289.) Testamente: entweder

A. eigenhändig geschrieben und unterschrieben; oder

B. blos eigenhändig unterschrieben, aber noch mit der Unterschrift wenigstens Eines Zeugen versehen.

β) Mündliche Testamente: entweder

A. vor einem der dem Testator vorgesetzten Offiziere, oder vor dem Auditeur, in Gegenwart Zweier Zeugen errichtet, jedoch mit einem darüber schriftlich aufzunehmenden und von dem Offizier oder Auditeur, und den Zeugen zu unterschreibenden Vermerke; oder

B. rein mündlich — während eines Treffens, Sturms oder anderen Gefechts, oder unmittelbar vorher — erklärt:

a) vor Zwei Zeugen; oder

b) vor Einem Oberoffizier.

bb) Die Dauer der Gültigkeit militairischer Testamente erstreckt sich bis auf Ein Jahr nach wiederhergestelltem

Frieden, die der rein mündlichen Testamente aber (aa. β. B.) nur bis zu der nach geendigtem Kriege erfolgten Rückkehr der Regimenter in ihre Standquartiere.

cc) Nach der Cab.-Ordre v. 2. September 1815: „in Beziehung auf die testamentarischen Dispositionen der Militairpersonen" (Gesetz-Samml. S. 197.) sollen analog auch die von Militairpersonen im Felde abgegebenen Erklärungen inter vivos, ohne Beobachtung der sonst erforderlichen Förmlichkeiten, gültig sein.

c) Quasi-militairische Testamente.

α) Bei Sperrungen wegen ansteckender Krankheiten (testamentum tempore pestis conditum: Puchta §. 467.) oder bei unterbrochener Rechtspflege (Gerichts-Schluß, iustitium) wegen Kriegsgefahr: §. 198—204. h. t. Cab.-Ordre, betreffend die Förmlichkeiten der Testaments-Errichtung bei denjenigen Personen, welche sich in den wegen ansteckender Krankheiten gesperrten Häusern, Straßen oder Gegenden befinden, vom 12. Juli 1831. (Ges.-Samml. S. 156.) Cab.-Ordre, die Nichtanwendbarkeit des §. 192. A. L. R. I. 12. auf die letztwilligen Verfügungen der §. 198. l. c. benannten Personen des Civilstandes betreffend, vom 8. October 1831. (Gesetz-Samml. S. 225.)

β) Testamentum navi conditum (test. in itinere confectum, test. peregrinantium): §. 205—207. h. t.

d) Testamente der Preußischen Gesandten und gesandtschaftlichen Personen bei fremden Höfen, während ihres Aufenthaltes im Auslande: Gesetz vom 3. April 1823. (Ges.-Samml. S. 40 fg.) Oben P.-P. und Einl. Nro. V. 1. B. c. α.

(Wegfall der privilegiirten Testamente ad pias causas.)

IV. Publication der Testamente und Codicille: §. 208—241. h. t. (I. 12.) Anh. §. 39. (Rescr. v. 8. November 1798. [Anfechtungs-Frist von 30 Jahren.] Vergl. Rescr. v. 6. October 1802.) Anh. §. 40. (Rescr. v. 18. Juni 1798.) Anh. §. 41. (Publicandum vom 14. März 1797 ad 5.)

Zu §. 216. 217.: Sz. S. 82. Nro. VII.

Zur Ergänzung der Vorschriften §. 218 ff.: Cab.-Ordre, betreffend die Publication der seit länger als 56 Jahren deponirten Testamente, v. 22. Mai 1842. (Ges.-Samml. S. 201.)

Zu §. 227. 228.: Koch §. 605. Nro. III. 3. a. (Puchta §. 398. Note b.)

V. Inhalt und Wirkungen der Testamente und Codicille.

1. Testamentarische Erbeseinsetzung.

A. Besitznehmung der Erbschaft: §. 242 — 253. h. t. (I. 12.)

Die Verschiedenheit des Verfahrens bei förmlichen gerichtlichen und bei privilegiirten Testamenten beruhet darauf, daß die Richtigkeit der letzteren erst constatirt werden muß.

B. Consequenzen der Aufhebung des nemo pro parte etc. (Oben I. 1.)

a) Concurrenz der (nicht deutlich ausgeschlossenen) Intestat-Erben mit den Testaments-Erben: §. 254 — 258. (Vergl. §. 521.)

b) Eintritt der Intestat-Erben in die Obliegenheiten des ausfallenden Testaments-Erben: §. 277—280. (Aufhebung der „allzugroßen Abhängigkeit der Legate von dem Bestehen oder Fallen der Erbeseinsetzung": Sz. S. 80. Nro. V.)

C. Antheile der Testamentserben.

a) Gleiche Theile, in Ermangelung näherer Bestimmungen des Testators: §. 261. 266. 268. 270.

b) Ausgleichende Berechnung, bei unrichtigen (den Nachlaß nicht erschöpfenden oder voreilig erschöpfenden) Bestimmungen des Testators, besonders in Ansehung der Erbquoten: §. 264—266. 269. (vgl. oben Abschn. I. Cap. I. §. I. Nro. III. 1. B. e. δ.) 270. 272. 274.

c) Rechte der Erben als Legatarien (unter Aufgebung der Römischen Prälegaten-Theorie): §. 262. 263. (Präj. 1867. 30. April 1847. IV. Senat.) 267. 271. 273. 275. 276. (352.)

D. Jus accrescendi (beibehalten, ungeachtet der Bestimmungen in B., aber „simplificirt": Sz. S. 79 fg.): §. 281—287. (Der §. 284. betrifft die s. g. re coniuncti.)

2. Aussetzung von Vermächtnissen.

A. Allgemeine Grundsätze.

a) Delation und Erwerb fallen der Regel nach in Eins: §. 288. h. t. (Ausnahmen: §. 377 ff. 483.)

b) Rechtsverhältnisse zwischen den Legatarien und Erben: §. 289—331. 450. 451.

Zu §. 317 ff: Sz. S. 83. („Simplificirung" der Frage von der forma rei legatae mutata.)

c) Abschaffung der Quarta Falcidia bei Legaten (und

der Quarta Trebellianica bei Fideicommissen): Sz. S. 80—82. (Nro. VI.) Daraus ergiebt sich:

α) Die eventuelle Verpflichtung der Legatarien, verhältnißmäßig zur Deckung der Erbschafts-Schulden und Lasten beizutragen: §. 332—352.

β) Die allenfalls gegen Honorar zu übernehmende Stellung des Erben als eines bloßen Verwalters und Vertheilers des Nachlasses: §. 353—365.

d) Jus accrescendi: §. 366—372. (Im Falle des §. 366. bleibt eigentlich das Legat in der Erbschaftsmasse. Zu §. 368 fg., von den re coniuncti, vgl. Präj. 1235. 19. December 1842. I. Senat.)

B. Besondere Arten der Legate, nach Verschiedenheit der Gegenstände.

a) Res futurae: §. 373.

b) Res heredum: §. 374—376.

c) Res alienae: §. 377—385. (Im §. 380. s. g. concursus causarum lucrativarum.)

d) Res extra commercium:

α) Absolut: §. 386. 456.

β) Relativ: §. 452—455. (Oben II. 2. C. Vgl. A. L. R. I. 18. §. 704 fg.)

e) Facere: §. 387.

f) Optio (electio): §. 388—400.

g) Genus: §. 401—404.

h) Species: §. 405—407.

i) Nomen: §. 408—418.

k) Annua: §. 419. 420.

l) Usus oder ususfructus: §. 421—424. (Gegen l. 19. und l. 8. de usu et usufr. leg. XXXIII. 2.: Sz. S. 83. Vgl. A. L. R. I. 21. §. 179 fg.)

m) Liberatio: §. 425—429. (Vergl. A. L. R. I. 20. §. 70.)

n) Debitum: §. 430—440.

o) Alimenta: §. 441—446.

p) Dos: §. 447—449.

q) Poenae nomine: §. 457.

3. Substitutionen.

A. Grundbegriffe: §. 50—60. h. t.

Eine fideicommissarische, desgl. eine Pupillar-Substitution gilt auch als gemeine Substitution, aber nicht umgekehrt eine gemeine als fideicommissarische oder Pupillar-Substitution.

Der §. 52. findet auch auf Legatarien Anwendung: Präj. 1953. 20. December 1847. I. Senat.

Die fideicommissarischen Substitutionen, mit Ausnahme der Familien-Fideicommisse (unten B. c. β.), sind auf zwei Grade eingeschränkt: §. 55. (Sz. S. 82. Nro. VIII.)

B. Die einzelnen Arten.

a) Die gemeine Substitution (substitutio vulgaris): §. 458—465. h. t. (Vergl. §. 277. 281. h. t. §. 443. II. 2.)

b) Die Pupillar-Substitution.

α) Substitutio pupillaris: A. L. R. II. 2. §. 521 bis 544. 554.

Die Befugniß zur Pupillar-Substitution ist eine Prärogative der unmittelbaren Aeltern: Präj. 490. 25. Juni 1838. I. Senat.

Der Vater hat die Befugniß, dem Kinde in dessen eigenthümliches Vermögen, mit Inbegriff des von ihm ererbten Pflichttheils, zu substituiren, jedoch nur unter den Verwandten des Kindes, nie zu Gunsten eines Fremden. (Den Pflichttheils-Erben des Kindes muß er sogar ihre ganze Intestat-Portion lassen: §. 530.)

Die gleiche Befugniß der Mutter gilt in Ansehung des von ihr dem Kinde verlassenen Pflichttheils. (§. 544.)

β) Substitutio exemplaris s. quasi pupillaris: §. 545—554. (Wegen Geisteskrankheit oder Taubstummheit.)

c) Die fideicommissarische Substitution (substitutio fideicommissaria).

α) Im Allgemeinen: A. L. R. I. 12. §. 466—477. (259. 260. 480. 489.)

Der Fiduciarius ist Eigenthümer der Erbschaft, jedoch in der Verfügung beschränkt, so lange der Substitutionsfall noch eintreten kann. Seine Rechte und Pflichten ordnen sich aber nach denen eines Nießbrauchers. Präj. 578. 27. October 1838. II. Senat.

Der Erbe des Substituten tritt an dessen Stelle, auch wenn der Substitut den Substitutionsfall nicht erlebt hat: Präj. 502. 6. August 1838. I. Senat.

Auch im Falle des Fideicommisses auf den Ueberrest (f. c. eius quod supererit: §. 468. h. t.) gelangt der §. 481. A. L. R.

I. 16. zur Anwendung: Präj. 1989. 2. März 1848. I. Senat.

Wegfall der s. g. Quarta Trebellianica (§. 467. h. t.: „ohne den geringsten Abzug"): oben 2. A. c.

In den §§. 475. 476. ist ein Mittelweg eingeschlagen: Fideicommiß und Legat sollen Eins dem anderen nicht ganz weichen.

β) (Beständige) Familien-Fideicommisse insbesondere.

A. Unterschied zwischen Familienstiftungen und Familien-Fideicommissen: A. L. R. II. 4. §. 21—23. 48.

B. Familienschlüsse.

a) Abänderung oder Aufhebung der (über die erste Geschlechtsfolge hinausgehenden) Familien- und Fideicommiß-Stiftungen aller Art, durch Familien-Schluß: Edict vom 9. October 1807. §. 9., Gesetz-Samml. S. 172. (Declaration dieses §. 9. vom 19. Februar 1812, Ges.-Samml. S. 13.)

b) Cab.-Ordre, die Declaration des §. 44. A. L. R. II. 4. betreffend, v. 5. Sept. 1835. (Ges.-Samml. S. 198.)

c) Gesetz über Familienschlüsse bei Familien-Fideicommissen, Familienstiftungen und Lehnen, vom 15. Februar 1840. (Ges.-Samml. S. 20—25.)

C. Haupteigenthümlichkeiten der Familien-Fideicommisse.

a) Der Gegenstand kann nur in „Praedia rustica und Capitalien, nicht aber in Häusern, Mobilien und Kostbarkeiten" (Sz.) bestehen: §. 48. 60. h. t.

b) Bestimmte Gränzen für das Minimum und das Maximum des Werthes: §. 51—59. h. t. (Die §§. 52 bis 54. leiden keine analoge Anwendung auf Geldfideicommisse: Präj. 1936. 11. Novbr. 1847. I. Sen.)

c) Besondere gerichtliche Formen: §. 62 ff. h. t.

d) Charakter des getheilten Eigenthums (A. L. R. I. 18.): §. 72 ff. h. t.

e) Beschränkungen in der Verschuldung: §. 80 ff. h. t. (Mit wesentlichen Aenderungen durch die neuere Gesetzgebung, zumal in Folge der Kriege von 1806 ff. Vergl. besonders das Gesetz, die Verschuldung der Lehen und Fideicommisse betreffend, vom 27. Juni 1824: Ges.-Samml. S. 123 fg.)

f) Verzinsliche Natur eines Geldfideicommisses: §. 126 ff. h. t. (Präj. 1227. 2. December 1842. III. Sen.: zu §. 482. A. L. R. I. 20.)

g) Besondere Successions-Ordnungen: §. 135 ff. h. t. (Seniorat. Majorat. Minorat. Primogenitur rc.)

Durch Artikel 40. der Verfassungs-Urkunde vom 31. Jan. 1850 ist die Stiftung von Familien-Fideicommissen untersagt und die Umgestaltung der bestehenden Familien-Fideicommisse in freies Eigenthum der gesetzlichen Anordnung vorbehalten. (Modif. Art. 41.)

---

4. Nebenbestimmungen bei letztwilligen Verfügungen.

A. Im Allgemeinen: A. L. R. I. 12. §. 61—65.

B. Insbesondere:

a) Dies (oben Th. I. Tit. 4. Nro. II. 5.): §. 259. 260. (Semel heres semper heres gilt nicht mehr.) §. 486. 487. h. t. (Erbeinsetzung ex die oder ad diem erzeugt immer das Verhältniß einer fideicommissarischen Substitution zwischen dem Testaments- und dem Intestat-Erben.)

b) Conditio (oben Th. I. Tit. 4. Nro. II. 1.): §. 478 bis 485. 488—507. 514—517. h. t.

Bei Suspensiv-Bedingungen ist der Intestat-Erbe dem institutus, der Testaments-Erbe dem f. c. substitutus gleich gestellt. Bei Resolutiv-Bedingungen umgekehrt.

Nur die moralisch unmöglichen Bedingungen gelten pro non adiectis (§. 63. h. t.), die physisch unmöglichen entkräften in der Regel auch die letztwillige Verfügung (§. 504 ff.).

c) Modus (Th. I. Tit. 4. Nro. II. 4.): §. (488.) 508—515. h. t.

d) Demonstratio (a. a. O. Nro. II. 3.): §. 518.

5. Auslegungsregeln: §. 519—556. h. t. (Vgl. I. 4. §. 65 ff.; 5. §. 252 ff.)

VI. Testamentsvollzieher: §. 557—562. h. t. (Erforderniß spezieller Bevollmächtigung zur Ertheilung von Quittungen und Löschungs-Consensen: Präj. 600. 4. Januar 1839. II. Sen.; so wie zu Cessionen: Präj. 1644. 1. November 1845. III. Senat.)

VII. Widerruf und Aufhebung letztwilliger Verfügungen. (§. 563. h. t.)

1. Widerruf (§. 564.).

A. Durch Zurücknahme (nicht bloße Zurückforderung) des Testaments oder Codicills aus der gerichtlichen Verwahrung verliert dasselbe seine Gültigkeit: §. 565—571. (A. G. O. II. 4. §. 9.) Anh. §. 42. (Rescr. vom 2. Septbr. 1793.)

Wegen der anderweitigen gerichtlichen Uebergabe eines zurückgenommenen und dadurch ungültig gewordenen Testamentes: Präj. 2172. 31. December 1849. I Sen. (Entsch. Bd. 18. S. 532. Bd. 19. S. 178 ff.)

Der §. 571. ist durch das Gesetz v. 11. Juli 1845 (oben Th. I. Tit. 13. Abschn. 1. Nro. V. 2. D. a.) nicht aufgehoben worden.

B. Durch Errichtung eines neuen Testaments verliert der Regel nach das frühere Testament seine Gültigkeit; nicht so durch Errichtung eines neuen Codicills das frühere Codicill: §. 572—586.

C. Durch bloßen Widerruf wird

a) ein Testament nur dann aufgehoben, wenn die Form des Widerrufs der Form der früheren Errichtung entspricht, mit Ausnahme eines unter privilegiirten Umständen geschehenen Widerrufes: §. 587—592. (Sz. S. 83 fg. ad 5.)

Zur formellen Gültigkeit des Widerrufes genügt die vor besetztem Gerichte gehörig abgegebene Erklärung.

b) Bloße Vermächtnisse werden,

α) wenn sie in einer gerichtlichen Disposition errichtet sind, durch notarielle Erklärung, §. 593., ja selbst durch bloße schriftliche Erklärung nach Maßgabe der §§. 594. 595., mit Erfolg widerrufen (zur Conciliirung der verschiedenen Meinungen über die streitige Frage: „ob Vermächtnisse per nudam voluntatis declarationem ohne alle Form widerrufen werden können?" [Sz.]);

β) wenn sie in einer außergerichtlichen Disposition enthalten sind, schon durch Unleserlich-Machen nach §. 596. aufgehoben, oder durch bloße entgegengesetzte, hinreichend zu beweisende Willenserklärung nach §. 597. (598.) widerrufen.

2. Zufälliger Untergang oder Verlust der letztwilligen Urkunde: §. 602—604.

3. Aufhebung der letztwillig zugedachten Vortheile resp. des gesetzlichen Erbrechts, zum Nachtheile desjenigen, der

den Tod des Erblassers verursacht: §. (598.) 599. 600.; oder

Jemanden an der Errichtung oder an der gerichtlichen gabe oder an dem Widerrufe eines Testamentes hindert: §. 605 bis 607.; oder

eine letztwillige Disposition verheimlicht: §. 608.; oder

durch Zwang oder Betrug die Errichtung eines Testamentes bewirkt: §. 609. 610.

4. Bruch des Testamentes durch Präterition der Kinder: §. 601. (Oben Abschn. I. Cap. I. §. I. Nro. III. 1. B. e. β.)

VIII. Anerkenntniß letztwilliger Verordnungen: §. 611—613. h. t. (Vergl. oben Abschn. I. Cap. I. §. I. Nro. III. 1. B. e. α. a.)

IX. Wechselseitige Testamente (in Einer Urkunde), als Prärogative der Ehegatten: A. L. R. I. 12. §. 614—616. II. 1. §. 481—494. (Sz. S. 82 fg. Nro. IX. S. 118.)

Zwitternatur dieser Rechtsgeschäfte, welche gleichsam als vertragsmäßige Testamente und zugleich als widerrufliche Verträge anzusehen sind. (Besonders §. 485. 486. 494. l. c.)

Capitel II. Erbrecht aus Verträgen von Todeswegen. (Deutschrechtlichen Ursprunges.)

I. Erbverträge im Allgemeinen. Koch §. 837—840. 842. Eichhorn §. 340—345. 349.

A. L. R. Th. I. Tit. 12. Zweiter Abschnitt. Von Erbverträgen.

1. Acquisitive Erbverträge.

A. Inhalt: einseitige oder wechselseitige Erbeseinsetzung, auf den ganzen künftigen Nachlaß oder auf einen bestimmten Theil desselben. §. 617. 620. 629. 631—633. h. t. (Zu §. 632.: Präj. 1234. 5. Decbr. 1842. I. Senat.)

B. Persönliche Erfordernisse: zusammengesetzt aus denen zur Errichtung eines Testamentes und zur Abschließung eines Vertrages. §. 618. 619.

C. Form: wie bei Testamenten, doch mit Ausschluß der privilegiirten. §. 621—623. Anh. §. 43. (Rescript vom 27. December 1796.) Präj. 1439. 10. Mai 1844. I. S. (Auch bei der Aufnahme der Erbverträge soll der Richter alles das beobachten, was bei den Testamenten vorgeschrieben ist.)

D. Beschränkung der Contrahenten in der Verfügung über ihr Vermögen.

a) Inter vivos findet eine solche Beschränkung nur Statt, so weit es sich um übermäßige Schenkungen oder um förmliche Prodigalitäts-Erklärung handelt: §. 624—626.

b) Wesentliche Beschränkung mortis causa: §. 627 bis 630.

E. Widerruf.

a) Einseitig nur aus den zum Widerrufe von Verträgen überhaupt ausreichenden Gründen: §. 634.

b) Ausdrücklicher Vorbehalt des Widerrufs.

α) Auf Seiten beider Contrahenten: §. 635—638. (Rechtsverhältniß wie bei wechselseitigen Testamenten: oben Cap. I. Nro. IX. [A. L. R. II. 1. §. 485. 486.])

β) Nur auf Seiten Eines Contrahenten: §. 639. 640. (Der andere Theil darf nicht zuerst widerrufen.)

F. Entsagung des vertragsmäßigen Erbrechts: §. 641 bis 644.

G. Jus accrescendi: §. 645.

H. Testamentarischer Charakter der Erbverträge:

a) in Beziehung auf dritte Personen: §. 646.;

b) in Betreff der Rückgängigkeit: §. 647.

2. Renuntiative Erbverträge. (Erbverzichte.) §. 649—656. h. t.

Diese Verträge sollen ohne Weiteres nur unter gesetzlich berufenen Miterben gelten, zu Gunsten eines Fremden aber nicht ohne den ausdrücklichen Beitritt des zu Beerbenden, resp., wenn Letzterer eine verbindliche Willenserklärung abzugeben unfähig ist, nicht ohne gerichtliche Aufnehmung und Abschließung des Vertrages.

II. Erbverträge unter Ehegatten insbesondere.

A. L. R. (I. 12. §. 648.) II. 1. §. 439—480. Sz. S. 118. Koch §. 841. Eichhorn §. 304—306. 347.

1. Form: vor der Heirath notariell, nach der Heirath, sofern die Frau etwas einbüßen soll, gerichtlich.

2. Kinderzeugen bricht Ehestiftung: §. 444. h. t. Vergl. Pl.-Beschl. 3. October 1849. (Entsch. Bd. 18. S. 19 ff.)

3. Durchgreifende Natur des Erbvertrages (selbst gegen das Pflichttheils-Recht): §. 448 ff.

4. Am Ehevermächtniß kann der Mann die Rechte eines Legatarius oder die eines Miterben haben: §. 452—455.

5. Gegenvermächtniß für die Frau: §. 456. (Contrados, donatio propter nuptias.) Sz. S. 117. 118. (gegen den Römischen Begriff). Leibgedinge (dotalitium) und Witthum (vidualitium) insbesondere: §. 457. 458. Ausgleichende Bestimmungen bei ungenauer Fassung des Gegenvermächtnisses oder des Witthums: §. 459—463. Charakter des Witthums als einer auf dem Nachlaß haftenden Schuld: §. 464. (Vgl. I. 12. §. 419. 420.) Verschiedenartige Rechte der Wittwe, nach der Verschiedenheit der Objecte: §. 469. ff. (Im §. 475. gilt, trotz der Aufhebung des Trauerjahrs, noch jetzt die Jahresfrist.)

III. Erbverträge zwischen Aeltern und Kindern insbesondere.

A. Allgemeine Grundsätze: A. L. R. II. 2. §. (481. 482.) 483—488. Präj. 1076. 29. November 1841. I. Senat. Koch §. 843.

B. Abschichtung der Kinder aus der Gütergemeinschaft (Abfindung der Kinder „wegen des Erbrechts an den künftigen Nachlaß" der Aeltern): §. 368—377. h. t. (Oben Abschn. I. Cap. II. Nro. III. z. Anfg.) Koch §. 843. Eichhorn §. 317.

C. Einkindschaft. (Unio prolium.) §. 717—752. h. t. Sz. S. 146. Anh. §. 103. (Gutachten der Gesetz-Commission v. 1. u. Rescr. v. 21. Septbr. 1801.) Koch §. 773. Eichhorn §. 348.

Provinzielle Natur der Einkindschaft.

Gerichtliche Form der Errichtung. (Anh. §. 147. in Th. II. Tit. 17. [Rescr. 25. Februar 1799.])

Wirkung: wechselseitiges Erbrecht zwischen den Stiefältern und Stiefkindern; persönliche älterliche Rechte, aber nicht Vermögensrechte inter vivos. (Die zusammengebrachten Kinder bleiben verwandtschaftlich und erbrechtlich einander fremd.)

Verhütung der Verletzung des Pflichttheils der Kinder. Voraus oder Aussatz für die Vorkinder. (§. 726. ohne poena nullitatis des Einkindschaftsvertrages: Präj. 414. 29. Januar 1838. I. Senat. — Zu §. 727. ff.: Präj. 1226. 29. November 1842. I. Senat, wegen der Befugniß der Stiefkinder, nach dem Tode ihres leiblichen parens die Auseinandersetzung zu fordern.)

Testamentarische Verfügungen gegen den Einkindschaftsvertrag? (§. 747—749. — Nach Präj. 126. 24. Octbr. 1836.

I. Sen. ist der Stief-parens nicht berechtigt, das gesetzliche Erbtheil der Vorkinder auf den Pflichttheil zu beschränken.)

Abschnitt III. Die Erbschaft als Ganzes.

Capitel I. Erwerbung der Erbschaft. A. L. R. Th. I. Tit. 9. (Abschn. 8.) §. 350—499. Koch §. 520. §. 808. Nro. I. u. VI. §. 810. Note 3. §. 811. 864—868. 872 bis 875. §. 879. Note 1. Puchta §. 330. Nro. 2. §. 446. 447. 450. 495. 496—500. 502—504. 506. 507—510. Eichhorn §. 332. 337.

I. §. 350. ff. h. t.: Zu den Lasten der Erbschaft gehören auch die Begräbnißkosten des Erblassers. Vgl. A. L. R. I. 11. §. 470. II. 1. §. §. 434. 435. 893. fg. 1018. Koch §. 599. Puchta §. 318.

II. §. 367. ff. h. t. Delation und Erwerb der Erbschaft fallen (mit Ausnahme der unter einer Suspensiv-Bedingung hinterlassenen Erbschaft [vgl. oben Abschn. II. Cap. I. Nro. V. 2. A. a.]) in Eins. (Unmittelbare Erwerbsart. Le mort saisit le vif.) Deshalb erfolgt auch ohne Weiteres die Transmission der einmal angefallenen Erbschaft. Sz. S. 12.

Zur Anstellung einer Besitzstörungsklage muß aber auch der Erbe selbst sich factisch im Besitze befunden haben: Präj. 1190. 13. Septbr. 1842. I. Senat und Pl.-Beschl. 7. Novbr. 1849. (Oben Th. I. Tit. 7. Abschn. I. Nro. II. 1. A.)

III. Deliberationsfrist von Sechs Wochen (resp. von Drei Monaten): um der (ipso iure angefallenen) Erbschaft zu entsagen. §. 383—412. Anh. §. 9. (Rescr. 20. October 1794. Vgl. oben Abschn. I. Cap. III. Nro. II. 1. B.)

Beginn der Deliberationsfrist auch gegen den in einem Testamente eingesetzten, pflichttheils-berechtigten Erben, erst mit dem Tage des ihm publicirten Testamentes: Pl.-Beschl. 6. Januar 1851. (J.-M.-Bl. S. 51. ff.)

Beginn der Deliberationsfrist für einen Pflegebefohlenen (§. 390. h. t.): Präj. 1893. 2. Juli 1847. IV. Senat.

Ungültigkeit der nur bedingungsweise geschehenen Entsagung (§. 394. 396.): Präj. 1212. 1. November 1842. I. Senat.

Beginn der Deliberationsfrist für denjenigen, welchem die Erbschaft erst durch die Entsagung eines Anderen zugefallen ist (§. 408.): Präj. 1704. 21. Februar 1846. III. Senat.

Unerheblichkeit eines Irrthums (des Entsagenden) über die Größe der Erbschaft (§. 411.): Präj. 752. 9. November 1839. I. Senat.

Durchgreifende Bedeutung des §. 412.: Präj. 1583. 28. Juni 1845. I. Sen. (den Miterben gegenüber) und Präj. 1894. 2. Juli 1847. IV. Sen. (einem Dritten gegenüber).

IV. Nach Ablauf der Frist zur Entsagung (III.) gilt noch eine der Regel nach sechsmonatliche Frist zur Sicherung der s. g. Rechtswohlthat des Inventarii, deren Nichtbenutzung den Erben ipso iure zum Erben ohne Vorbehalt macht: §. 413 bis 442. Sz. S. 12. 13. 26. 27. (§. 420.: pro herede gestio.)

Auch im Falle eines über das Vermögen des Erblassers schwebenden Concurses müssen die Fristen (ad III. und IV.) gehörig inne gehalten werden: Präj. 878. 30. Mai 1840. III. Sen.

Der Erbe ohne Vorbehalt muß auch den Legatarien gerecht werden: Präj. 1170. 8. August 1842. I. Senat.

Wahrung der Benefizial-Erbenqualität durch den Antrag auf gerichtliche Aufnahme des Inventarii: Präj. 1809. 23. Novbr. 1846. III. Senat.

Durchgreifende Bedeutung des §. 427.: Präj. 242. 7. März 1837. I. Senat (wenn auch der Erblasser Nichts hinterlassen hat) und Präj. 1394. 18. Decbr. 1843. I. Senat (im Verhältniß zu Dritten, aber nicht im Verhältniß der Miterben unter einander).

Die Wirksamkeit des §. 430. hört auf mit erreichter Großjährigkeit: Präj. 1930. 8. Novbr. 1847. I. Senat.

Durch die bloße Verabsäumung des für Nachlaß-Inventarien vorgeschriebenen Formulars (§. 438. h. t. §. 53. A. G. O. II. 5.) geht die Rechtswohlthat des Inventarii nicht verloren: Pl.-Beschl. 28. Februar 1845.

V. Beschränktes Recht des Benefizial-Erben: §. 443. ff.

Wegen der mit dem Benefizial-Erben nach eröffnetem erbschaftlichem Liquidations-Prozesse geschlossenen Verträge (§. 443.): Präj. 963. 12. Decbr. 1840. III. Senat.

Aufhebung der §§. 447—451. durch die Verordnung v. 28. März 1840: oben Th. I. Tit. 16. Abschn. 10. Nro. II. 3.

Anspruch der einzelnen benachtheiligten Gläubiger als solcher gegen den Benefizial-Erben (§. 452. ff.): Präj. 609. 4. Februar 1839. III. Senat.

VI. Amtliche Fürsorge für den Nachlaß, wenn die Person oder auch nur der Aufenthalt des Erben unbekannt ist und erst ausgemittelt werden muß: §. 460—481. Anh. §. 10. (Rescr. 9. Juli 1801.) Anh. §. 11. (Rescr. 12. Febr. 1798.) Pr.-O. Tit. 51. §. 145. ff.

VII. Erbes-Legitimation: §. 482. ff. h. t.

VIII. Präclusion eines Erben: §. 494. ff.

Capitel II. Theilung der Erbschaft.

A. L. R. Th. I. Tit. 17. Zweiter Abschnitt. Vom gemeinschaftlichen Eigenthume der Miterben. §. 115 bis 168. Sz. S. 55—57. Koch §. 521—523. 876—878. 882. 883. Puchta §. 511.

Die Haupteigenthümlichkeit des A. L. R. besteht hier in der Auffassung des Eigenthums an Obligationen, welches, wie das Eigenthum an körperlichen Sachen, in die Gemeinschaft der Miterben fällt, deren Theile erst gelegt werden sollen. Darauf beruhet die Abweichung von dem Römischen Grundsatze der nomina hereditaria ipso iure divisa, sowohl in Ansehung der Passiva als der Activa des Nachlasses.

In Ansehung der Passiva sind die Erben zunächst gemeinschaftlich (jedoch vor erfolgter Erbtheilung nicht solidarisch, sondern blos nach Verhältniß ihrer Erbtheile: Pl.-Beschl. 1. Mai 1837; vgl. Präj. 727. 19. August 1839. III. Senat und Präj. 938. 10. October 1840. III. Senat) verpflichtet: §. 127. ff. h. t. Als Ausweg ist aber den Erben gestattet: die Benachrichtigung der Gläubiger (der bekannten Gläubiger durch besondere, der unbekannten durch öffentliche Anzeige) von der bevorstehenden Erbtheilung, mit dem Erfolge, daß die Gläubiger, welche sich innerhalb einer Frist von 3 resp. 6 Monaten nicht melden, nach erfolgter Theilung an jeden Erben nur noch für seinen Antheil sich halten können: §. 137. ff.

Analog gilt auch in Ansehung der Activa zunächst nur eine gemeinschaftliche Befugniß der Miterben zur Einziehung: §. 151. (Anwendung auf die Forderung einer Rechnungslegung: Präj. 368. a. d. J. 1837. I. Senat; auf das einem wieder aus mehreren Theilnehmern bestehenden Erbstrange besonders angewiesene Activum: Präj. 945. 16. Novbr. 1840. I. Senat; auf ein mehreren Personen zusammen ausgesetztes Legat: Präj. 1666. 11. Decbr. 1845. I. Senat.)

Nach getheilter Erbschaft aber kann der Schuldner an denjenigen Erben sicher zahlen, welcher sich im Besitze des über die

Forderung sprechenden Instrumentes (wenn auch nicht einer Cession oder Ueberweisung von Seiten der übrigen Miterben: Präj. 692. 18. Mai 1839. II. Senat) befindet, oder — in Ermangelung der Existenz eines besonderen Instrumentes — an denjenigen, welchem die Post bei der Theilung angewiesen ist: §. 152. ff.

Die §§. 159. ff. enthalten nur Grundzüge für die, bei streitigem Erbrechte, von Seiten des Richters zu treffenden Sicherungsmaßregeln.

Capitel III. Erbschaftskauf. A. L. R. Th. I. Tit. 11. (Abschn. 4.) §. 445—510. Koch §. 682. (§. 872. Nro. I.) Puchta §. 521.

I. Object: nur eine bereits angefallene Erbschaft, und zwar nur das „Erbschaftsrecht" selbst, oder eine Quote desselben: §. 445. ff.

II. Form: nach dem Gesetze v. 11. Juli 1845 (oben Th. I. Tit. 11. Abschn. 6. Nro. III. 5. 7.) §. 1. litt. c. nicht mehr gerichtlich (§. 473. h. t. §. 9. Nro. 2. A. G.-O. II. 1.), sondern den allgemeinen Vorschriften gemäß.

III. Wirkungen.

1. Unter den Parteien.

A. (Grundsätzlich vom Römischen Rechte abweichender) Eintritt des Käufers in alle Rechte und Pflichten des Erben (auch zur Entrichtung des Erbschaftsstempels: Präj. 1873. 7. Juni 1847. I. Senat), wie wenn die Erbschaft unmittelbar dem Käufer angefallen wäre; woraus weiter folgt, daß an den Käufer Alles gelangt, was aus dem Erbrecht selbst hervorgeht (wie das ius accrescendi), aber kein Recht aus Pupillar- oder fideicommissarischen Substitutionen, auch kein Recht an Prälegaten u. s. w.: §. 454—461.

B. Mit Abschluß des Vertrages gehen Eigenthum und Gefahr der Erbschaft, Nutzungen und Lasten auf den Käufer über: §. 474—483. (§. 480. und 470. unrömisch und nicht einmal in voller Consequenz mit §. 456.)

C. Gewährleistung resp. Befugniß des Käufers zum Rücktritt: (nicht wegen einzelner etwa fehlender Objecte, also auch nicht wegen laesio enormis, sondern nur) wegen mangelnden Erbrechts, namentlich wegen nicht vorhandenen oder wegen schwer belasteten oder mit Anderen zu theilenden oder bedingten Erbrechtes: §. 484—506.

2. In Beziehung auf Dritte. (Gleichfalls abweichend von dem Römischen semel heres semper heres.)

A. Die Gläubiger und Legatarien können sich nach ihrem Belieben, sogar mit einem ius variandi, an den Käufer oder an den Verkäufer der Erbschaft halten: §. 462. ff.

B. Die Erbschaftsschuldner werden nach den Grundsätzen der Cession behandelt: §. 471. 472.

IV. Abschoß (Eichhorn §. 75. 77. 78.): §. 507—510. (Obsolet.)

Gedruckt bei Julius Sittenfeld in Berlin.

FSC
www.fsc.org
MIX
Papier | Fördert
gute Waldnutzung
FSC® C083411

Kolibri 360 GmbH
Ferdinand-Jühlke-Straße 7
99095 Erfurt, Deutschland
produktsicherheit@kolibri360.de